HEINZ JOACHIM QUICK

Organisationsformen der wissenschaftlichen Beratung des Parlaments

Schriften zum Öffentlichen Recht

Band 306

Organisationsformen der wissenschaftlichen Beratung des Parlaments

Eine Untersuchung zur institutionellen Verankerung einer Technologiebewertungseinrichtung beim Deutschen Bundestag

Von

Dr. Heinz Joachim Quick

DUNCKER & HUMBLOT / BERLIN

CIP-Kurztitelaufnahme der Deutschen Bibliothek

Quick, Heinz Joachim

Organisationsformen der wissenschaftlichen Beratung des Parlaments: e. Unters. zur institutionellen Verankerung e. Technologiebewertungseinrichtung beim Dt. Bundestag. — 1. Aufl. — Berlin: Duncker und Humblot, 1976.
(Schriften zum Öffentlichen Recht; Bd. 306)
ISBN 3-428-03736-7

Gedruckt 1976 bei Buchdruckerei A. Sayffaerth - E. L. Krohn, Berlin 61
Printed in Germany

ISBN 3 428 03736 7

Vorwort

Bestand zur Zeit des bürgerlichen Konstitutionalismus das Hauptanliegen der Volksvertretung darin, Souveränitätsansprüchen des Monarchen zu begegnen, so ist heute an dessen Stelle das Bemühen des Parlaments getreten, seine Informationslage gegenüber einem übermächtigen Apparat der Exekutive zu verbessern. Diesen Informationsvorsprung der Exekutive, der durch die Einrichtung von Regierungs- und Verwaltungsinformationssystemen eine weitere Stärkung erfährt, brauchte man nicht zu beklagen, stellte er nicht ein Grundproblem des Rechtsstaates und eine Lebensfrage für die Freiheit dar: Denn gegenüber dem Unwissenden bedeutet Wissen Macht, deren Beschränkung und Kontrolle die Freiheit gebietet.

Danken möchte ich an dieser Stelle Herrn Prof. Dr. Martin Kriele für die Betreuung der Arbeit als Dissertation sowie Herrn Dr. Peter Lichtenberg für klärende Gespräche und seine freundliche Unterstützung. Gedankt sei auch Herrn Prof. Dr. J. Broermann für die Aufnahme in sein Verlagsprogramm.

Krefeld/Köln im April 1976

Heinz Joachim Quick

Inhaltsverzeichnis

Abkürzungsverzeichnis

a. A.	= anderer Ansicht
Abg.	= Abgeordneter
AktG	= Aktiengesetz
AöR	= Archiv des öffentlichen Rechts (Band/Seite)
BBG	= Bundesbeamtengesetz
BGBl.	= Bundesgesetzblatt
BRRG	= Beamtenrechtsrahmengesetz
BVerfGE	= Entscheidungen des Bundesverfassungsgerichts (Band/Seite)
BVerwGE	= Entscheidungen des Bundesverwaltungsgerichts (Band/Seite)
CDU	= Christlich Demokratische Union
CSU	= Christlich Soziale Union
DÖV	= Die Öffentliche Verwaltung (Jahr/Seite)
DVBl.	= Deutsches Verwaltungsblatt (Jahr/Seite)
EDV	= Elektronische Datenverarbeitung
FDP	= Freie Demokratische Partei
GeschO BReg.	= Geschäftsordnung der Bundesregierung
GeschO BT	= Geschäftsordnung des Deutschen Bundestages
GG	= Grundgesetz
GmbHG	= Gesetz betreffend die Gesellschaften mit beschränkter Haftung
Hamb.VerfG	= Hamburgisches Verfassungsgericht
HDStR	= Handbuch des Deutschen Staatsrechts
HessStGH	= Hessischer Staatsgerichtshof
JÖR	= Jahrbuch des öffentlichen Rechts (Band/Seite)
JuS	= Juristische Schulung (Jahr/Seite)
JZ	= Juristenzeitung (Jahr/Seite)
MDB	= Mitglied des Bundestages
MDH	= Maunz-Dürig-Herzog
NJW	= Neue Juristische Wochenschrift
ÖVD	= Öffentliche Verwaltung und Datenverarbeitung (Jahr/Seite)
OeZöffR	= Österreichische Zeitschrift für öffentliches Recht (Band (Jahr)/Seite)
OVG	= Oberverwaltungsgericht
RGZ	= Entscheidungen des Reichsgerichts in Zivilsachen (Band/Seite)
SPD	= Sozialdemokratische Partei Deutschlands
StGH	= Staatsgerichtshof
VerwR	= Verwaltungsrecht

VVDStRL	= Veröffentlichungen der Vereinigung der Deutschen Staatsrechtslehrer (Band/Seite)
WRV	= Weimarer Reichsverfassung
ZfPol	= Zeitschrift für Politik (Jahr/Seite)
ZRP	= Zeitschrift für Rechtspolitik (Jahr/Seite)

A. Die wissenschaftliche Beratung des Parlaments im deutschen Verfassungssystem

I. Einleitung

Als unsere Zivilisation vor ein oder zwei Jahrhunderten noch nicht den ganzen Erdball umspannte, war ein unkoordiniertes Nebeneinander von Industrie, Landwirtschaft, Bergbau, Handel, Verkehrswesen und anderen Einzelsystemen sowie deren unkoordinierte Entwicklung und Veränderung möglich. Zum Teil handelte es sich dabei um Systeme, die sich noch kaum zu durchdringen begonnen hatten, und Eingriffe in die Natur konnten durch natürliche Ressourcen ausgeglichen werden. Heute bewirkt die zunehmende Besiedlung unserer Erde eine immer engere Beziehung und Vernetzung menschlicher Tätigkeiten, Wirkungen und Wechselbezüge, und die enge Vermaschung der Systeme macht einen solchen Ausgleich nunmehr unmöglich. Jeder Eingriff in die Natur wirkt daher — lediglich mit unterschiedlicher Verzögerung — auf uns selbst zurück. Da aber andererseits die Abhängigkeit des Menschen vom Funktionieren der Biosphäre nicht aufgehoben ist, bedingt dieser Umstand eine entsprechende Labilität unserer Zivilisation. Der einzig gangbare Weg aus diesem Dilemma verläuft über ein fundiertes Verstehen und Berücksichtigen der Wechselbeziehungen zwischen Mensch und Biosphäre. Die Konsequenz daraus ist, daß heute Technologien benötigt werden, die im Systemzusammenhang konzipiert und kombiniert sind und deren ursprünglich geplanten Effekte nicht durch unberücksichtigte Nebenwirkungen und Spätfolgen in anderen Gebieten wieder zunichte gemacht werden.

Damit die Wirtschaft gestärkt und die Lebensbedingungen der Gesellschaft verbessert werden, wird der Staat über seine jetzigen Bemühungen hinaus noch in diesem Jahrzehnt große Anstrengungen unternehmen müssen, um Wissenschaft und Technik zu fördern. Diese zunehmende Tätigkeit des Bundes im Bereich der Wissenschafts- und Technologieförderung erschwert zwangsläufig die parlamentarische Kontrolle der Exekutive und stellt an den kontrollierenden Parlamentarier Anforderungen, die mit dem bestehenden Instrumentarium des Parlaments nicht erfüllbar sind. Denn eine politische Körperschaft vermag nur dann eine echte Meinungsbildung zu vollziehen, wenn ausreichende Sachkunde vorhanden ist. Konnte diese Sachkunde 1848 von den Honoratioren der Paulskirchenverfassung noch erwartet werden, so stellt sich heute zunehmend die Frage, ob ein Parlament ohne ein die erforderliche Sachkunde vermittelndes Hilfsorgan zu einer *„contradictio in adiecto“*[1] wird. Zwar beschloß das Parlament noch nie so viele Gesetze wie in der heutigen Zeit. Aber in diesen überwiegend technischen Spezial- und Detailregelungen, die nur noch ein Experte beurteilen kann[2] und welche die Exekutive besser beherrscht als die Parlamentarier, ist die Regierung in der Vorhand, zumal sie auch den Vorteil der umfassenden Information hat[3], und die parlamentarische Behandlung verlagert sich in die regelmäßig nicht öffentlich tagenden Ausschüsse[4]. Läßt diese Tatsache bereits ein zunehmendes Gewicht der Regierung erkennen, so wird dieses erhöht durch die Notwendigkeit langfristiger Planungen, bei denen das Parlament ebenfalls den Vorrang der Regierung im gegenwärtigen Zeitpunkt nicht aufzuwiegen vermag[5].

Hand in Hand mit der Erschwerung einer parlamentarischen Kontrolle schrumpft die Ausübung des parlamentarischen Initiativrechts. Stärkere sachliche Kontrolle und Initiative von seiten der Legislative sollten aber im Bereich der angewandten Forschung erfolgen. Dazu bedarf es genauer systemanalytischer Methoden, die die Legislative bisher nicht anwendet. In Anbetracht der weltweiten Diskussion um den Begriff der Qualität des Lebens, des Wirtschaftswachstums und des Energieproblems erscheint es daher angebracht, bei der Mittelbewilligung im technologischen Sektor stärker die Auswirkungen der beschlossenen Projekte parlamentarisch zu prüfen und gegebenenfalls entsprechende Initiativen zu ergreifen.

Aufgabe dieser Arbeit soll es nun sein, die organisationsrechtliche Seite einer verstärkten parlamentarischen Kontrolle der Technologie und einer verstärkten Ausübung des parlamentarischen Initiativrechts im technologischen Sektor durch eine institutionalisierte wissenschaftliche Beratung des Deutschen Bundestages zu diskutieren und zur Lösung der dabei auftretenden verfassungspolitischen und verfassungsrechtlichen Probleme einen Beitrag zu leisten.

---

1 *Jellinek*, Allgemeine Staatslehre, S. 544, bezeichnete einen Staat ohne Organe als „eine unvollziehbare Vorstellung, gleichbedeutend mit der Anarchie (und) daher als eine contradictio in adiecto“.

2 Vgl. *Deutscher Bundestag*, 7. Wahlperiode, Drucksache 7/468.

3 *Scheuner*, Die Lage des parlamentarischen Regierungssystems, in: DÖV 1974/433, 435.

4 *Scheuner*, Die Lage des parlamentarischen Regierungssystems, in: DÖV 1974/433, 439.

5 *Hesse*, Grundzüge des Verfassungsrechts, S. 230; *Blank*, Die staatliche Aufgabenplanung im Spannungsfeld von Regierung und Parlament, S. 71 ff.; *Böckenförde*, Planung zwischen Regierung und Parlament, in: Der Staat 1972/429 ff.

II. Die Beratungsquellen des Deutschen Bundestages

1. Interne Beratungsquellen

a) Der Wissenschaftliche Dienst des Deutschen Bundestages

Der Wissenschaftliche Dienst des Deutschen Bundestages[6] unterstützt als Hauptabteilung der Bundestagsverwaltung sowohl den Bundestag, seine Organe als auch die Arbeitskreise und Fraktionen selbst[7]. Als eine allen Abgeordneten zugängliche Einrichtung erbringt der Wissenschaftliche Dienst seine Leistungen daher ohne Ansehen von Personen und Fraktionen, d. h. *parteipolitisch neutral*[8].

Aufbau und Arbeitsweise des Wissenschaftlichen Dienstes entbehren einer theoretischen Konzeption und entwickelten sich gemäß den parlamentarischen Bedürfnissen nach Dokumentation, Assistenz und Stellungnahme[9]. Dies führte zu dem Entstehen einer Abteilung für *„Wissenschaftliche Dokumentation"* und einem aus den Ausschußsekretariaten und Gutachtergruppen bestehenden *„Wissenschaftlichen Fachdienst"*[10].

Die Referate und Arbeitsgruppen der Abteilung *„Wissenschaftliche Dokumentation"* bilden die Material- und Informationsbasis für alle Hilfsdienste des Deutschen Bundestages[11]. Ihre Leitung obliegt Beamten des höheren Dienstes, die den Weisungen der Bundestagsverwaltung bzw. der Parteien, Fraktionen oder Abgeordneten Folge zu leisten haben[12], es sei denn, es handelt sich nicht um bestimmte technische bzw. organisatorische Aufgaben.

---

[6] Mit Ausnahme Bayerns, Bremens, Hamburgs, Hessens und des Saarlandes richteten auch die Bundesländer parlamentarische Hilfsdienste ein. *Keller/Raupach*, Informationslücke des Parlaments, S. 19 und 23.

[7] *Quaritsch*, Die wissenschaftlichen Dienste des Bundestages, in: Festschrift für Forsthoff, S. 303, 307.

[8] *Lohmar*, Das Hohe Haus, S. 82; *Quaritsch*, Die wissenschaftlichen Dienste des Bundestages, in: Festschrift für Forsthoff, S. 303, 315.

[9] *Quaritsch*, Die wissenschaftlichen Dienste des Bundestages, in: Festschrift für Forsthoff, S. 303, 307.

[10] Überblick bei: *Schäfer*, Der Bundestag, S. 180 ff. und *Keller/Raupach*, Informationslücke des Parlaments, S. 154 ff.; mit Ausnahme von Schreibkräften und Sachbearbeitern umfaßt der „Wissenschaftliche Dienst" des Deutschen Bundestages nach dem Stand vom Anfang des Jahres 1975 insgesamt 126 Mitglieder. Davon sind 62 Juristen, 18 Volkswirte, 14 Philologen, 8 Bibliothekare, 5 Historiker, 4 Politologen, 3 Mathematiker, 3 Physiker, 2 Diplomingenieure, 7 Sonstige. Vgl. *Lohmar*, Das Hohe Haus, S. 80; vgl. auch: *Kabel*, Gutachterzentrale oder Gegenbürokratie? Die wissenschaftliche Abteilung des Bundestages, in: Der Bundestag von innen gesehen, S. 127, 131 ff.

[11] *Schäfer*, Der Bundestag, S. 183; vgl. ausführlich: *Wissenschaftliche Dienste* der Verwaltung des Deutschen Bundestages, hrsg. von der Wissenschaftlichen Abteilung des Deutschen Bundestages, Materialien Nr. 2, S. 7 ff.

[12] *Creutzig*, Die parlamentarischen Hilfsdienste im Bund und in den Ländern, in: DVBl 1967/225, 226.

Vornehmliches Ziel der Dokumentation ist die Speicherung von Tatsachen und Meinungen, die für die Arbeit des Deutschen Bundestages relevant werden können, wie z. B. Stenographische Berichte, Gesetzesentwürfe, Ausschußberichte, Große und Kleine Anfragen, Regierungserklärung etc.[13]. Den Inhalt dieser Materialien erfaßt das Referat *„Sach- und Sprechregister"* durch Namens- und Stichwortverzeichnisse und veröffentlicht dazu jährlich zusammenfassende Analysen[14]. Eine Präsenzkartei ermöglicht die sofortige Abrufbarkeit dieser Materialien, aus der neben den Parlamentariern auch den gesellschaftlich relevanten Gruppen mündlich und schriftlich Auskunft erteilt wird[15].

Im *„Parlamentsarchiv"* werden die für die Arbeit des Bundestages und seiner Mitglieder wichtigen Materialien aufbewahrt[16], wobei die Entstehungsgeschichte jedes einzelnen Gesetzes dokumentarisch aufgezeichnet wird. Diese Dokumentationen der Bundesgesetze umfassen sowohl die öffentlichen als auch die nicht-öffentlichen Gesetzesmaterialien. Im Gegensatz dazu werden von den Gesetzesmaterialien der einzelnen Bundesländer nur die öffentlichen Materialien dokumentarisch bearbeitet[17].

Bei der *„Bibliothek"* des Deutschen Bundestages bestimmen die Wünsche ihrer vornehmlichen Benutzer — der Abgeordneten — die Hauptsammelgebiete. Demzufolge dominieren Recht, Wirtschaft, Politik, Soziales und Neuere Geschichte[18]. Über die Sammlung der deutschen Amtsdrucksachen hinaus bezieht die Bibliothek des Deutschen Bundestages zudem die wichtigsten amtlichen Veröffentlichungen aus 141 Staaten und die Publikationen von ca. 100 internationalne Organisationen. Nicht im Buchhandel erhältliche Veröffentlichungen werden ebenso wie die wichtigsten Periodika ständig gesammelt, und aktuelle Themen finden

---

[13] *Creutzig,* Die parlamentarischen Hilfsdienste im Bund und in den Ländern, in: DVBl 1967/225 f.; *Deutscher Bundestag,* 6. Wahlperiode, Drucksache VI 3826, S. 170.

[14] *Wissenschaftliche Dienste* der Verwaltung des Deutschen Bundestages, hrsg. von der Wissenschaftlichen Abteilung des Deutschen Bundestages, Materialien Nr. 2, S. 16.

[15] *Quaritsch,* Die wissenschaftlichen Dienste des Bundestages, in: Festschrift für Forsthoff, S. 303, 309; *Wissenschaftliche Dienste* der Verwaltung des Deutschen Bundestages, hrsg. von der wissenschaftlichen Abteilung des Deutschen Bundestages, Materialen Nr. 2, S. 16.

[16] Vgl. im einzelnen: *Wissenschaftliche Dienste* der Verwaltung des Deutschen Bundestages, hrsg. von der Wissenschaftlichen Abteilung des Deutschen Bundestages, Materialien Nr. 2, S. 11.

[17] *Quaritsch,* Die wissenschaftlichen Dienste des Bundestages, in: Festschrift für Forsthoff, S. 303, 309.

[18] *Wissenschaftliche Dienste* der Verwaltung des Deutschen Bundestages, hrsg. von der Wissenschaftlichen Abteilung des Deutschen Bundestages, Materialien Nr. 2, S. 8 f.

in Spezialbibliographien Berücksichtigung[19]. Über den neuesten Stand der Bibliothek informiert die Abgeordneten ein nach Sachgebieten unterteiltes Bibliotheksverzeichnis[20].

Die von Presse und Nachrichtenagenturen gelieferten Informationen wertet die *„Pressedokumentation"* anhand eines Schlagwortverzeichnisses aus[21]. Das Resultat dieser Auswertung — ca. 700—900 Ausschnitte und 2000—4000 Photokopien täglich — wird den sachlich zuständigen Ausschüssen, den Arbeitskreisen der Fraktionen sowie den Fachbereichen des Wissenschaftlichen Dienstes überwiesen[22]. Zudem vermittelt die „Pressedokumentation" bei aktuellen Fragen einen Überblick über das Presseecho und resümiert alle zehn Tage Ereignisse auf den Gebieten der Wissenschaft, Technologie und Forschung sowie der Bildung, Hochschule, Schulen in Informationsdiensten[23]. Ein „Parlamentsreport" präsentiert den Abgeordneten die Presseberichte, die das Parlament selbst betreffen[24].

Um die ständig anwachsenden Informationsmassen besser bewältigen zu können, bearbeitet die Arbeitsgruppe *„Datenverarbeitung"* die Materialien des Bundestages für die elektronische Datenverarbeitung. Ähnliche Bestrebungen bestehen für die Bibliothek des Deutschen Bundestages und die „Pressedokumentation"[25].

Die *„Gutachter"* tragen als Teil des *„Wissenschaftlichen Fachdienstes"* dem Bedürfnis der Parlamentarier Rechnung, auch in fremden Sachgebieten informiert zu sein. Die vornehmlich aus Juristen, Historikern, Wirtschafts- und Politikwissenschaftlern bestehenden Gutachter sind sowohl im Referat *„Zeitgeschichte und Allgemeine Politik"* als auch in den sechs Fachbereichen zusammengefaßt. Ihre Funktion besteht darin, den Parlamentariern, Arbeitskreisen, Ausschüssen oder auch Enquete-Kommissionen wissenschaftliche Auskünfte über Fragen zu geben, die aus der politischen Arbeit im Parlament entstehen[26].

---

[19] *Wissenschaftliche Dienste* der Verwaltung des Deutschen Bundestages, hrsg. von der Wissenschaftlichen Abteilung des Deutschen Bundestages, Materialen Nr. 2, S. 9; *Quaritsch*, Die wissenschaftlichen Dienste des Bundestages, in: Festschrift für Forsthoff, S. 303, 310.

[20] *Quaritsch*, S. 303, 310.

[21] *Wissenschaftliche Dienste* der Verwaltung des Deutschen Bundestages, hrsg. von der Wissenschaftlichen Abteilung des Deutschen Bundestages, Materialien Nr. 2, S. 13.

[22] *Quaritsch*, Die wissenschaftlichen Dienste des Bundestages, in: Festschrift für Forsthoff, S. 303, 310.

[23] Ebd. S. 310.

[24] Ebd. S. 310.

[25] *Quaritsch*, Die wissenschaftlichen Dienste des Bundestages, in: Festschrift für Forsthoff, S. 303, 311.

[26] Vgl. ausführlich: *Quaritsch*, Die wissenschaftlichen Dienste des Bundestages, in: Festschrift für Forsthoff, S. 303, 312.

Die *„Ausschußsekretariate“* und die Sektretariate der Enquete-Kommissionen sind ebenfalls Bestandteil des *„Wissenschaftlichen Fachdienstes“*. Je nach Bedarf sind Ausschüsse und Enquete-Kommissionen neben Sachbearbeitern und Sekretärinnen mit einem bis zu vier Assistenten besetzt[27]. Diese Assistenten sind Beamte des Bundestages und unterstehen sachlich den Ausschußvorsitzenden, dienstrechtlich der Bundestagsverwaltung[28].

Der Ausschußassistent[29] berät und unterstützt die Ausschußmitglieder sowie den Ausschußvorsitzenden bei der Geschäftsleitung und in den Ausschußsitzungen. Er entwirft die Ausschußberichte für die Berichterstatter und fertigt die Vorblätter an. Durch ausführliche Sprechzettel für den Vorsitzenden, in denen die zur Beratung anstehenden Tagesordnungspunkte nach Inhalt und Zielsetzung dargestellt sind, und durch Arbeitspapiere bereitet der Assistent die Ausschußsitzungen vor. Er führt die Beschlüsse der Ausschüsse aus, fertigt die Ausschußprotokolle an und wertet diese aus. Sofern es sich nicht um büromäßig zu erledigende Routineangelegenheiten handelt, hält der Assistent Verbindung zu obersten Bundesbehörden, den Landesvertretungen beim Bund, den anderen Ausschüssen bei zur Mitbeteiligung überwiesenen Drucksachen, zu den anderen Dienststellen der Bundestagsverwaltung sowie zu Privatpersonen und Massenmedien. In Kurzgutachten berichtet der Assistent den Ausschußvorsitzenden bzw. den Ausschußmitgliedern über Einzelprobleme, und gelegenlich revidiert er eine gerade anhängige Gesetzesvorlage auf Grund des bisherigen Diskussionsstandes, die er dann in einer beratungs- und beschlußfähigen Fassung des Gesetzes vorzulegen hat[30].

Seit 1970 sind die Ausschußsekretariate und die Gutachtergruppen in Fachbereichen zusammengefaßt[31]. Dies geschah in der Absicht, die wechselseitige Kooperation zwischen beiden Einrichtungen zu erleichtern und zu vertiefen.

---

[27] *Quaritsch,* Die wissenschaftlichen Dienste des Bundestages, in: Festschrift für Forsthoff, S. 303, 313. Eine Ausnahme bildet insoweit nur die dem Petitionsausschuß zugeordnete „Zentralstelle für Petitionen“, die wegen der Besonderheit der Aufgabenstellung mit 7 Juristen besetzt ist.

[28] *Lohmar,* Das Hohe Haus, S. 78.

[29] Vgl. zum folgenden den *Geschäftsverteilungsplan* für das Sekretariat des Ausschusses für Bildung und Wissenschaft vom 7. Juli 1971, aufgestellt vom Sekretär des jetzigen Ausschusses für Forschung und Technologie Dr. Lichtenberg und: *Wissenschaftliche Dienste* der Verwaltung des Deutschen Bundestages, hrsg. von der Wissenschaftlichen Abteilung des Deutschen Bundestages, Materialien Nr. 2, S. 5 f. Nach dem Stand vom Anfang des Jahres 1975 existieren insgesamt 22 Ausschußsektretäre, davon 17 Juristen, 2 Volkswirte und 3 Politologen. Vgl. *Lohmar,* Das Hohe Haus, S. 79.

[30] *Quaritsch,* Die wissenschaftlichen Dienste des Bundestages, in: Festschrift für Forsthoff, S. 303, 314.

[31] Ebd. S. 314.

b) Der Hilfsdienst der Fraktionen

Die sogenannten Fraktionsdienste setzen sich aus Schreibkräften, Sachbearbeitern und den Fraktionsassistenten zusammen, von denen die letztgenannten eine akademische Vorbildung haben. Die Fraktionsdienste werden von den Bundestagsfraktionen angestellt und aus den im Haushaltsplan des Bundestages vorgesehenen Zuschüssen an die Fraktionen bezahlt[32].

Da es den Fraktionsdiensten an einer festorganisierten Form fehlt, läßt sich der ihnen zugewiesene Aufgabenkomplex nicht genau ermitteln. Ihre Funktion besteht vor allem darin, Material für die Gesetzgebung zu beschaffen und zusammenzustellen. Darüber hinaus nehmen sie in Geschäftsordnungs- und Sachfragen beratende sowie technische Aufgaben wahr[33]. Da für derartig im politischen Raum wirkende Kräfte eine allzu große Gefahr der Einwirkung auf Abgeordnete besteht, liegt die Arbeit dieser Stäbe allerdings vornehmlich im technischen Bereich und vor allem in einer klärenden Hilfestellung zur Vorbereitung der politischen Entscheidung[34]. Ganz allgemein kann die Tätigkeit von Fraktionshilfsdiensten daher „auf einer mittleren Ebene zwischen wissenschaftlicher Information (und Beratung) und Verwaltung“[35] angesiedelt werden.

Von den einzelnen Gruppen der Fraktionsdienste üben die Fraktionsassistenten[36] eine den Ausschußassistenten ähnliche Funktion aus: Die Zuarbeit dieser Fraktionsassistenten ist ebenfalls fachbezogen[37], jedoch mit dem Unterschied *politischer Akzentsetzung*, um die politische Meinungsbildung in den einzelnen Fraktionen zu fördern[38]. Dies soll indes bei richtiger Wahrnehmung ihrer Aufgabe ohne meinungsbildende Einflußnahme geschehen[39], was in der praktischen Ausübung jedoch kaum oder nur sehr schwer zu verwirklichen sein dürfte.

Die Fraktionsassistenten arbeiten vornehmlich für die Obleute der Arbeitskreise und die Arbeitsgruppen der Fraktionen[40]. Hier beschaffen die jedem Arbeitskreis zugewiesenen Referenten notwendiges Entschei-

---

[32] *Quaritsch*, Die wissenschaftlichen Dienste des Bundestages, in: Festschrift für Forsthoff, S. 303, 305; *Creutzig*, Die parlamentarischen Hilfsdienste im Bund und in den Ländern, in: DVBl 1967/225 f.

[33] *Creutzig*, S. 225 f.

[34] *Schramm*, Parlamentsinterne Gesetzgebungshilfe, S. 122.

[35] *Keller/Raupach*, Informationslücke des Parlaments, S. 35.

[36] Nach dem Stand vom Anfang des Jahres 1975 existieren insgesamt 124 Fraktionsassistenten. Davon besitzt die SPD 47, die CDU/CSU 59 und die FDP 18 Assistenten. Vgl. *Lohmar*, Das Hohe Haus, S. 78.

[37] *Lohmar*, Das Hohe Haus, S.77.

[38] *Schramm*, Parlamentsinterne Gesetzgebungshilfe, S. 122.

[39] Ebd. S. 122.

[40] *Lohmar*, Das Hohe Haus, S.78.

dungsmaterial und leisten Formulierungshilfe[41]. Darüber hinaus fungieren die Fraktionsassistenten als persönliche Referenten der Fraktionsvorsitzenden, deren Stellvertreter und der parlamentarische Geschäftsführer[42].

c) Persönliche Assistenten der Abgeordneten

Jeder Parlamentarier des Deutschen Bundestages erhält seit dem 1. April 1969 einen monatlichen Geldbetrag für die Finanzierung eines wissenschaftlichen Assistenten. Mit diesen persönlichen Assistenten kann der Abgeordnete eine individuelle Kooperationsbeziehung entwickeln[43], und er erhält so die Möglichkeit einer persönlichen Arbeitsgrundlage, um den Vorsprung zu egalisieren, den andere Kollegen oder auch die Fraktionsführung durch Verbindungen zu Verbandsstäben oder Fraktionsdiensten haben[44].

Der persönliche Assistent ist durch einen vom Ältestenrat inhaltlich festgelegten Dienstvertrag mit dem einzelnen Abgeordneten verbunden, also nicht bei der Bundestagsverwaltung angestellt[45]. Eine Anzahl von Abgeordneten beschäftigen auch gemeinsam eine Sekretärin, einen Sachbearbeiter und einen wissenschaftlich vorgebildeten Assistenten, um einerseits Arbeitskraft und Arbeitszeit rationeller einsetzen zu können, andererseits um durch den rationelleren Einsatz der den Abgeordneten zur Verfügung stehenden Mittel qualifizierte Mitarbeiter zu erhalten[46].

Da der Assistent vertraglich eng an die Person des Abgeordneten gebunden ist und die Vielfalt bezüglich des Herkommens, der Interessen und der Fähigkeiten bei den persönlichen Assistenten ebenso groß ist wie bei den Parlamentariern, ist der Aufgabenbereich der „MDB-Assistenten" sehr unterschiedlich und eine eindeutige Funktionszuordnung zeichnete sich bisher nicht ab[47]. Letztlich hängt sein Aufgabenbereich vom individuellen Weg des jeweiligen Abgeordneten ab[48]. Die Tatsache aber, daß die Mehrzahl der Parlamentarier Sekretärinnen oder Sachbearbeiter/innen anstellt und nur etwa 20 % der Mitarbeiter der Abgeordneten

---

[41] *Quaritsch*, Die wissenschaftlichen Dienste des Bundestages, in: Festschrift für Forsthoff, S. 303, 305.

[42] Ebd. S. 305.

[43] *Lohmar*, Das Hohe Haus, S. 78.

[44] *Quaritsch*, Die wissenschaftlichen Dienste des Bundestages, in: Festschrift für Forsthoff, S. 303, 304 unter Hinweis auf: *Collet*, Parlamentsreform — Selbstverständlichkeit, Notwendigkeit, Aufgabe?, in: Der Bundestag von innen gesehen, S. 276 f.

[45] *Karst*, MDB-Assistent, in: Analysen, Jg. 2 (1972), Heft 5, S. 8, 10.

[46] *Quaritsch*, Die wissenschaftlichen Dienste des Bundestages, in: Festschrift für Forsthoff, S. 303, 304.

[47] *Lohmar*, Das Hohe Haus, S. 78.

[48] *Karst*, MDB-Assistent, in: Analysen, Jg. 2 (1972), Heft 5, S. 8—11.

sogenannte wissenschaftliche Assistenten sind, deutet darauf hin, daß die Assistententätigkeit sich vornehmlich auf eine büromäßige Entlastung des einzelnen Abgeordneten beschränkt[49] und sie keinen unmittelbaren Einfluß auf das politische Geschehen nehmen[50].

d) Öffentliche Informationssitzungen

§ 73 Abs. 3 GeschO BT eröffnet den Bundestagsausschüssen die Möglichkeit, durch Beschluß öffentliche Informationssitzungen einzuberufen, in denen Sachverständige, Interessenvertreter und andere Auskunftspersonen zu einem Beratungsgegenstand des Ausschusses gehört werden können.

Zur Vorbereitung einer öffentlichen Informationssitzung übermittelt der Ausschuß den geladenen Auskunftspersonen die jeweilige Fragestellung und fordert sie auf, eine schriftliche Stellungnahme zu dem Fragenkatalog abzugeben (§ 73 Abs. 5 GeschO BT). Die Durchführung der öffentlichen Informationssitzung erfolgt durch den Ausschuß oder auch durch einzelne Ausschußmitglieder, wobei im letzteren Falle jede im Ausschuß vertretene Fraktion zu berücksichtigen ist (§ 73 Abs. 4 Satz 2 GeschO BT). Desgleichen kann der Ausschuß mit den geladenen Informanten in eine allgemeine Aussprache eintreten, soweit die Klärung des Sachverhaltes eine solche Aussprache erforderlich macht (§ 73 Abs. 4 Satz 1 GeschO BT).

Die öffentlichen Informationssitzungen bezwecken vornehmlich die Information des jeweiligen Ausschusses. Auf der anderen Seite sollen diese Anhörungen aber auch den Interessierten die Möglichkeit eines *Einwirkens auf die Legislative* geben[51], um den „Einfluß der Interessengruppen in die Publizität zu lenken“[52].

e) Die Interparlamentarische Arbeitsgemeinschaft

Die Interparlamentarische Arbeitsgemeinschaft wurde 1953 als überparteilicher und freiwilliger Zusammenschluß von Abgeordneten des Deutschen Bundestages und der Länderparlamente in der Rechtsform eines eingetragenen Vereins gegründet[53]. Sie will dazu beitragen, die „interparlamentarische und interfraktionelle Zusammenarbeit durch koordinierte parlamentarische Initiativen in Bund und Ländern zu för-

---

[49] *Deutscher Bundestag*, 6. Wahlperiode, Drucksache VI 3826, S. 170.

[50] *Lohmar*, Das Hohe Haus, S. 78.

[51] *Frenkel*, Institutionen der Verwaltungskontrolle, Nr. 945.

[52] *Schramm*, Parlamentsinterne Gesetzgebungshilfe, S. 169; *Deutscher Bundestag*, 6. Wahlperiode, Drucksache VI 3826, S. 170.

[53] *Deutscher Bundestag*, 6. Wahlperiode, Drucksache VI, 3826, S. 171.

dern"[54] und gibt zu diesem Zwecke dem Gesetzgeber Stellungnahmen und Empfehlungen für Problemlösungen[55]. Die bisherige Arbeit der Interparlamentarischen Arbeitsgemeinschaft führte allein im Deutschen Bundestag zu einer Reihe von Anträgen, die zumeist von Vorstandsmitgliedern der Arbeitsgemeinschaft gestellt wurden[56].

Der Interparlamentarischen Arbeitsgemeinschaft gehören rund 400 Abgeordnete des Deutschen Bundestages und der Länderparlamente aus allen Fraktionen an[57]. Desgleichen können Kabinettsmitglieder der Bundesregierung und der Landesregierungen ordentliche Mitglieder der Arbeitsgemeinschaft sein[58]. Organe der Interparlamentarischen Arbeitgemeinschaft sind einmal die ordentlichen Mitglieder, die alle Grundsatzentscheidungen zu treffen haben, der aus dem Präsidium und einundzwanzig Beisitzern bestehende Vorstand, das aus dem Vorsitzenden, seinem Stellvertreter und dem Schatzmeister bestehende Präsidium sowie ein Geschäftsführer[59].

Die Beratung von Anträgen erfolgt grundsätzlich in den Mitgliedersitzungen oder in einem schriftlichen Verfahren[60]. Zur Erörterung fest umrissener Aufgaben werden allerdings auch Kommissionen eingesetzt, in die nach Möglichkeit nur sachkundige Mitglieder der Interparlamentarischen Arbeitsgemeinschaft und gegebenenfalls auch Sachverständige berufen werden[61].

Gemäß ihren Statuten obliegt es der Interparlamentarischen Arbeitsgemeinschaft[62], durch Kooperation zwischen den Mitgliedern der verschiedenen Parlamente und Fraktionen zur Lösung der Probleme beizutragen, die sich wegen ihrer parteipolitischen Neutralität als gemein-

---

[54] So: „*Was ist die Interparlamentarische Arbeitsgemeinschaft?*", eine Presseerklärung der Interparlamentarischen Arbeitsgemeinschaft vom 27. 2. 1973.

[55] Vgl. auch: Art. 2 Abs. 1 der *Statuten* der Interparlamentarischen Arbeitsgemeinschaft i. d. F. vom 6. November 1973, abgedruckt in: *Recht und Organisation der Parlamente,* Bd. II, Nr. 300 101.

[56] *Schramm,* Parlamentsinterne Gesetzgebungshilfe, S. 131 f.

[57] Vgl. Art. 3 Abs. 1 a der *Statuten* der Interparlamentarischen Arbeitsgemeinschaft und *Lohmar,* Das Hohe Haus, S. 128.

[58] Vgl. Art. 3 Abs. 1 b der *Statuten* der Interparlamentarischen Arbeitsgemeinschaft.

[59] Art. 5 der *Statuten* der Interparlamentarischen Arbeitsgemeinschaft.

[60] Art. 7 Abs. 1 der *Statuten* der Interparlamentarischen Arbeitsgemeinschaft.

[61] Vgl. § 10 Abs. 1 und 3 der *Geschäftsordnung* der Interparlamentarischen Arbeitsgemeinschaft i. d. F. vom 31. Januar 1967, abgedruckt in: *Recht und Organisation der Parlamente,* Bd. II, Nr. 300 111; vgl. auch *Schramm,* Parlamentsinterne Gesetzgebungshilfe, S. 131 und *Lohmar,* Das Hohe Haus, S. 129.

[62] Vgl. zum folgenden: Art. 2 Abs. 2 a—e der *Statuten* der Interparlamentarischen Arbeitsgemeinschaft.

same Aufgabe anbieten[63]. Um zu Initiativen auf diesen Gebieten zu gelangen, unterstützt sie ihre Mitglieder durch das Zur-Verfügung-Stellen notwendiger Materialien sowie durch fachliche Hinweise und fördert den gegenseitigen Materialien- und Erfahrungsaustausch zwischen den Parlamenten. Die Interparlamentarische Arbeitsgemeinschaft unterstützt weiterhin die Entwicklung von Recht und Organisation parlamentarischer Einrichtungen, und eine enge Verbindung zur Wissenschaft soll deren Erkenntnisse für die parlamentarische Arbeit nutzbar machen. Darüber hinaus beschäftigte sich die Arbeitsgemeinschaft als bisher einzige parlamentarische Institution mit langfristigen gesellschaftlichen Entwicklungstrends[64].

Die laufenden Aufgaben erfüllen im wesentlichen die Kommissionen der Interparlamentarischen Arbeitsgemeinschaft. Insofern trat eine tatsächliche Verlagerung der Arbeit der Arbeitsgemeinschaft von der grundsätzlich kompetenten Mitgliederversammlung in die von der Geschäftsordnung fakultativ zugelassenen Kommissionen ein. Zur Zeit existieren Kommissionen für Umweltfragen, Fragen der Parlamentsreform, der Bildung, Wissenschaft und Forschung, der Massenmedien, der elektronischen Datenverarbeitung, der Gesundheitspolitik, der Stiftungsrechtsreform sowie der Wechselbeziehungen zwischen dem europäischen und dem deutschen Recht[65].

Ein Schwerpunkt der Arbeit der Interparlamentarischen Arbeitsgemeinschaft liegt im Bereich des Umweltschutzes und der Parlamentsreform[66]. Viele Umweltschutzgesetze gehen daher ganz oder zum Teil auf Initiativen von Mitgliedern der Interparlamentarischen Arbeitsgemeinschaft zurück, so z. B. das Raumordnungsgesetz des Bundes, das Wasserhaushaltsgesetz, die Landeswassergesetze, das Datenschutzgesetz etc. Die Kommission für Fragen der Parlamentsreform befaßte sich insbesondere mit folgenden Fragen: Rechtsnatur der Fraktion (Mustergesetzentwurf), Immunität, Untersuchungsausschüsse (Mustergesetzentwurf), Parlamentskontrollgesetz (Mustergesetzentwurf), Öffentlichkeit der Ausschüsse, Pairing (Grundsätze), Reform der freien Fragestunde, Diätenreform, Verhaltensregeln für Abgeordnete (Ehrenordnung).

---

[63] Hierbei handelt es sich vornehmlich um Themenbereiche wie: Umweltschutz, Gesundheitspolitik, Reform des Stiftungsrechts, die Wechselbezüge zwischen dem europäischen und dem deutschen Recht, elektronische Datenverarbeitung, Entwicklung der Massenmedien, die Parlamentsreform, besondere Probleme der Wissenschaft, Bildung und Forschung, vgl. *Lohmar*, Das Hohe Haus, S. 128 f.; *Schramm*, Parlamentsinterne Gesetzgebungshilfe, S. 131.

[64] *Lohmar*, Das Hohe Haus, S. 129.

[65] Dies wurde dem Verfasser in einem Gespräch mit einem wissenschaftlichen Referenten der Interparlamentarischen Arbeitsgemeinschaft mitgeteilt.

[66] So: „*Was ist die Interparlamentarische Arbeitsgemeinschaft?*“, eine Presseerklärung der Interparlamentarischen Arbeitsgemeinschaft vom 27. 2. 1973.

2. Externe Beratungsquellen

a) Regierung und Verwaltung als Informanten des Deutschen Bundestages

Die Bundesregierung ist auf Grund verschiedener Rechtsnormen des Bonner Grundgesetzes sowie der Geschäftsordnung des Bundestages verpflichtet, dem Deutschen Bundestag Auskunft zu geben und insofern über Tatsachen zu informieren[67]: Die Untersuchung nach Art. 44, 45 a GG, die man unter dem Begriff „Enqueterechte" zusammenfaßt, ermöglichen es dem Parlament, durch eigene Ermittlungstätigkeiten Informationen bei der Verwaltung einzuholen[68]. Als weitere Auskunftsrechte kommen das Zitierungsrecht nach Art. 43 GG[69], die Große und Kleine Anfrage nach §§ 105 ff. bzw. § 110 GeschO BT, mündliche Anfragen nach §§ 105 ff. bzw. § 11 GeschO BT, mündliche Anfragen nach § 111 GeschO BT in der Fragestunde und Auskünfte über die Ausführung von Bundestagsbeschlüssen nach §§ 116, 117 GeschO BT in Betracht[70].

Gemäß §73 Abs. 1 GeschO BT können die Bundestagsausschüsse die Anwesenheit jedes Mitgliedes der Bundesregierung verlangen, um Informationen über die zur Beratung anstehenden Sachgegenstände zu erfragen. Die Teilnahme der Ministerialbürokratie an den Ausschußsitzungen des Deutschen Bundestages ist zahlreich[71], wenngleich über die Art der von den Ressorts gelieferten Informationen keine verläßlichen Angaben bestehen[72]. In der Regel werden die Vertreter der Exekutive sich aber darauf beschränken, den Standpunkt des jeweiligen Ressorts zu ganz bestimmten Sachfragen zu erläutern[73].

Nach *Keller/Raupach*[74] leisten die Ressorts zudem kraft Gewohnheitsrechts den Abgeordneten und Fraktionen Formulierungshilfe bei der Erarbeitung von Gesetzesvorlagen. Allerdings hängt der Umfang einer solchen Formulierungshilfe vornehmlich von der Bereitschaft des jeweiligen Ministers ab, Formulierungshilfen der Ministerialreferenten auch gegen den eigenen Entwurf zuzulassen[75].

---

[67] *Ridder*, Staatslexikon, Bd. 7, Sp. 1170.

[68] *Steffani*, Die Untersuchungsausschüsse des preußischen Landtages zur Zeit der Weimarer Republik, S. 16, FN 2.

[69] Art. 43 GG wird übereinstimmend als Auskunftsrecht ausgelegt, vgl. *Maunz* in MDH, Art. 43 GG, Rdn. 8 m. w. N.

[70] Nach Ansicht von *Keller/Raupach*, (Informationslücke des Parlaments, S. 66 unter Hinweis auf: *Schäfer*, Der Bundestag, S. 230 ff.) stellen diese Rechte ein Mittel zur Kontrolle der Bundesregierung dar.

[71] *Partsch*, Parlament und Regierung im modernen Staat, in: VVDStRL 16/74, 84.

[72] *Deutscher Bundestag*, 6. Wahlperiode, Drucksache VI 3862, S. 171.

[73] So auch: *Keller/Raupach*, Informationslücke des Parlaments, S. 66.

[74] Informationslücke des Parlaments, S. 67.

[75] *Quaritsch*, Die wissenschaftlichen Dienste des Bundestages, in: Festschrift für Forsthoff, S. 303, 320.

Mit der Aufhebung des Dualismus zwischen Parlament und Regierung stiegen die informellen Kontakte zwischen beiden Gewalten. Viele Abgeordnete halten durch Telefonate und Besuche ständige Verbindung zur Ministerialbürokratie, von der sie neben Hilfen bei der Bewältigung praktischer Probleme ihrer parlamentarischen Aufgaben, z. B. als Berichterstatter im Ausschuß oder im Bundestag oder auch als Wahlkreisvertreter, Informationen erhalten[76]. Indes ist hier nicht zu übersehen, daß die Ressorts sich, soweit es sich um Kontakte zur parlamentarischen Opposition handelt, um *Zurückhaltung* bemühen[77].

b) Die Wissenschaft als externer Informant des Deutschen Bundestages

Der Deutsche Bundestag besitzt, anders als die Exekutive[78], in der Bundesrepublik kaum Möglichkeiten, sich in einem formellen Verfahren direkt den Sachverstand unabhängiger Wissenschaftler und Experten aus den verschiedenen wissenschaftlichen Disziplinen zunutze zu machen. Den einzelnen Abgeordneten, Fraktionen und Arbeitskreisen verbleiben so in der Regel nur gelegentliche informelle Kontakte zu den betreffenden Experten und Institutionen[79].

Lediglich im Rahmen des § 73 Abs. 3 GeschO BT und des § 74 a GeschO BT werden von Zeit zu Zeit vom Deutschen Bundestag Gutachter zu bestimmten Sachfragen gehört, die entweder Universitäten oder sonstigen Expertengremien angehören[80]. Über die Vergabe solcher Gutachten existieren keine verläßlichen Angaben[81]. Einen nennenswerten Einfluß auf die Entscheidungen des Deutschen Bundestages nahmen diese Gutachten jedenfalls nicht[82].

c) Interessenvertretungen als externe Beratungsquelle des Deutschen Bundestages

Auch außerparlamentarische Kräfte können ein erhebliches Interesse daran haben, den Deutschen Bundestag mit Informationen zu versorgen. Unter diesen Außenstehenden sind es vornehmlich die Vertreter

---

[76] *Keller/Raupach,* Informationslücke des Parlaments, S. 67.

[77] *Deutscher Bundestag,* 6. Wahlperiode, Drucksache VI 3826, S. 171.

[78] Vgl. dazu: *Wilhelm,* Wissenschaftliche Beratung der Politik in der Bundesrepublik Deutschland, insbesondere S. 22 ff.

[79] *Keller/Raupach,* Informationslücke des Parlaments, S. 73; *Kruse,* Hilfsdienst für die Parlamente, in: Handbuch der Interparlamentarischen Arbeitsgemeinschaft, S. 20/1, 20/31.

[80] *Keller/Raupach,* S. 73.

[81] Anders bei Regierungsgutachten, vgl. *Keller/Raupach,* Informationslücke des Parlaments, S. 69, FN 40, und die dort angeführten Hinweise.

[82] *Deutscher Bundestag,* 6. Wahlperiode, Drucksache VI 3826, S. 171; *Dichgans,* Das Unbehagen in der Bundesrepublik, S. 112 ff.

von Interessengruppen und anderen gesellschaftlichen Großorganisationen, die, soweit die Belange der von ihnen Vertretenen berührt werden, den Parlamentariern mit Stellungnahmen und Anregungen zur Verfügung stehen.

Da die Interessenvertreter verfassungsmäßig nicht an der Willensbildung des Gesetzgebers beteiligt sind, geht das Bestreben dieser außerparlamentarischen Kräfte dahin, auf andere Weise *Einfluß auf die maßgeblichen politischen Organe* auszuüben, um so die von ihnen vertretenen Interessen zu unterstützen. Dies kann einmal durch die Darlegung von Verbandsstandpunkten in Eingaben an das Parlament, durch Rücksprache mit einzelnen Parlamentariern, durch förmliche Einsprüche bei Ausschüssen oder auch durch persönliche Kontakte auf gesellschaftlicher Ebene geschehen[83]. Darüber hinaus werden alle Abgeordnete des Deutschen Bundestages laufend mit Informationsmaterial der Verbände, Organisationen und Unternehmen versehen[84].

Die Information und Beratung durch Interessengruppen ist bei den Abgeordneten des Bundestages nicht unbeliebt, weil diesen Hilfen zum einen leicht verfügbar und unentgeltlich, zum anderen auch in einer praxisnahen Sprache geliefert werden[85]. Hier sind es vor allem die einer dieser Interessengruppen angehörenden Abgeordneten, die sich natürlicherweise bevorzugt das Sachwissen des entsprechenden Verbandes zunutze machen[86]. Auf diese Weise gelangen zum Teil feste Formulierungen aus den Verbandsvertretungen in die parlamentarischen Institutionen und von dort als Initiativanträge in das Parlament[87].

III. Die Notwendigkeit einer wissenschaftlichen Zentralstelle beim Deutschen Bundestag

Die Existenz institutionalisierter wissenschaftlicher Beratung zur Unterstützung politischer Entscheidungsgremien zeigt — auch wenn sie beim Parlament erst in Ansätzen vorhanden ist —, daß die Kunst der Politik sachverständiger Hilfe bei der Vorbereitung politischer Entscheidungen bedarf. Welcher Art die Interdependenzen zwischen Sachver-

---

[83] *Kruse*, Hilfsdienst für die Parlamente, in: Handbuch der Interparlamentarischen Arbeitsgemeinschaft, S. 20/1, 20/29; *Keller/Raupach*, Informationslücke des Parlaments, S. 71; vgl. auch: *von Merkatz*, Regiert die Lobby? Parlament, Regierung und Interessenverbände, in: Der Bundestag von innen gesehen, S. 196, 198.

[84] *Lohmar*, Das Hohe Haus, S. 73 f.

[85] *Keller/Raupach*, Informationslücke des Parlaments, S. 71.

[86] Ebd. S. 71.

[87] *Kruse*, Hilfsdienst für die Parlamente, in: Handbuch der Interparlamentarischen Arbeitsgemeinschaft, S. 20/1, 20/27.

stand und Politik sind, kann nicht Gegenstand dieser Erörterung sein[88]. Tatsache ist aber, daß unsere moderne Gesellschaft den Sachverstand mehr und mehr in der zentralen Problematik erfordert[89].

So nimmt es denn auch nicht wunder, daß die bestehenden parlamentarischen Hilfseinrichtungen fast ohne Ausnahme Zustimmung finden[90]. Mit der Gegenstandslosigkeit der Frage nach dem *„Ob"* einer wissenschaftlichen Beratung des Deutschen Bundestages rückt indes die Frage nach der Leistungsfähigkeit der bestehenden Hilfseinrichtungen zunehmend in den Vordergrund.

1. Die Leistungsfähigkeit der parlamentsinternen Beratungskapazität

Der Abgeordnete hat einen allgemeinen und zugleich speziellen Informationsbedarf, der sich mit den Funktionen des Bundestages allein nicht umschreiben läßt, sondern aus der politischen Existenz des Abgeordneten folgt und sich im wesentlichen nach dessen Interessen richtet[91]. *Ullner*[92] wies hierbei fünf Kriterien auf, die den Informationsbedarf des Abgeordneten hinsichtlich der Substanz, des politischen und soziologischen Zusammenhanges, des Rhythmus und der Diktion umschreiben: Die Information des Abgeordneten muß fast alle Lebensbereiche umfassen und in Inhalt, Wert und Diktion den Anforderungen entsprechen, die der politische Wettbewerb innerhalb des Parlaments, der Fraktion, der Partei, des Ausschusses, Arbeitskreises, Verbandes und Wahlkreises verlangt. Diese Informationen, die auf die soziologischen Gegebenheiten der von dem Abgeordneten Repräsentierten ausgerichtet sein sollten, werden vom Abgeordneten schnellstmöglich entsprechend der politischen Aktualität im politischen Wettbewerb erwartet. Schließlich müssen die Informationen statt einer objektivistisch wissenschaflichen eine politische Diktion aufweisen[93].

Diese Arten von Informationen besitzt der Parlamentarier im gegenwärtigen Zeitpunkt nur zum Teil. In der Regel muß er seinen Informa-

---

[88] Siehe dazu: *Kaiser*, Sachverstand und Politik, in: Sachverstand und Politik in der Demokratie, S. 59 ff.; *Dichgans*, Das Unbehagen in der Bundesrepublik, S. 112 ff.; *Matz*, Über die Bedingungen einer Kooperation von Wissenschaft und Politik, in: ZfPol 1968, S. 14 ff.; *Habermas*, Verwissenschaftlichte Politik und öffentliche Meinung, in: Festschrift für Hans Barth, S. 54 ff.

[89] Zur Notwendigkeit wissenschaftlicher Beratung der Politik, vgl.: *Morkel*, Politik und Wissenschaft, S. 11 ff., insbesondere S. 14 ff.

[90] Zu den Bedenken gegen einen parlamentsinternen Hilfsdienst vgl. noch: *Kruse*, Hilfsdienst für die Parlamente, in: Handbuch der Interparlamentarischen Arbeitsgemeinschaft, S. 20/1, 20/18 f.

[91] *Lohmar*, Das Hohe Haus, S. 64.

[92] *Ullner*, in: Innovation und Parlament, S. 2, 4 f.; *ders.*, Ergebnisse und Probleme der Benutzerwünsche im Projekt eines parlamentarischen Informationssystems, S. 42.

[93] *Ullner*, in: Innovation und Parlament, S. 2, 5.

tionsbedarf durch eigene Anstrengungen befriedigen, indem er diesen selbst zu definieren und für die sachliche Abdeckung zu sorgen hat[94]. Der beim Deutschen Bundestag eingerichtete Wissenschaftliche Dienst ist in Anbetracht der aufzuwendenden Zeit nur in der Lage, dem Informationsbedarf der Abgeordneten in einzelnen Fällen zu gegnügen[95]. Im Ergebnis wird lediglich die Aufgabe eines materialaufbereitenden Zubringerdienstes erfüllt[96], und Stellungnahmen bestehen in der Regel nur in einer unkommentierten Aufbereitung von Materialien sowie Hinweisen auf weiterführende Literatur[97]. Somit erhält der Abgeordnete zwar Informationen zur Urteilsbildung; das Hauptproblem besteht indes nicht in einem Quantitätsmangel an Informationen, sondern in der mangelnden Qualität im Sinne von *erkennbarer Relevanz* und *Nachprüfbarkeit der Informationen*[98], da die Information allein eine Urteilsbildung noch nicht ermöglicht[99].

Auch beeinflußt die wissenschaftliche Ausbildung der Mitarbeiter des Wissenschaftlichen Dienstes die Arbeit dieser parlamentarischen Hilfseinrichtung. Das Übergewicht an juristischer Vorbildung auf der einen und das Fehlen jeder naturwissenschaftlichen Kapazität auf der anderen Seite bewirkt eine *einseitige Informationszulieferung*, da „jedermann aus einer Fülle angebotener Informationen vor allem solche Daten auswählt, deren sachliche und sprachliche Dimension bei ihm auf einen vorbereiteten Boden trifft“[100].

Anderseits ist hervorzuheben, daß der Wissenschaftliche Dienst des Deutschen Bundestages im Hinblick auf seine personelle und sachliche Ausstattung Beachtliches leistet[101]. Aber die wissenschaftliche Abteilung ist Verwaltung und steht damit im Gegensatz zum Sachverständigen, der — wie *Leibholz*[102] es formulierte — „in Freiheit die zur Regierung und Gesetzgebung berufenen Instanzen zu beraten vermag“. Die wissen-

---

[94] *Lohmar*, Das Hohe Haus, S. 65.

[95] Siehe die Begründung des Antrags auf Einrichtung eines „Amtes zur Bewertung technologischer Entwicklungen“ beim Deutschen Bundestag vom 16. 4. 1973, *Deutscher Bundestag*, 7. Wahlperiode, Drucksache 7/468.

[96] *Rausch*, Die wissenschaftliche Beratung des 5. Deutschen Bundestages, S. 547.

[97] *Rausch*, Die wissenschaftliche Beratung des 5. Deutschen Bundestages, S. 547.

[98] *Müller*, Erfahrungen eines jungen Abgeordneten, in: Junge Republik, S. 56, 59 f.; *Lohmar*, Parlament und Wissenschaft, in: Der Deutsche Bundestag 1949—1969, S. 45, 50 f.; *Morkel*, Politik und Wissenschaft, S. 100.

[99] *Rausch*, Die wissenschaftliche Beratung des 5. Deutschen Bundestages, S. 547.

[100] *Lohmar*, Das Hohe Haus, S. 79 f.

[101] Im Ergebnis auch: *Rausch*, Die wissenschaftliche Beratung des 5. Deutschen Bundestages, S. 546.

[102] Der Einfluß der Fachleute auf politische Entscheidungen, in: Die politische Verantwortung der Nichtpolitiker, S. 81, 86.

schaftliche Abteilung ist somit, obwohl ihre Arbeit fachbezogen und neutral erfolgt, kein eigentliches Beratungsorgan im Sinne einer unabhängigen Institution[103].

Die Tätigkeit der Fraktionsdienste spendet zweifellos wissenschaftliche Information und Beratung sowie darüber hinaus auch politische Ratschläge. Gleichwohl ist nicht zu übersehen, daß ebenfalls die Wahrnehmung *technisch-organisatorischer* und *administrativer* Aufgaben in den Gesamttätigkeitsbereich der Fraktionsdienste fällt[104]. Hinzu tritt der Umstand, daß die Fraktionsassistenten in erster Linie für die Obleute der Arbeitskreise und der Arbeitsgruppen der Fraktion tätig sind[105]. Insoweit hält sich die Betreuung der einzelnen Abgeordneten in Grenzen, zumal sich auch bei der Fraktionsassistenz das Übergewicht der Juristen und die Unterrepräsentation technisch-wissenschaftlicher Fachkompetenz nachteilig auswirkt[106].

Diese Mängel in der wissenschaftlichen Beratung der Parlamentarier konnten auch nicht dadurch behoben werden, daß man den einzelnen Abgeordneten des Deutschen Bundestages die Möglichkeit gab, Assistenten anzustellen, die man besser als „Sekretäre" oder „Bürovorsteher" bezeichnen sollte[107]. Die geringe Bezahlung auf der einen und die vornehmlich auf eine büromäßige Entlastung der Abgeordneten gerichtete Assistententätigkeit führten zu einer nur geringen Attraktivität einer MDB-Assistentenstelle[108]. Die Assisenten besitzen daher nicht immer die erforderliche Qualifikation[109], so daß sie zur Verbesserung der Informationslage im Deutschen Bundestag einen wesentlichen Beitrag nicht zu leisten vermochten[110].

Die öffentlichen Anhörungen erfüllen, wie bereits gesagt, eine Doppelfunktion, indem sie der Beratung und Meinungsbildung der Parlamentarier und der Information der Öffentlichkeit dienen. Diese Tatsache bewirkt aber, daß die Beratungsfunktion den Parlamentariern gegenüber nur zum Teil erfüllt wird. Auch läßt die Ladung der Sachverständigen keine hinreichende Unterscheidung zwischen *interessen-*

---

[103] *Rausch,* Die wissenschaftliche Beratung des 5. Deutschen Bundestages, S. 546.

[104] *Keller/Raupach,* Informationslücke des Parlaments, S. 35.

[105] *Lohmar,* Das Hohe Haus, S. 77 f.

[106] *Lohmar,* Das Hohe Haus, S. 79.

[107] So *Rausch,* Die wissenschaftliche Beratung des 5. Deutschen Bundestages, S. 542. *Rausch* weist unter Berufung auf *Dreher* (Arbeitserleichterung für das Bonner Parlament, in: Süddeutsche Zeitung vom17. 2. 1969) darauf hin, daß die Unterstützung der Parlamentarier durch Abgeordneten-Assistenten vor allem in der Presse auf Ablehnung stieß.

[108] *Quaritsch,* Die wissenschaftlichen Dienste des Bundestages, in: Festschrift für Forsthoff, S. 303, 305.

[109] *Deutscher Bundestag,* 6. Wahlperiode, Drucksache VI 3826, S. 170.

[110] *Keller/Raupach,* Informationslücke des Parlaments, S. 78.

gebundenen und *unabhängigen* Experten erkennen[111], was ebenfalls zu Lasten einer Beratung der Abgeordneten geht.

Gemäß Art. 2 ihrer Statuten verpflichtete sich die Interparlamentarische Arbeitsgemeinschaft, eine enge Verbindung zur Wissenschaft zu halten sowie deren Erkenntnisse für die parlamentarische Arbeit nutzbar zu machen und setzte eine Reihe gemischter Fachbeiräte ein[112]. Von dieser Zielsetzung her scheint diese Institution ein geeignetes Beratungsgremium zu sein, und ihre Arbeit wurde bisher weitgehend begrüßt[113]. Dennoch ist fraglich, ob die Interparlamentarische Arbeitsgemeinschaft richtungsweisend für einen leistungsfähigen Hilfsdienst beim Deutschen Bundestag ist[114]. Dem steht einmal die themenmäßige Beschränkung auf *parteineutrale* und *interfraktionell genehme* Beratungsgegenstände entgegen, die einen großen Anteil der Probleme ausschließt[115]. Zum anderen ist eine wirklich sachbezogene Behandlung einzelner Themen nur dann möglich, wenn in den Fraktionen des Deutschen Bundestages und in der Bundesregierung (bzw. in den entsprechenden Landeseinrichtungen) eine Meinung zu dem betreffenden Beratungsgegenstand noch nicht gebildet wurde. Im Ergebnis erstreckt sich die themenmäßige Grenze der Interparlamentarischen Arbeitsgemeinschaft über die Beschränkung auf parteineutrale Beratungsgegenstände hinaus auf gänzlich neue „avantgardistische" Probleme[116]. Schließlich mindert auch der Umstand, daß die Interparlamentarische Arbeitsgemeinschaft als eingetragener Verein kein Beratungsorgan des Gesamtparlaments ist, sondern nur Angehörige des Bundestages zu ihren Mitgliedern zählt, den Einfluß des Deutschen Bundestages[117].

Stellt man Informationsbedarf und Informationsbeschaffung den parlamentarischen Funktionen des Deutschen Bundestages gegenüber, so wird deutlich, daß von der Informationslage her die parlamentarische Arbeit der Abgeordneten kaum unterstützt wird. Ob dieses Beratungs-

---

[111] *Rausch*, Die wissenschaftliche Beratung des 5. Deutschen Bundestages, S. 548 f.

[112] Vgl. *Otto Schmidt*, Eine Brücke zwischen Bund und Ländern, in: Das Parlament, Nr. 35—36, vom 30. 8. 1969, S. 16.

[113] *Schramm*, Parlamentsinterne Gesetzgebungshilfe, S. 131 f.

[114] So aber: *Kruse*, Hilfsdienst für die Parlamente, in: Handbuch der Interparlamentarischen Arbeitsgemeinschaft, S. 20/1, 20/33 ff.

[115] *Keller/Raupach*, Informationslücke des Parlaments, S. 83.

[116] Dies wurde dem Verfasser in einem Gespräch mit einem wissenschaftlichen Referenten der Interparlamentarischen Arbeitsgemeinschaft mitgeteilt.

[117] *Rausch*, Die wissenschaftliche Beratung des 5. Deutschen Bundestages, S. 549; vgl. auch: *Otto Schmidt*, Eine Brücke zwischen Bund und Ländern, in: Das Parlament, Nr. 35—36, vom 30. 8. 1969, S. 16: „Die Interparlamentarische Arbeitsgemeinschaft ist als eine Art Selbsthilfeeinrichtung der Abgeordneten anzusehen, die aus der Initiative von Abgeordneten entstanden ist. Sie will aber nicht selbst Hilfsdienst sein, wie man ihn für die einzelnen Parlamente für notwendig erachtet."

defizit durch parlamentsexterne Hilfen aufgewogen wird, soll im folgenden aufgezeigt werden.

2. Die Abhängigkeit zwischen parlamentsinterner und parlamentsexterner wissenschaftlicher Beratung des Deutschen Bundestages

Die vielfältigen formellen und informellen Kontakte zwischen dem Deutschen Bundestag und der Bundesregierung erwecken den Eindruck, daß hier eine brauchbare Informationsmöglichkeit des Parlaments besteht. In der Tat aber haften diesen Informationsquellen viele Unzulänglichkeiten an:

Will der Deutsche Bundestag gezielte Informationen von der Bundesregierung erhalten, so setzt dies eine *gezielte Fragestellung* voraus. Grundlage einer gezielten Befragung ist aber, daß das Parlament bereits Recherchen über die zu erfragenden Umstände angestellt hat[118]. Die Erfüllung dieser Voraussetzung erfordert wiederum einen leistungsfähigen parlamentsinternen Beratungsdienst. Nach dem heutigen Verfahren werden also stets die Informationen fehlen, die der Bundestag mangels Kenntnis, Erkenntnis und Initiative nicht erfragt. Dies zeigt bereits, daß das Fehlen einer ausreichenden parlamentsinternen Beratung durch parlamentsexterne Hilfen nicht ausgeglichen werden kann[119].

Ein weiterer Mangel liegt in der *Unkontrollierbarkeit der Informationen*[120]. Gewöhnlich tut die Bundesregierung dem Parlament nur ihren endgültig formulierten Willen kund[121]. Damit bleiben dem Deutschen Bundestag existierende Konflikte, d. h. die für die eigene Entscheidung wesentlichen Momente, verborgen, und er erhält nur „gefilterte" Informationen[122]. Eine Möglichkeit, existierende Konflikte eigenständig aufzudecken, fehlt aber mangels eines entsprechenden parlamentarischen Instrumentariums. Ähnlich verhält es sich mit der Formulierungshilfe durch die einzelnen Ressorts. Auch hier wird das Parlament mangels einer eigenen Beratungskapazität kaum feststellen können, wo die reine Formulierungshilfe der Ministerien aufhört und eine Bestimmung des materiellen Gesetzesinhalts vorgenommen wird[123].

---

[118] *Moersch*, Parlament ohne Selbstverständnis, in: Der Bundestag von innen gesehen, S. 31, 37 f.

[119] Im Ergebnis auch: *Rausch*, Die wissenschaftliche Beratung des 5. Deutschen Bundestages, S. 543.

[120] *Lompe*, Die Rolle von Sachverständigengremien im Prozeß der politischen Willensbildung, in: ZfPol 1969, S. 223, 235.

[121] Vgl. § 28 Abs. 2 GeschO BReg, wonach Vorlagen der Regierung selbst dann einheitlich vertreten werden müssen, wenn die Auffassungen im Kabinett unterschiedlich sind.

[122] *Deutscher Bundestag*, 6. Wahlperiode, Drucksache VI 3826, S. 172.

Informationen und Beratungen, die von Interessengruppen dem Deutschen Bundestag geleistet werden, ergehen weitgehend unkontrolliert von der Öffentlichkeit. Im Grunde können von dieser Seite den Abgeordneten wertvolle Informationen zugehen, doch gebietet die primäre Aufgabenstellung der Verbände, Organisationen und Unternehmen, nämlich die Interessen ihrer Mitglieder zu verfolgen, eine gewisse Vorsicht bei der Übernahme des angebotenen Sachverstandes. Hier ist die Fachkompetenz der einzelnen Ressorts in der Regel ausreichend, den Gehalt der Informationen zu überprüfen, wohingegen der Legislative die entsprechende Sonde fehlt[124]. Die Abgeordneten sind daher auf sich selbst angewiesen, wenn sie *wertfreie* Informationen von *verdeckten* Interessenstandpunkten unterscheiden wollen[125]. Damit schließt sich wiederum der Kreis zum parlamentsinternen Bereich, in dem mangels leistungsfähiger parlamentseigener Beratungskapazität eine solche Analyse — wenn überhaupt — nur in Einzelfällen möglich ist.

Die Inanspruchnahme von Wissenschaftlern und Expertengremien ist insofern der Information des Deutschen Bundestages durch die Bundesregierung ähnlich, als auch hier gezielte Fragen gestellt werden müssen. Dies aber vermag der Bundestag nur mit Hilfe eines eigenständigen Stabes wissenschaftlicher Mitarbeiter, die beim Aufspüren der Probleme, deren Analyse den Experten übertragen werden soll, und bei der Formulierung politisch relevanter Fragestellungen Hilfe leisten[126].

Darüber hinaus erschwert die *unterschiedliche Betrachtungsweise* von Problemen und eine gewisse *Sprachbarriere* zwischen Experten und Parlamentariern die Zusammenarbeit, was sich auch in einer verminderten Kritikmöglichkeit auf seiten des Parlaments niederschlägt[127]. Das Fehlen einer parlamentarischen Beratungskapazität, die allein über diese Schwierigkeiten hinweghelfen könnte, wirkt sich auch hier negativ auf die wissenschaftliche Beratung des Bundestages durch Wissenschaftler und Expertengremien aus.

Die derzeitige Lage der wissenschaftlichen Beratung des Deutschen Bundestages ist dadurch gekennzeichnet, daß eine schwache parlamentsinterne Beratungskapazität eine Beratung durch externe Quellen ebenfalls unwirksam gestaltet. Eine wirksame parlamentsexterne Beratung setzt einen leistungsfähigen Beratungsdienst beim Deutschen Bundestag

---

[123] *Kruse*, Hilfsdienst für die Parlamente, in: Handbuch der Interparlamentarischen Arbeitsgemeinschaft, S. 20/1, 20/18.

[124] *Kruse*, Hilfsdienst für die Parlamente, in: Handbuch der Interparlamentarischen Arbeitsgemeinschaft, S. 20/1, 20/29.

[125] *Keller/Raupach*, Informationslücken des Parlaments, S. 71; *Lompe*, Die Rolle von Sachverständigengremien im Prozeß der politischen Willensbildung, in: ZfPol 1969, S. 223, 235.

[126] *Keller/Raupach*, Informationslücke des Parlaments, S. 76.

[127] *Lohmar*, Das Hohe Haus, S. 124 f., 127.

selbst voraus, so daß sich die Frage nach einer Verbesserung der Beratung durch Einwirkung auf die externen Kapazitäten *nicht* stellt. Die Frage kann daher allein lauten, wie der Deutsche Bundestag mit einem leistungsfähigen eigenen Beratungsinstrumentarium ausgerüstet werden kann, dessen Realisierung *notwendigerweise* auch eine Verbesserung der Beratung des Parlaments durch parlamentsexterne Quellen zur Folge hat.

3. Das Postulat eines wissenschaftlichen Beratungsdienstes beim Deutschen Bundestag im Hinblick auf Planung, Kontrolle und Initiative durch das Parlament

Die kritische Darstellung der bestehenden parlamentsinternen und -externen Beratungskapazität ließ deutlich werden, daß die Entwicklung der wissenschaftlichen Beratung des Parlaments in der Bundesrepublik Deutschland über erste Ansätze nicht hinausgediehen ist. Diese Feststellung allein genügt indes nicht, um die Notwendigkeit eines wissenschaftlichen Beratungsdienstes als vorgegeben anzusehen. In diesem Zusammenhang wird gerade von der Regierung und von den Vertretern der diese tragenden Fraktion(en) die Notwendigkeit eines Ausbaus der parlamentarischen Beratungskapazität mit dem Argument verworfen, die gesamte Ministerialbürokratie stehe als Informant, Berater und Helfer allen Abgeordneten ohne Ansehung ihrer Fraktionszugehörigkeit zur Verfügung[128]. Gerade in jüngster Zeit wurde dies noch dahingehend erweitert, daß die Bundesregierung sogar bereit sei, dem Bundestag Regierungsgutachten zugänglich zu machen und ihm die Möglichkeit einzuräumen, bei der „Vergabe von Gutachten thematische Ergänzungen oder Modifikationen nach den Wunschvorstellungen des Bundestages vorzunehmen“[129].

Dieses Angebot der Ministerialbürokratie läßt in der Tat Zweifel an der Notwendigkeit eines parlamentarischen Hilfsdienstes aufkommen: Die Exekutive räumt dem Bundestag das Recht ein, bei der Vergabe von Regierungsgutachten „seine“ Gesichtspunkte in Anrechnung zu bringen, was die Vergabe von Studien durch den Bundestag in einem gewissen Umfang entbehrlich macht. Soweit sonstige Informationen von der Ministerialbürokratie geliefert werden, könnten diese — soweit ein entsprechendes Bedürfnis besteht — mit den bereits bestehenden parlamentarischen Hilfsmitteln, etwa durch die Bestellung eines Gut-

[128] *Keller/Raupach,* Informationslücke des Parlaments, S. 66; Abg. Blank (SPD) im *Kurzprotokoll* der 30. Sitzung des Ausschusses für Forschung und Technologie, am 16. April 1975, S. 21.

[129] So der Parlamentarische Staatssekretär Hauff im *Kurzprotokoll* der 25. Sitzung des Ausschusses für Forschung und Technologie, am 11. 12. 1974, S. 13.

achters, überprüft werden[130]. Eine nachträgliche Kontrolle von Regierungsmaßnahmen ließe sich so ohne weiteres durchführen, so daß die Notwendigkeit der Einrichtung eines selbständigen parlamentarischen Beratungsdienstes nicht zu bestehen scheint.

Der deutsche Bundestag greift nun in gesellschaftliche Prozesse sowohl verändernd als auch steuernd ein, indem er durch den Erlaß von Rechtsnormen, die Entscheidung über die jährlichen Budgets und das Initiativrecht seine Mitglieder die Entwicklung einzelner gesellschaftlicher Prozesse fördern oder hemmen kann[131]. In der Regel besteht diese Einflußnahme der Legislative in einer *nachträglichen* Anpassung der Rechtsordnung an die gesellschaftliche Entwicklung und nur selten in einem *präventiven* korrigierenden und regulierenden Eingriff[132]. Soweit allerdings die Exekutive die Realisierung bestimmter Projekte selbst betreibt, findet eine unmittelbare und frühzeitige Beteiligung der Gesetzgebung statt: Da insoweit für die Durchführung eines Projektes Haushaltsmittel bewilligt werden müssen, kann der Bundestag durch sein Entscheidungsrecht über die Mittelbewilligung Einfluß auf diese Prozesse nehmen[133]. Dieses durch die parlamentarische Haushaltshoheit eröffnete Recht zur *parlamentarischen Vorauskontrolle* findet allerdings infolge der zunehmenden Planung der Bundesregierung insofern seine Begrenzung, als die Planungen der Bundesregierung ein integriertes Handlungsgefüge sind, dessen Informationsverarbeitung sowie Kordinations- und Integrationsleistung eine freie Entscheidung verhindert[134].

---

130 Vgl. auch die Stellungnahme der Abgeordneten Blank (SPD) und Hoffie (FDP) im *Kurzprotokoll* der 30. Sitzung des Ausschusses für Forschung und Technologie am 16. April 1975, S. 23 und S. 21.

131 *Paschen u. a.* im Gutachten zum Problemkreis Technologiefolgenabschätzung (Technology-Assessment), S. 162.

132 *Paschen u. a.* ebd. S. 162 unter Hinweis auf: *Green,* The New Technological Era: A View from the Law, Program of Policy Studies in Science and Technology, S. 3.

133 *Paschen u. a.* im Gutachten zum Problemkreis Technologiefolgenabschätzung (Technology-Assessment) S. 163; *Blank,* Die staatliche Aufgabenplanung im Spannungsfeld von Regierung und Parlament, S. 87, führt dazu aus: „In der Praxis werden die Planungen, soweit zu ihrer Durchführung finanzielle Mittel erforderlich sind, jedoch erst bei den Haushaltsberatungen dem zuständigen Ausschuß und dem Plenum des Parlaments zur Kenntnis gebracht. Zu diesem Zeitpunkt ist de facto eine Einwirkung auf die Planung meist nicht mehr möglich" ... „Das Parlament ist zwar theoretisch im Rahmen seines Budgetrechts in der Lage, auf die exekutiven Planungen einzuwirken, aus praktischen Erwägungen ist dies jedoch solange nicht effektiv möglich, als das Parlament nicht bereits im entscheidenden Vorbereitungsstadium der Planung informiert wird und so an dem Entscheidungsprozeß teilhat."

134 *Enquete Kommission Verfassungsreform,* Zwischenbericht, in: Zur Sache 1 (1973), S. 77; vgl. auch: *Lindsay,* Das Engagement von Politik und Verwaltung mit den Wissenschaften, in: Parlament und Wissenschaft, S. 23, 41; *Böckenförde,* Planung zwischen Regierung und Parlament, in: Der Staat 1972, 429, 442, führt dazu aus: „..., daß es sich bei der Planung zwischen Regierung

In der Tat ist auch das parlamentarische Initiativrecht begrenzt, da einzelne Initiativen nur dann Aussicht auf Erfolg haben, wenn sie in Übereinstimmung mit der Regierungsplanung gebracht werden[135]. Dies alles bewirkt einen *Funktionsverlust* des Deutschen Bundestages, der nur durch eine rechtzeitige Beteiligung des Parlaments an den Planungsentscheidungen der Regierung verhindert werden kann[136]. Daraus folgt aber, daß der Bundestag in die Diskussion der Planungsvoraussetzungen der Exekutive einzubeziehen und ihm die Möglichkeit einer tatsächlichen Mitwirkung an den Planungs- und Entscheidungsprozessen zu geben ist[137]. Dies bedeutet keineswegs eine politische Vorherrschaft des Parlaments gegenüber der Ministerialbürokratie oder der Bundesregierung, zumal dies dem politischen Führungsanspruch der Regierung bzw. des Kanzlers widerspräche[138]. Vielmehr würden damit nur eine wichtige Voraussetzung für die Kontrolle der Regierung durch das Parlament geschaffen[139] und Initiativen durch das Parlament ermöglicht. Kontrolle und Initiative setzen daher neben Information und Öffentlichkeit auch eine *Planung* voraus, die den Verlauf der zu verfolgenden politischen Wegstrecke aufzeigt[140]. Will das Parlament daher seiner Aufgabe der Kontrolle und Initiative entsprechen, so benötigt es mehr als eine nachträgliche Information und Transparenz, die stets nur eine nachträgliche und damit in der Regel wenig wirksame Kontrolle ermöglichen. Notwendig ist die Erarbeitung eines Planungsrahmens, an dem der Deutsche Bundestag sich hinsichtlich der eigenen Initiativen

---

und Parlament in ihrer heutigen Gestalt nicht mehr nur um eine Vorbereitung, sondern um eine Vorverfügung über Entscheidungen des Gesetzgebers handelt." *Lohmar*, Das Hohe Haus, S. 118; *Jarass*, Politik und Bürokratie als Elemente der Gewaltenteilung, S. 36: „Planung auf dieser Komplexitätsebene ist ein fortlaufender Selektionsprozeß, der nicht nur Entscheidungen vorbereitet, sondern bereits trifft oder zumindest derartig präjudiziert, daß der Legislative ein Abweichen unmöglich ist, will sie nicht einen planungslosen Zustand herbeiführen."

[135] *Paschen u. a.* im Gutachten zum Problemkreis Technologiefolgenabschätzung (Technology-Assessment), S. 164.

[136] *Blank*, Die staatliche Aufgabenplanung im Spannungsfeld von Regierung und Parlament, S. 87 und passim; *Lohmar*, Das Hohe Haus, S. 117.

[137] So *Lohmar*, Das Hohe Haus, S. 117; *Burhenne*, in: Innovation und Parlament, S. 17, 19.

[138] *Jarass*, Politik und Bürokratie als Elemente der Gewaltenteilung, S. 35; *Böckenförde*, Planung zwischen Regierung und Parlament, in: Der Staat 1972/429, 443; *Friauf*, Die verfassungsrechtliche Problematik einer Ziel- und Mittelplanung der Bundesregierung im Hinblick auf ihr Verhältnis zum Deutschen Bundestag, in: Erster Bericht zur Reform der Struktur von Bundesregierung und Bundesverwaltung, Bonn 1969, Anlagenband, S. 607, 639 f.; *Stern*, Zur Problematik der Inkorporierung eines „Aufgabenplanungssystems" in der Organisationsstruktur der Bundesregierung, in: Erster Bericht zur Reform der Struktur von Bundesregierung und Bundesverwaltung, Bonn 1969, Anlagenband, S. 563, 578 ff., 581.

[139] *Lohmar*, Das Hohe Haus, S. 117.

[140] *Lohmar*, Das Hohe Haus, S. 114.

und seiner Einschätzung der Regierungstätigkeit orientieren kann[141]. Diesen Planungsrahmen aber können ihm weder die Exekutive, noch die zur Zeit bestehenden parlamentarischen Beratungsquellen vermitteln, sondern nur ein selbständiger wissenschaftlicher Beratungsdienst[142].

IV. Die wissenschaftliche Beratung des Parlaments als Minderheitsrecht

Die Lage des Parlaments im deutschen Regierungssystem wird allgemein als unbefriedigend angesehen[143]. In der seit Jahren anhaltenden Diskussion um eine Reform des Parlaments wird dementsprechend immer wieder eine Verbesserung der parlamentarischen Informationsquellen gefordert. *Keller/Raupach*[144] weisen nun darauf hin, daß — abgesehen von Bemühungen um graduelle Veränderungen des gegenwärtigen Systems — sich zwei einander unterscheidende Konzeptionen herauskristallisiert haben:

Die eine Richtung[145] sieht die Hauptgefahr für den deutschen Parlamentarismus in der Schwächung des *Gesamtparlaments* gegenüber der Regierung, was besonders deutlich in dem Übergewicht der Exekutive bei der Ausübung des Initiativrechts zum Ausdruck komme. *Kleinrahm*[146] geht sogar soweit, den parlamentarischen Gesetzgeber als „überholtes Rudiment verfassungsrechtlichen Biedermeiertums" zu bezeichnen. Dem natürlichen Schwergewicht der Regierung müsse daher auch im Bereich der gesetzgeberischen Initiative und Planung eine fühlbare Aktivität und Gegenspielerschaft des Parlaments gegenübertreten[147].

Für die Vertreter der zweiten Richtung[148] bedeutet eine Verbesserung des deutschen Parlamentarismus vor allem eine Besserstellung der *par-*

---

[141] *Lohmar*, ebd., S. 114; ebenso: *Stein*, Über die Verantwortung des Gesetzgebers, in: Fragen der Freiheit, S. 3, 22.

[142] Ähnlich: *Jarass*, Politik und Bürokratie als Elemente der Gewaltenteilung, S. 35; *Lohmar*, Das Hohe Haus, S. 123; *Hirsch*, Parlament und Verwaltung, S. 183; *Schmid*, Das Verhältnis von Parlament und Regierung im Zusammenspiel der staatlichen Machtverteilung, S. 260 m. w. N.

[143] Vgl. etwa: *Schramm*, Parlamentsinterne Gesetzgebungshilfe, passim; *Odewald*, Parlamentarischer Hilfsdienst, passim; *Keller/Raupach*, Informationslücke des Parlaments, passim.

[144] Informationslücke des Parlaments, S. 92 f.

[145] *Kleinrahm*, Gesetzgebungshilfsdienst für deutsche Parlamente, in: AÖR 79/137 ff.; *Schramm*, Parlamentsinterne Gesetzgebungshilfe, passim.

[146] Gesetzgebungshilfsdienst für deutsche Parlamente, in: AÖR 79/137, 143.

[147] *Kleinrahm*, Gesetzgebungshilfsdienst für deutsche Parlamente, in: AÖR 79/137, 140; ähnlich: *v. Blume*, Wesen und Aufgabe der Parlamente, in: Handbuch der Politik I, S. 336, 343.

[148] Vgl. *Ellwein*, Das Regierungssystem in der Bundesrepublik Deutschland, passim; *Hereth*, Zur Reform des Deutschen Bundestages, in: Junge Republik, S. 46 und passim; *Gehrig*, Parlament-Regierung-Opposition, S. 249, 304 ff.

lamentarischen Opposition. Angesichts der engen Verflechtung von Regierung und Mehrheitsfraktion(en) sei eine Frontstellung des Gesamtparlaments unrealistisch. Erstrebt wird daher eine Stärkung der Opposition gegenüber dem Block Regierung/Regierungsmehrheit, und entsprechend wird der Schwerpunkt auf einen Ausbau des oppositionellen Apparates gelegt[149]. Die Hauptaufgabe des Parlaments müsse darin bestehen, Stätte der öffentlichen Auseinandersetzung zu sein, wo die Regierungspolitik kritisiert wird und alternative Lösungen von der Opposition vorgeschlagen werden.

Bevor nun im folgenden auf Möglichkeiten einer Unterstützung des Parlaments durch die Organisation einer wissenschaftlichen Zentralstelle beim Deutschen Bundestag eingegangen werden kann, ist zunächst zu diesem grundsätzlichen Problem Stellung zu nehmen. Die Notwendigkeit einer Erörterung dieser Frage ergibt sich aus der Tatsache, daß es für die organisatorische Ausgestaltung einer wissenschaftlichen Beratungsstelle des Deutschen Bundestages von maßgeblicher Bedeutung ist, ob diese bei der parlamentarischen Opposition oder beim Gesamtparlament anzusiedeln ist. Bei der Behandlung dieser Frage soll von der Gesetzgebungs- und Kontrolltätigkeit des Parlaments ausgegangen werden.

1. Der Dualismus von Regierung und Parlament

a) Das parlamentarische Regierungssystem in der Bundesrepublik Deutschland

Die Bundesrepublik Deutschland besitzt ein parlamentarisches Regierungssystem[150]. Historisch bedeutet dieses parlamentarische System in Deutschland eine bewußte Abkehr von der Monarchie, durch die dem zu Macht gekommenen liberalen Bürgertum auch die noch verbliebenen exekutiven Freiräume überantwortet wurden[151]. Die geistigen Wurzeln dieser so umrissenen Regierungsform liegen in der *parlamentarischen*

---

[149] *Gehrig*, Parlament-Regierung- Opposition, S. 304 ff.

[150] Das ist nicht unbestritten: *Loewenstein* (Verfassungslehre, S. 93 f.) etwa bezeichnet die Bundesrepublik zumindest während der Dauer einer Legislaturperiode als „demoautoritär". Obwohl demokratisch in der Entstehung sei die politische Führung autoritär (*Loewenstein*, Verfassungslehre, S. 94) und regiere ohne Begrenzung durch die Wählerschaft. *Keller/Raupach* (Informationslücke des Parlaments, S. 90 f.) klassifizieren die Bundesrepublik als eine Mischung aus englischem und amerikanischem Regierungssystem. Vgl. auch: *Scheuner*, Die Lage des parlamentarischen Regierungssystems, in: DÖV 1974/433, 435 f.; *Steiger*, Organisatorische Grundlagen des parlamentarischen Regierungssystems, S. 152 ff., hierzu jetzt: *Oppermann*, Das parlamentarische Regierungssystem des Grundgesetzes, in: VVDStRL 33/7 ff. und *Meyer*, Das parlamentarischen Regierungssystem des Grundgesetzes, in: VVDStRL 33/69 ff.

[151] *Maunz*, Staatsrecht, § 10 II, 1.

Idee[152], die sowohl in der Lehre von der Volkssouveränität[153] als auch in der Repräsentation[154] begründet ist. Der Umstand, daß die Volkssouveränität in großräumigen Staaten nicht mehr unmittelbar vom Volke ausgeübt werden kann, führte zur Repräsentation des Volkes durch eine Volksvertretung, die aus den Grundsätzen des Art. 38 Abs. 1 GG entsprechenden Wahlen hervorgegangen ist. Diese Situation setzt das rechtsabwesende Volk[155] in die Lage, trotz fehlender unmittelbarer eigener Herrschaft nicht lediglich Objekt der Regierung zu sein, sondern Einfluß zu nehmen auf die Geschäfte des Staates[156]. Die Frage, welche unmittelbaren Staatsorgane an der Willensbildung mitwirken, löst das parlamentarische System der Idee nach somit dahingehend, daß der Staat vom Parlament regiert wird[157].

b) Aufhebung des Dualismus zwischen Regierung und Parlament durch das parlamentarische System

Im Zeitalter der konstitutionellen Monarchie, als die Gesellschaft durch wenige, nicht plurale Gruppeninteressen gekennzeichnet war, standen sich im Bürgertum (vertreten im Parlament) und im Monarchen (verkörpert in der Exekutive) zwei reale politische Kräfte gegenüber[158]. Heute stehen hinter der Führungsschicht der Exekutive die Vertreter der politischen Mächte, vor allem der politischen Parteien[159]. Diese sind im Parlament zusammengeführt, in dem die maßgebliche Parlamentsmehrheit mit der jeweiligen Regierung politisch übereinstimmt und ihr so das zum Regieren notwendige Vertrauen entgegenbringt[160]. Dies wird besonders deutlich in der engen personellen Ver-

---

[152] *v. Blume*, Wesen und Aufgabe der Parlamente, in: Handbuch der Politik I, S. 336, 337; *Carl Schmitt*, Verfassungslehre, S. 307 ff.

[153] *Maunz* in MDH, Art. 20, Rdn. 46, 47. Zur Volkssouveränität vgl.: *Kriele*, Einführung in die Staatslehre, S. 224 ff.

[154] *Kriele*, Einführung in die Staatslehre, S. 240 f.; *Glum*, Das parlamentarische Regierungssystem in Deutschland, Großbritannien und Frankreich, S. 7.

[155] *Dürig* in MDH, Art. 20, Rdn. 1.

[156] *Runte*, Der Wehrbeauftragte des Bundestages und der Wandel von Funktion und Struktur des Parlaments in der modernen Demokratie, S. 32; *Glum*, Das parlamentarische Regierungssystem in Deutschland, Großbritannien und Frankreich, S. 3 ff.

[157] *Deutscher Bundestag*, 6. Wahlperiode, Drucksache VI 3826, S. 185.

[158] *Deutscher Bundestag*, 6. Wahlperiode, Drucksache VI 3826, S. 185.

[159] Vgl. *Kaiser*, Die Repräsentation organisierter Interessen, S. 268.

[160] W. *Weber*, Das Richtertum in der deutschen Verfassungsordnung, in: Festschrift für Niedermeyer, S. 261, 267; *Wittmayer*, Demokratie und Parlamentarismus, S. 88: „Eine parlamentarische Regierung im engeren Sinne ist erst dann vorhanden, wenn die Regierung fortlaufend und in jedem Augenblick, sei es gewohnheitsrechtlich oder auf Grund ausdrücklicher wirksamer Vorschriften vom Vertrauen des Parlaments abhängig ist und von diesem alle Zeit durch Entziehung des Vertrauens oder Mißtrauenserklärung zum Abgang verhalten werden kann". *Carl Schmitt*, Verfassungslehre, S. 338.

flechtung von Regierung und Regierungsmehrheit: Die Mitglieder der Regierung sind in der Regel auch Parlamentsabgeordnete, der Chef der Regierung ist grundsätzlich politischer Führer der Parlamentsmehrheit[161]. Nach *W. Weber*[162] stehen sich daher Regierung und Parlament jetzt nicht mehr als zwei reale politische Kräfte gegenüber, vielmehr handelt es sich dabei nur um die Bezeichnung staatlicher Funktionsbereiche. Das Spannungsverhältnis zwischen Exekutive und Legislative ist heute wegen der funktionellen Identität von Regierung und Regierungsmehrheit aufgehoben[163]. Im parlamentarischen System ist das Verhältnis zwischen Regierung und Parlament nicht dualistisch sondern monistisch[164].

Demgegenüber wird argumentiert, daß das Spannungsverhältnis zwischen Legislative und Exekutive zu Unrecht verneint würde[165]. Die Auseinandersetzung spiele sich nur nicht mehr öffentlich, sondern in den Fraktionskreisen ab[166]. *Friesenhahn*[167] weist darauf hin, daß trotz der Verbindung von Mehrheitsfraktion und Regierung als Nachwirkung des Dualismus zur Zeit der konstitutionellen Monarchie ein Spannungsverhältnis erhalten geblieben sei, da auch die Regierungspartei(en) auf die Wahrung gewisser parlamentarischer Privilegien achte(n). Ebenso nimmt *Kleinrahm*[168], der besonders auf den psychischen Wandel hinweist, den der zur Exekutive wechselnde Abgeordnete erfährt, einen natürlichen Interessengegensatz zwischen Parlament und Regierung an.

Daß ein zur Exekutive wechselnder Parlamentarier einen psychischen Wandel erfährt, soll hier ebensowenig bestritten werden wie der Umstand, daß auch die Mehrheitsfraktion für die Wahrung parlamentarischer Rechte eintritt[169]. Indes können diese Momente allenfalls die *institutionelle* und *soziologische* Verschiedenheit[170] von Exekutive und

---

[161] *Gehrig*, Parlament-Regierung- Opposition, S. 228 f.

[162] Spannungen und Kräfte im westdeutschen Verfassungssystem, S. 39.

[163] *W. Weber*, Spannungen und Kräfte im westdeutschen Verfassungssystem, S. 42; *ders.*, Wandlungen und Formen des Staates, S. 364, 377; *Stein*, Lehrbuch des Staatsrechts, S. 30; *Odewald*, Parlamentarischer Hilfsdienst, S. 74 f.; *Gehrig*, Parlament-Regierung-Opposition, S. 94.

[164] Siehe für viele: *Brusewitz*, Was wird unter Parlamentarismus verstanden?, S. 2; *v. Blume*, Wesen und Aufgaben der Parlamente, in: Handbuch der Politik I, S. 336, 342; *Kralewski/Neunreither*, Oppositionelles Verhalten im ersten Deutschen Bundestag 1949—1953, S. 15 f.; *Wildenmann*, Macht und Konsens als Problem der Innen- und Außenpolitik, S. 2, 11 und: *Gehrig*, Parlament-Regierung-Opposition, S. 87 sowie die dort in FN 161 genannten Verfasser.

[165] *v. Mangoldt-Klein*, Art. 20, Anm. 5.

[166] So: *v. Heydebrek*, Verhandlungen des 45. Deutschen Juristentages, Bd. II, E 64/68.

[167] Parlament und Regierung im modernen Staat, in: VVDStRL 16/9, 52.

[168] Gesetzgebungshilfsdienst für deutsche Parlamente, in: AÖR 79/137, 153.

[169] Ebenso: *Odewald*, Parlamentarischer Hilfsdienst, S. 75.

[170] *Scheuner*, Parlamentarisches Regierungssystem, in: DÖV 1957/633, 636.

Legislative beweisen, die unter Umständen auch Spannungen und Differenzen zu erzeugen vermag[171]. Derartige institutionelle und soziologische Abweichungen finden sich jedoch nicht allein zwischen Parlament und Regierung. Auch zwischen den verschiedenen Ressorts der Exekutive können Spannungen im bezeichneten Sinne bestehen. Entscheidend ist jedoch — worauf *Odewald*[172] mit Recht hinweist —, daß zwischen Parlament und Regierung eine Polarität im Sinne einer *„echten Rivalität“*, die das Verhältnis von Exekutive und Legislative in der konstitutionellen Monarchie kennzeichnete, nicht mehr besteht. Den Anhängern des Dualismusgedankens könnte man nur dann folgen, wenn die Regierungsfraktion nachweisbar einen unabhängigen Willen zu formen in der Lage ist[173]. Dies alles ist nicht der Fall. Vielmehr übt heute nur die *Opposition* die Gegenspielerschaft aus, die im Zeitalter des bürgerlichen Konstitutionalismus das *Gesamtparlament* wahrnahm[174], und die Rivalität bei der Gestaltung des politischen Lebens besteht zwischen Regierung und Regierungsmehrheit auf der einen sowie der Opposition auf der anderen Seite[175].

2. Auswirkungen des Dualismus Regierung/Regierungsmehrheit — Opposition auf die parlamentarische Gesetzesinitiative

a) Das Initiativrecht nach Art. 76 Abs. 1 GG

Art. 76 Abs. 1 GG räumt der Bundesregierung, dem Bundesrat und den Mitgliedern des Bundestages das Recht zur Gesetzesinitiative ein. Die Befugnisse aller drei in Art. 76 Abs. 1 GG zur Initiative Berechtigten sind gleichwertig[176], obwohl schon unter der Weimarer Reichsverfassung Gesetzesvorlagen der Reichsregierung als das Normale angesehen wurden[177]. Ob man allerdings mit *Kleinrahm*[178] aus der Reihen-

---

[171] *Odewald*, Parlamentarischer Hilfsdienst, S. 75; *Runte*, Der Wehrbeauftragte des Bundestages und der Wandel von Funktion und Struktur des Parlaments in der modernen Demokratie, S. 44.

[172] Parlamentarischer Hilfsdienst. S. 75.

[173] Vgl.: *Deutscher Bundestag*, 6. Wahlperiode, Drucksache VI 3826, S. 185.

[174] *Gehrig*, Parlament-Regierung-Opposition, S. 91 und passim.

[175] *Scheuner*, Parlamentarisches Regierungssystem, in: DÖV 1957/633, 636; *ders.*, Die Lage des parlamentarischen Regierungssystems, in: DÖV 1974/433, 437; *Gehrig*, Parlament-Regierung-Opposition, S. 94; *Maunz* in MDH, Art. 62, Rdn. 12 m. w. N.

[176] *Gross*, Die Entwicklung des öffentlichen Rechts: Betrachtung, in: DVBl 1955/763; *ders.*, Die Entwicklung des öffentlichen Rechts: Tagung der Vereinigung der deutschen Staatsrechtslehrer in Hamburg am 13. und 14. Oktober 1955, in: DVBl 1955/83.

[177] *Anschütz*, WRV, Anm. 2 zu Art. 68, 69, S. 362; *Herrfahrdt* in Bonner Kommentar, Art. 76 II 1, S. 4 f.

[178] Gesetzgebungshilfsdienst für deutsche Parlamente, in: AÖR 79/137, 139; ihm folgend: *Odewald*, Parlamentarischer Hilfsdienst, S. 76.

folge der in Art. 76 Abs. 1 GG genannten Initiativberechtigten den Schluß ziehen will, daß das Bonner Grundgesetz selbst die Initiative der Regierung als den Regelfall und die Initiative des Bundestages nur als eine Form parlamentarischer Mitbestimmung ansieht, kann letztlich offenbleiben, da auch Kleinrahm die hier allein entscheidende *„normative Gleichrangigkeit“* nicht bestreitet[179].

Betrachtet man nun den Umfang der Bundesgesetzgebung, so tritt hinsichtlich der Gesetzesinitiativen ein starkes Übergewicht der Regierung hervor[180]. Zu berücksichtigen ist dabei noch, daß die umfangreichen und bedeutungsvollen Gesetzesvorlagen in der Regel von der Exekutive herrühren[181] und daß zahlreiche Vorlagen, die von den Regierungsparteien des Parlaments eingebracht werden, materiell der Regierung zuzurechnen sind und nur zur Umgehung des Bundesrates „aus der Mitte des Bundestages“ erfolgen[182]. Der Grund für das zahlenmäßige Übergewicht der Regierungsvorlagen mag zum Teil darin begründet sein, daß die materiell dem Bundestag zuzurechnenden Initiativen überwiegend von der Opposition eingebracht werden, die aber schon wegen der Mehrheitsverhältnisse im Bundestag zum Scheitern verurteilt sind[183]. Der wahre Grund für die geringe Anzahl der Parlamentsinitiativen dürfte jedoch vor allem in der ständig *komplexer* und *spezieller* werdenden Gesetzgebungsmaterie und der für deren Bewältigung günstigeren Ausstattung der Ministerialbürokratie liegen[184]. *Maunz*[185] bestärkt diese Ansicht mit seiner Feststellung, daß im Hinblick auf die im modernen Massenstaat mit seiner arbeitsteiligen Gesellschaft für die Normierung erforderlichen Spezialmaterialien und Detailkenntnisse die Regierung geradezu eine *Monopolstellung* innehat.

Der aus dem fachlichen Unvermögen folgende Mangel an parlamentarischen Initiativen führte Kleinrahm[186] zu der Feststellung, daß „die Legislative in Wirklichkeit als bloß ratifizierende für die ihr unterbreiteten Vorschläge, nicht als Körperschaft, die die Gesetze, die sie in

---

179 *Kleinrahm*, S. 139.

180 Diese Entwicklung wurde schon von *Katz* (Die Gesetzgebung des Bundes, in: DÖV 1949/276) im Jahre 1949 vorausgesehen, indem er sagte, daß es „keiner Prophetengabe (bedürfe), um vorauszusagen, daß die übergroße Mehrzahl der kommenden Gesetzesvorlagen von der Bundesregierung ausgehen wird“.

181 *v. Mangoldt/Klein*, Art. 76, Anm. III 2 e.

182 *Odewald*, Parlamentarischer Hilfsdienst, S. 77 m. w. N.

183 *Gross*, Die Entwicklung des öffentlichen Rechts: Betrachtungen, in: DVBl 1954/322, 324; *Odewald*, ebd., S. 77.

184 Siehe auch: *Scheuner*, Die Lage des parlamentarischen Regierungssystems, in: DÖV 1974/433, 435; *Weibel*, Parlament und Regierung, in: Symbiose von Wissenschaft und Politik, S. 243, 245.

185 *Maunz* in MDH, Art. 76, S. 2, FN 5.

186 Gesetzgebungshilfsdienst für deutsche Parlamente, in: AÖR 79/137, 143.

Kraft setzt, wirklich schafft", handelt[187]. Ob man der Aussage Kleinrahms in dieser Schärfe beipflichten kann, mag hier dahinstehen. Tatsache ist aber, daß die Initiativfunktion des Deutschen Bundestages derart geschrumpft ist, daß es bereits als unrealistisch bezeichnet wurde, die verlorengegangene Initiative des Parlaments wiedergewinnen zu wollen[188]. *Max Webers*[189] Bezeichnung des Parlaments als „Bewilligungsapparat der Bürokratie" hat insofern seine Berechtigung nicht verloren.

b) *Dualismus als Voraussetzung parlamentarischer Initiativen*

Kleinrahm bezeichnete es in seinem Beitrag über den „Gesetzgebungshilfsdienst für deutsche Parlamente"[190] als wichtig, daß dem „natürlichen Schwergewicht der Regierung auch im Bereich der gesetzgeberischen Initiative und Planung eine fühlbare Aktivität und Gegenspielerschaft gegenüberstände"[191]. Obwohl man der Intention Kleinrahms durchaus zustimmen kann, bedarf es doch der näheren Erörterung, ob hinsichtlich der Gesetzesinitiative eine Gegenspielerschaft des Gesamtparlaments noch möglich ist oder ob nicht die monistische Struktur unserer Staatsform eine „Gegenspielerschaft" des Gesamtparlaments verhindert.

In der Gestaltung des Gesetzgebungsverfahrens erfaßt die verfassungsrechtliche Regelung nur ein Endstadium des Prozesses politischer Willensbildung. Ihm geht in aller Regel schon eine „Vorformung des politischen Willens" voraus[192]. Dieser Vorgang findet in einem Bereich statt, in dem die Entscheidungen zwar noch nicht fallen, in dem sie aber vorbereitet und durch eine öffentliche Diskussion der verschiedenen Interessen ermöglicht werden. Bei dieser Unterart der Demokratie ist das Volk nicht ein geschlossener Gegenspieler zum Staat, sondern in

---

[187] Dagegen: *v. Mangoldt/Klein*, Art. 76, Anm. III 2, e.

[188] *Böhret*, Entscheidungshilfen für die Regierung, S. 259 f.; *Ehmke*, Verhandlungen des 45. Deutschen Juristentages, Bd. II, E 7, 21; *Scheuner*, Die Lage des parlamentarischen Regierungssystems, in: DÖV 1974/433, 438, bezeichnet es als „normalen Vorgang", daß der Inhalt der Gesetzgebung zunächst von der Exekutive unter Mitwirkung der Verbände (*Hennis*, Verfassungsordnung und Verbandseinfluß, in: Politik als praktische Wissenschaft, S. 188, 190 ff.; *v. Beyme*, Interessengruppen in der Demokratie, S. 112 ff.; *Ellwein*, Das Regierungssystem in der Bundesrepublik Deutschland, S. 163) entworfen wird, da nur die Gesetzesinitiative als „Gestaltungsrecht einer politischen Führung" die Verwirklichung von Programmen und Reformen ermögliche.

[189] *Max Weber*, Parlament und Regierung im neugeordneten Deutschland, S. 13.

[190] In: AÖR 79/137 ff.

[191] *Kleinrahm*, Gesetzgebungshilfsdienst für deutsche Parlamente, in: AÖR 79/137, 140.

[192] *Hesse*, Grundzüge des Verfassungsrechts, S. 206.

Gruppen gegliedert und *mediatisiert*[193], denen das Bonner Grundgesetz die Erfüllung bestimmter Aufgaben auferlegt und rechtliche Grenzen zieht[194]. Das Medium dieser Vorformung sind die Verbände, insbesondere die politischen Parteien, die in diesem Bereich formulierte Bestrebungen auf der nächsten Stufe in Form der institutionalisierten Willensbildung im Parlament zur Geltung bringen, wohingegen sich die Verbände auf die zwar noch nicht verbindliche, politisch aber *häufig wirksamere* Vorformung beschränken[195].

Diese Entwicklung zur Parteiendemokratie führte nicht nur zu Veränderungen der Strukturdimension der Parlamente, sondern auch zu Wandlungen seiner Funktionen[196]. Als erstes bewirkte diese Tatsache einen faktischen Übergang der Initiative vom Parlament auf die Regierung, der sich zwar auch aus der technischen Vormachtstellung der Verwaltung bei der Abfassung von Gesetzen erklärt, wie oben[197] dargelegt wurde. Zudem beruht dieser Umstand aber darauf, daß die Regierung faktisch weitgehend „die Initiative setzende Spitze der sie im Parlament stützenden Mehrheitsfraktion darstellt"[198]. Auch die von der Mehrheitsfraktion ausgehenden Gesetzesinitiativen sind mit wenigen Ausnahmen faktisch als bloß in anderer Form präsentierte Regierungsvorlagen[199] anzusehen, deren Zweck es zum Teil ist, den Bundesrat in dieser ersten Phase des Gesetzgebungsverfahrens zu umgehen[200]. Zum anderen brauchen — worauf *Loewenberg*[201] hinweist — Entwürfe, die zwar von einem Ministerium abgefaßt, aber von einer Fraktion eingebracht werden, nicht mit den Ministerien der anderen Koalitionspar-

---

193 Die Auseinandersetzung um diesen von W. *Weber*, Weimarer Verfassung und Bonner Grundgesetz, S. 17 (vgl. auch: *ders.*, Spannungen und Kräfte im westdeutschen Verfassungssystem, S. 19 ff.) geprägten Ausdruck ist lediglich terminologischer Natur: Versteht man diesen Begriff im Sinne von „Entmachtung" (so etwa: *Seifert*, Zur Rechtsstellung der politischen Parteien, in: DÖV 1956/1 f.), so ist er für Art. 21 GG abzulehnen. Versteht man ihn dagegen in dem Sinn, den *Leibholz*, Strukturprobleme der modernen Demokratie, S. 76, mit dem Vergleich der Parteien als „Sprachrohr" beschreibt, so bestehen gegen seine Verwendung keine Bedenken. Gleichwohl besteht in der Sache selbst Einigkeit. Vgl. *Maunz* in MDH, Art. 21, S. 21, FN 4 m. w. N.

194 *Hesse*, Verfassungsrechtliche Stellung der politischen Parteien im modernen Staat, in: VVDStRL 17/11, 49 f. und 50 ff.

195 *Hesse*, Grundzüge des Verfassungsrechts, S. 62.

196 Siehe dazu: *Leibholz*, Strukturprobleme der modernen Demokratie, insbes. S. 78 ff.

197 Siehe oben A IV, 2 a.

198 So auch: *Gerlich*, Parlamentarische Kontrolle im politischen System, S. 174.

199 Vgl. *Pelinka/Welau*, Demokratie und Verfassung, S. 71.

200 *Loewenberg*, Parlamentarismus im politischen System der Bundesrepublik Deutschland, S. 324; *Odewald*, Parlamentarischer Hilfsdienst, S. 77 m. w. N.

201 Parlamentarismus im politischen System der Bundesrepublik Deutschland, S. 324.

tei(en) oder mit Ministerien, die gegen die Vorlage sind, abgestimmt zu werden[202]. Drittens kann die Regierung, wenn sie die Gesetzesinitiative der Fraktion überträgt, die Verantwortung für eine unpopuläre Maßnahme vermeiden, oder — je nach Art des Vorgehens — den politischen Vorteil auf das Konto der Partei buchen[203]. Es kommt zwar auch vor, daß eine Vorlage der Mehrheitsfraktionen einmal keine versteckte Regierungsvorlage beinhaltet, sondern vielmehr durch eine Initiative der Regierungsfraktion die Regierung zum Handeln gezwungen werden soll. Diese Zahl der Anträge von Regierungsparteien ist jedoch gering, und sie kommen zumeist nicht unabhängig von der Regierung zustande[204].

Alles in allem ergibt sich somit, daß hinsichtlich der Gesetzesinitiative eine interessenmäßig starke *Verflechtung* von Regierung und Mehrheitsfraktion besteht. Eine Gegenspielerschaft im Sinne von Kleinrahm kann folglich vom Gesamtparlament kaum noch ausgeübt werden. Vielmehr beeinträchtigt die monistische Struktur unserer Staatsform das Initiativrecht des Gesamtparlaments. „Echte Alternativen" und damit Initiativen sind daher nur noch von der *parlamentarischen Opposition* zu erwarten[205]. Eine Gegenspielerschaft des Gesamtparlaments hinsichtlich des parlamentarischen Initiativrechts könnte nur dann überzeugend dargelegt werden, wenn die Regierungsfraktion eine von der Regierung abweichende Vorstellung formuliert und diese auch gegen den Willen der Regierung „durchbringt". Dies ist aber nicht der Fall. Die Konsequenz aus dieser Überlegung ist, daß der dualistische Gedanke im Bereich der parlamentarischen Initiative von Bedeutung ist, indem der dem Dualismusgedanken immanente Interessengegensatz die Voraussetzung für die Formulierung „echter" Alternativen ist. Dieser Umstand schließt nicht aus, daß sich Parlamentsinitiativen und Regierungsvorlagen einmal decken können. Ein parlamentarisches Gegengewicht aber, eine Gegenspielerschaft im Sinne von Rivalität, die Kleinrahm[206] wohl anstrebt, kann *nur* von der Opposition erbracht werden, die sich allein gegenüber der Regierung in einer dualistischen Stellung befindet.

---

[202] *Ellwein*, Das Regierungssystem in der Bundesrepublik Deutschland, S. 275.

[203] *Loewenberg*, Parlamentarismus im politischen System der Bundesrepublik Deutschland, S. 324.

[204] *Loewenberg*, Parlamentarismus im politischen System der Bundesrepublik Deutschland, S. 324.

[205] So wohl auch: *Lompe*, Die Rolle von Sachverständigengremien im Prozeß der politischen Willensbildung, in: ZfPol 1969/223, 236.

[206] Gesetzgebungshilfsdienst für deutsche Parlamente, in: AÖR 79/137, 140.

3. Die parlamentarischen Kontrollrechte

a) Dualismus als Voraussetzung parlamentarischer Kontrolle

Die Versuche der Vergangenheit, die parlamentarische Kontrolle empirisch zu ordnen oder zu typisieren und sie quantitativ zu erfassen[207], zeigen, daß diesem Vorhaben unüberwindbare Schwierigkeiten entgegenstehen. Es soll hier nun nicht der Versuch unternommen werden, diesen Anstrengungen eine weitere hinzuzufügen; lediglich zwei grundsätzliche Kriterien zur Kontrolle bedürfen der Hervorhebung.

Ellwein[208] führte aus, daß nur ein Teil der Kontrolle sich im formellen Rahmen abspielt, während ein anderer Teil, ohne daß es zum Ausdruck kommt, erfüllt wird. In der Tat gibt es eine intensive „interne Kontrolle"[209], die sich außerhalb der Öffentlichkeit abspielt. Sie findet maßgeblich im Regierungslager, d. h. innerhalb der Regierung und der sie tragenden Mehrheitsfraktion(en), in den verschiedensten Formen statt: Der verantwortliche Minister hat z. B. in seiner Fraktion Auskunft zu geben, man zitiert politische Beamte in die Arbeitskreise der Mehrheitsfraktion, ministerielle Vorhaben entstehen im Kontakt mit den entsprechenden Parteigremien, oder man rügt und tadelt in Parlamentsausschüssen — hier allerdings in Gegenwart der Opposition —[210].

In diesen Äußerungen der „internen Kontrolle" drückt sich die enge Verflechtung zwischen Parlamentsmehrheit und Regierung aus[211], die das Vorliegen einer wirklichen Kontrolle in Zweifel zieht. Bei dieser Art der Kontrolle handelt es sich nämlich nicht so sehr um einen Vorgang, den *Gehrig* unter Rückführung auf seine etymologische Wurzel (contra rotulus)[212] als Ausübung einer Gegenrolle definiert. Vielmehr tritt hier ein Vorgang zutage, der das Suchen eines Kompromisses auf der Grundlage einer interessenmäßig gleichen Grundeinstellung zum Inhalt hat. Mit einer Kontrolle, der in gewisser Hinsicht ein Maß an Rivalität[213] immanent ist, hat diese Art der „internen Kontrolle" nur

---

[207] Vgl. dazu die Literaturübersicht in: *Hereth*, Die parlamentarische Opposition in der Bundesrepublik Deutschland, S. 157, FN 7 und ff.; *ders.*, Die Reform des Deutschen Bundestages, S. 133.

[208] Das Regierungssystem in der Bundesrepublik Deutschland, S. 283.

[209] Diesen Begriff verwendet *Ellwein*, ebd. S. 283; vgl. auch: *Abelein*, Der Bundestag als Kontrollorgan, in: Der Bundestag von innen gesehen, S. 150, 154.

[210] *Ellwein*, Das Regierungssystem in der Bundesrepublik Deutschland, S. 283.

[211] Diesen Umstand bestreitet *Ellwein*, ebd. S. 283; vgl. dazu: Böckenförde, Planung zwischen Regierung und Parlament, in: Der Staat 1972/429 ff., insbes. S. 444 f.

[212] *Gehrig*, Parlament-Regierung-Opposition, S. 3.

[213] Ähnlich: *Odewald*, Parlamentarischer Hilfsdienst, S. 75; *Gehrig*, Parlament-Regierung-Opposition, passim; ähnlich: *Abelein*, Der Bundestag als Kontrollorgan, in: Der Bundestag von innen gesehen, S. 150, 159.

wenig gemein. Besser wäre daher auch die Bezeichnung dieses Vorganges als *„interne Korrektur"*.

Anders verhält es sich mit der Kontrolle durch das Parlament. Funktionell gesehen bezeichnet man Kontrolle als einen Vorgang, bei dem ein bestimmtes Verhalten an Hand eines bestimmten Maßstabes überprüft und bewertet wird[214]. Ganz allgemein betrachtet ist aber eine Überprüfung nur dann möglich, wenn sich der Prüfer mit dem zu prüfenden Vorgang *nicht identifiziert*, d. h. wenn er dem Vorgang *interessenmäßig losgelöst* gegenübertritt. Anderenfalls handelt es sich nur um eine Selbstüberprüfung, d. h. um eine Korrektur der eigenen Arbeit, die Ellwein[215] als „interne Kontrolle" bezeichnet. Voraussetzung einer „echten" Kontrolle ist somit ein Spannungsverhältnis im Sinne einer Rivalität[216]. Gewinnt nun in diesem Spannungsverhältnis einer der Pole ein zu großes Übergewicht, so vermindert sich die Wirksamkeit der Kontrolle. Es findet daher keine Kontrolle statt, wenn die Regierung vom Parlament beherrscht wird bzw. wenn das Parlament in vollständige Abhängigkeit von der Regierung gerät[217].

Im Zeitalter des bürgerlichen Konstitutionalismus standen sich nun im Monarchen und im Parlament zwei voneinander unabhängige Gewalten gegenüber, und die parlamentarischen Kontrollmittel gaben der Volksvertretrung die Möglichkeit, ihre Rechte gegenüber der von ihr unabhängigen Regierung zu wahren[218]. Im parlamentarischen Regierungssystem hingegen richtet sich die parlamentarische Kontrolle gegen die von der Parlamentsmehrheit getragene Regierung. Diese Parlamentsmehrheit wird nun die Kontrollmittel nicht einsetzen, um ihre eigenen Mitglieder „ans Messer zu liefern"[219] und sich weigern, die eigene Regierung zu attackieren. Die Parlamentsmehrheit versteht sich vielmehr als eine die Regierung unterstützende Körperschaft[220] und nicht als ein im *Antagonismus* zur Regierung stehender Teil eines selbständigen Organs[221]. Mit dem Verschwinden des Dualismus von Monarch und

[214] *Gehrig*, Parlament-Regierung-Opposition, S. 3.

[215] Das Regierungssystem in der Bundesrepublik Deutschland, S. 283.

[216] *Gehrig*, Parlament-Regierung-Opposition, S. 18 und passim.

[217] *Gehrig*, Parlament-Regierung- Opposition, S. 18.

[218] *Abelein*, Der Bundestag als Kontrollorgan, in: Der Bundestag von innen gesehen, S. 150 f.

[219] So sehr anschaulich: *Abelein*, S. 151.

[220] *Abelein*, Der Bundestag als Kontrollorgan, in: Der Bundestag von innen gesehen, S. 150 f.

[221] *Abelein*, S. 151; vgl. auch: *Scheuner*, Die Lage des parlamentarischen Regierungssystems, in: DÖV 1974, 433, 437, der ausführt: „Politisch gesehen wird damit der Gegensatz zwischen Regierung und Oppositionspartei(en) zur maßgebenden Grundlage der Relation zwischen politischer Entscheidung auf der einen und Verantwortung und Kontrolle auf der anderen Seite". Vgl. auch: *Peters*, Die Opposition in der parlamentarischen Demokratie, in: OeZöffR 10 (1959/60), S. 424, 433; *Arndt*, Opposition, in: Neue Sammlung 8 (1968),

Bürgertum ging daher die Kontrollfunktion — wenn überhaupt — so doch nur auf die parlamentarische Opposition über[222]. Insofern übernahm die parlamentarische Opposition die frühere Rolle des Gesamtparlaments[223]. Dies wird zwar von Ellwein[224] etwas zu polemisch als „Ammenmärchen" bestritten, indem er sich hauptsächlich auf das Argument stützt, effektive Kontrollmaßnahmen bedürften zum Schluß eines Mehrheitsverhältnisses, das die Opposition herbeizuführen nicht in der Lage sei[225]. Dies allerdings beruht auf einem überkommenen Verständnis Ellweins einer parlamentarischen Kontrolle, was im folgenden auszuführen ist.

Der Begriff der Kontrolle ist in seiner ursprünglichen Bedeutung gleichbedeutend mit Kritik[226]. Darüber hinaus wird heute Kontrolle im Sinne von Beeinflussung und Beherrschung der Regierung verstanden[227]. Diese Interpretation des Begriffs „Kontrolle" läßt zwei wichtige Elemente außer acht. Sie übersieht, daß die meisten Wechsel in der Regierungspolitik *nicht* auf den Einfluß der Opposition zurückzuführen sind, sondern von der Exekutive selbst vorgenommen werden und zwar durch einen Vorgang, der oben bereits als „Korrektur der eigenen Arbeit" bezeichnet wurde. Auf der anderen Seite wird die Bedeutung der *Information* verkannt:

An die Stelle der Träger realer Macht, die im konstitutionellen System noch interessenmäßig unterscheidbar waren, traten in einer Gesellschaft, die sich durch eine Vielzahl pluraler Interessen auszeichnet, die sog. *„intermediären Gewalten"*, die vornehmlich Einfluß auf den Staat nehmen[228]. Die politischen Parteien, die Wirtschaftsverbände und

S. 1 ff.; *Gruner*, Regierung und Opposition im schweizerischen Bundesstaat, S. 11; *Sternberger*, Lebende Verfassung, S. 139; *Grimm*, Verfassungsfunktion und Grundgesetzreform, in: AÖR 97/489, 511, 513; *Steffani*, in: Steffani, Kritik III, Parlamentarismus ohne Transparenz, S. 17, 33 ff.

222 Wie hier: *Gehrig*, Parlament-Regierung-Opposition, S. 83 und passim; *Scheuner*, Die Lage des parlamentarischen Regierungssystems, in: DÖV 1974, 433, 437; *Abelein*, S. 150 f. und S. 158 f.; *Hesse*, Die verfassungsrechtliche Stellung der politischen Parteien im modernen Staat, in: VVDStRL 17/11, 21; *Hereth*, Zur Reform des Deutschen Bundestages, in: Junge Republik, S. 46, 48; *Landshut*, Formen und Funktionen der parlamentarischen Opposition, in: Wirtschaft und Kultursystem, S. 214, 219 f. und 228; vgl. auch: *Deutscher Bundestag*, 6. Wahlperiode, Drucksache VI 3826, S. 187; a. A.: *Ellwein*, Das Regierungssystem in der Bundesrepublik Deutschand, S. 283.

223 So *Abelein*, Der Bundestag als Kontrollorgan, in: Der Bundestag von innen gesehen, S. 150, 159.

224 Das Regierungssystem in der Bundesrepublik Deutschland, S. 283.

225 Ebd., S. 283.

226 *Gehrig*, Parlament-Regierung-Opposition, S. 3.

227 Zu den verschiedenen Bedeutungen der Kontrolle vgl.: *Gehrig*, Parlament-Regierung-Opposition, S. 3 ff.

228 *W. Weber*, Die Teilung der Gewalten als Gegenwartsproblem, in: Zur heutigen Problematik der Gewaltentrennung, S. 185, 195.

die Gewerkschaften haben sich des Staates bemächtigt und stellen diesen heute weitgehend dar[229]. Über Art. 38 Abs. 1 GG nimmt nun eine Vielzahl von Bürgern an der staatlichen Willensbildung teil. Bei diesem Vorgang erfüllen die politischen Parteien zwei Funktionen, indem sie formal einen kollektiven Willen bilden (sog. *formale Integration*)[230] und indem sie materiell aus der Vielzahl von Wertvorstellungen, Meinungen und Interessen eine Entscheidung fällen (*materiale Integration*)[231]. Die politischen Parteien, in denen sich Verbands- und Interessenvertreter zusammenfinden, bilden im Parlament Regierungsfraktion und Opposition. Die Aufgabe der Opposition besteht nun bei diesem Vorgang nicht so sehr in der *unmittelbaren* Beeinflussung der Regierung, was — worauf Ellwein[232] richtig hinweist — schon wegen der Mehrheitsverhältnisse ineffektiv ist. Vielmehr obliegt der parlamentarischen Opposition die Offenbarung des Regierungskurses zu dem Zweck, die *Öffentlichkeit zu informieren*[233], die dann auf Grund der verschiedenen Rückkoppelungen zwischen Regierung und Öffentlichkeit eine Korrektur des Regierungskurses herbeiführen kann. Eine funktionsfähige, von Massenkommunikationsmitteln gesteuerte öffentliche Meinung vermag die für eine Wiederwahl auf die Wähler angewiesene Regierung einschließlich der sie tragenden Parlamentsmehrheit viel wirksamer kontrollieren, als es durch eine unmittelbare Einflußnahme der Opposition auf die Regierungspolitik je geschehen kann[234].

Sauer[235] meint nun, die Information sei nur Durchgangszweck, die zum eigentlichen Zweck der Kontrolle, der Beschneidung und Begrenzung der Macht der Regierung, führe. Wie aber diese „eigentliche" Kontrolle durchgeführt wird, nennt Sauer nicht. Die Verwendung des Begriffs „Kontrolle" verdunkelt daher nur die Tatsache, daß die parlamentarische Kontrolle heute in der Information der Öffentlichkeit seitens der parlamentarischen Opposition besteht[236].

---

[229] *W. Weber*, Spannungen und Kräfte im westdeutschen Verfassungssystem, S. 47, 48 f.; *Odewald*, Parlamentarischer Hilfsdienst, S. 78; *Dagtoglou*, Der Private in der Verwaltung als Fachmann und Interessenvertreter, S. 147, insbesondere S. 148, 149.

[230] *Gehrig*, Parlament-Regierung-Opposition, S. 108.

[231] *Gehrig*, ebd., S. 108.

[232] Das Regierungssystem in der Bundesrepublik Deutschland, S. 283.

[233] *Stein*, Lehrbuch des Staatsrechts, S. 75; *Deutscher Bundestag*, 6. Wahlperiode, Drucksache VI 3826, S. 186; ähnlich: *Hereth*, Parlamentarische Opposition in Deutschland, S. 166, 167 f.

[234] Vgl. *Deutscher Bundestag*, 6. Wahlperiode, Drucksache VI, 3826, S. 186.

[235] Das Interpellationsrecht, S. 14.

[236] Ähnlich: *Stein*, Lehrbuch des Staatsrechts, S. 75; *Deutscher Bundestag*, 6. Wahlperiode, Drucksache VI 3826, S. 188 und passim; *Gehrig*, Parlament-Regierung-Opposition, S. 11 ff. und passim. Auch aus diesem Grunde kann der von *Ellwein* (Das Regierungssystem in der Bundesrepublik Deutschland, S. 283) als „interne Kontrolle" bezeichnete Vorgang nicht als parlamentarische

b) Die Kontrollfunktion des Parlaments und die Gewaltenteilung

Nach wohl einhelliger Meinung beeinträchtigt die parlamentarische Regierungsweise die Gewaltenteilung im Stile *Montesquieu's* ungünstig[237] mit der Folge, daß es zu Montesquieu's Gewaltenteilungslehre so viele Interpretationen wie Interpreten gibt[238]. Am ehesten läßt sich der Meinungsstand wie folgt darstellen:

Nach einer weit verbreiteten Literaturmeinung[239] hat die Gewaltenteilung zumindest eine Doppelbedeutung. Zum einen beinhaltet sie ein politisches, der Machtmäßigung dienendes Prinzip[240], auf der anderen Seite stellt sie ein Organisationsprinzip und ein Prinzip der Arbeitsteilung dar[241]. In dieser zweiten Bedeutung schließt die Gewaltenteilung ein Prinzip der Funktions- und Aufgabenklarheit sowie der funktionsgerechten Organisationsstruktur ein[242]. Im einzelnen differieren die Ansichten dieser Literaturmeinung je nachdem, ob das Schwergewicht auf dem Gesichtspunkt der Freiheitssicherung liegt oder dem organisatorischen Gesichtspunkt der Leistungsfähigkeit bzw. der Effektivität.

Nach der Ansicht des Bundesverfassungsgerichts[243] ist Art. 20 Abs. 2 Satz 2 GG „sedes materiae" des Gewaltenteilungsgrundsatzes. Inhaltlich wird dieser Grundsatz in die Gewaltentrennung und die Gewalten-

---

Kontrolle angesehen werden. Ellwein verkennt das für eine parlamentarische Kontrolle wesentliche Moment der Öffentlichkeit. Vgl. auch *Abelein*, Der Bundestag als Kontrollorgan, in: Der Bundestag von innen gesehen, S. 150, 154.

237 Vgl. für viele: *Loewenstein*, Verfassungslehre, S. 32. Konsequenterweise lehnt Montesquieu daher das parlamentarische System ab: „Gäbe es keinen Monarchen und wäre die vollziehende Gewalt einer bestimmten Zahl von Personen anvertraut, die der gesetzgebenden Körperschaft entnommen werden, so gäbe es keine Freiheit mehr. Denn die beiden Gewalten wären vereinigt, die gleichen Personen hätten manchmal nach ihrem Willen sogar dauernd Anteil an der einen wie der anderen". (*Montesquieu*, Vom Geist der Gesetze I, Buch XI, Kapitel 6, S. 221 f.).

238 *Frenkel*, Institutionen der Verwaltungskontrolle, Nr. 16.

239 *Hesse*, Grundzüge des Verfassungsrechts, S. 192 ff.; *Frenkel*, Institutionen der Verwaltungskontrolle, Nr. 79; *Forsthoff*, Begriff und Wesen des sozialen Rechtsstaates, in: VVDStRL 12/8, 30; *Lang*, Zu einer kybernetischen Staatslehre, S. 234; *Bäumlin*, der schweizerische Rechtsstaatsgedanke, in: Zeitschrift des Bernischen Juristenvereins 1965 (101)/81, 94 ff., 96; *Küster*, Das Gewaltenproblem im modernen Staat, in: Zur heutigen Problematik der Gewaltentrennung, S. 1, 9; vgl. im übrigen die bei *Gehrig*, Parlament-Regierung-Opposition, S. 211 in FN 31 genannten Autoren.

240 *Frenkel*, Institutionen der Verwaltungskontrolle, Nr. 79 und die oben in FN 239 genannten Autoren.

241 Siehe für die in FN 239 genannten Autoren: *Hesse*, Grundzüge des Verfassungsrechts, S. 195 ff.

242 *Küster*, Das Gewaltenproblem im modernen Staat, in: Zur heutigen Problematik der Gewaltentrennung, S. 1, 9.

243 Vgl. BVerfGE 2/1, 13; 3/225, 247; 5/85, 199; 9/268, 279.

balancierung unterteilt. Dabei betrifft die Gewaltentrennung die Unterscheidung der Funktionen Rechtsetzung, vollziehende Gewalt und Rechtsprechung sowie das Verbot, einer anderen Gewalt zugewiesene Funktionen wahrzunehmen. Die Gewaltenbalancierung bezieht sich auf die gegenseitige Kontrolle und Hemmung der Gewalten. In dieser Bedeutung erscheint das Gewaltenteilungsprinzip als Mittel der Aufteilung und dadurch der Mäßigung der Staatsmacht, das dem Schutz der Freiheit des einzelnen dient[244]. Im Hinblick auf das Verhältnis von Regierung und Parlament bezieht sich dieses Prinzip vor allem auf die Kontrollfunktion. Es besitzt dann einen negativen Kontrollaspekt, indem die Freiheit des Parlaments vor Regierungseinfluß geschützt werden soll[245] und einen positiven Kontrollaspekt in sämtlichen Kontrollmitteln des Parlaments gegenüber der Regierung[246].

Wenn die Regierung vom Vertrauen des Parlaments abhängt, muß sich die Parlamentsmehrheit mit der Politik der Regierung identifizieren. Mit anderen Worten bedeutet dies, daß Parlamentsmehrheit und Regierung von *derselben politischen Kraft* angetrieben sein müssen. Parlamentarische Regierungsweise ist daher nur vollziehbar, wenn Regierung und Parlamentsmehrheit die gleiche *politisch-soziale* Gewalt darstellen[247]. Der Monismus der parlamentarischen Regierungsform hebt somit nicht nur die traditionelle soziale Gewaltenteilung auf, sondern auch die traditionell funktionale. Weil die Mehrheit des Parlaments auch die Regierung stellt, werden Legislative und Exekutive von derselben sozialen Gewalt ausgeübt und darum miteinander verschmolzen[248]. Die Folge des im parlamentarischen System bestehenden Monismus ist aber, daß das montesquieu'sche Gewaltenteilungsprinzip *nicht mehr verwendbar* ist[249].

---

244 BVerfGE 5/85, 199; 9/268, 279; 22/106, 111; 30/1, 27 f.; *Hesse*, Grundzüge des Verfassungsrechts, S. 192.

245 *Deutscher Bundestag*, 6. Wahlperiode, Drucksache VI 3826, S. 189; *Loewenstein*, Verfassungslehre, S. 196.

246 *Loewenstein*, Verfassungslehre, S. 196.

247 *Gehrig*, Parlament-Regierung-Opposition, S. 228.

248 *Gehrig*, ebd., S. 228, der weiter darauf hinweist, daß die Verquickung der legislativen Funktionen mit der Exekutive sich vor allem in der für das parlamentarische System typischen engen personellen Verflechtung zeigt: Die Mitglieder der Regierung sind in der Regel auch Parlamentsabgeordnete, der Chef der Regierung ist in der Regel auch politischer Führer der Parlamentsmehrheit.

249 *Loewenstein*, Verfassungslehre, S. 32: „Selbst die jüngste Ernte der Verfassungen nach dem zweiten Weltkrieg hält unentwegt an der Gewaltentrennung fest, wobei völlig übersehen wird, daß die Doktrin in der Praxis im 20. Jahrhundert überholt und wirklichkeitsfremd geworden ist"; *Stein*, Lehrbuch des Staatsrechts, S. 24 f.; 28 f.; *Gehrig*, Parlament-Regierung-Opposition, S. 228; *Ehmke*, Verhandlungen des 45. Deutschen Juristentages, Bd. II, E 7/35; *Deutscher Bundestag*, 6. Wahlperiode, Drucksache VI 3826, S. 190; vgl. auch: *Odewald*, Parlamentarischer Hilfsdienst, S. 72, FN 20; *Scheuner*, Die Lage des

Diese Konsequenz versuchen die oben angeführten Meinungen dadurch zu vermeiden, indem sie argumentieren, daß der Gewaltenteilungsgrundsatz nirgends rein verwirklicht worden sei und an vielen Stellen durchbrochen werde, doch sei der Einbruch in den Kernbereich einer anderen Gewalt in jedem Fall verfassungswidrig[250]. Die Frage, *wie* dieser Kernbereich zu definieren ist, bleibt indes offen[251]. Die Vertreter der Literaturmeinung können zwar für sich beanspruchen, daß sie mit Hilfe neuerer organisationssoziologischer Untersuchungen[252] die Strukturveränderungen innerhalb des Staatsapparates verfassungsrechtlich erläutern können. Gleichwohl nennen auch diese Autoren keine Merkmale, *wieweit* sich die Staatsorganisation ohne Verfassungsverstoß entsprechend Effektivitätsgesichtspunkten entwickeln kann[253].

Die Schwierigkeiten in der Anwendung des montesquieu'schen Gewaltenteilungsprinzips in unserem gegenwärtigen Verfassungsleben erkannten auch die Vertreter der traditionellen Gewaltenteilungstheorien und beklagen daher oft die sog. „Inkongruenz von Verfassungsrecht und Verfassungswirklichkeit"[254]. Die notwendige Konsequenz, daß in einem parlamentarischen System das Gesamtparlament nicht mehr in der Lage ist, alle parlamentarischen Funktionen wahrzunehmen, ziehen sie nicht. Die Folge des parlamentarischen Systems ist aber, daß das *Gesamtparlament kein tauglicher Kontrolleur* der Regierung mehr ist. Auch unter dem Aspekt der Gewaltenteilung ist die Möglichkeit einer wirksamen Kontrolle durch das Gesamtparlament beseitigt[255]. Gleichwohl bedeutet dies nicht, daß eine Kontrolle durch das Parlament nicht mehr stattfinden kann. *Stein*[256] weist zutreffend darauf hin, daß „unter der Decke dieser veralteten Gewaltenteilungstheorien ein neues Verfassungsrecht herangewachsen (ist), das den heutigen Realitäten Rechnung trägt und ihnen ein erhebliches Maß an freiheitlicher Effektivität ab-

---

parlamentarischen Regierungssystems, in: DÖV 1974, 433, 435, FN 18, bezeichnete es sogar als „bestürzend", daß heute noch das parlamentarische System unter dem Gesichtspunkt der Gewaltenteilung behandelt werden kann und wendet sich damit gegen *Gehrig*, Gewaltenteilung zwischen Regierung und parlamentarische Oppositon, in: DVBl 1971, 633 ff., 635, der Regieren und Opponieren als Staatsfunktionen verstehen und auf verschiedene Parteien aufteilen will. Vgl. auch: *Schneider*, Die parlamentarische Opposition im Verfassungsrecht der Bundesrepublik Deutschland, S. 130 f.

250 Vgl. etwa: BVerfGE 18/52, 59.

251 *Hesse*, Grundzüge des Verfassungsrechts, S. 193.

252 Vgl. dazu: *Mayntz*, Soziologie der Organisation, insbesondere S. 14 ff., 21, 38 und S. 107 ff.

253 *Deutscher Bundestag*, 6. Wahlperiode, Drucksache VI 3826, S. 190.

254 Siehe dazu: *Hinkamp*, Analyse und Strukturwandel von Bundeslegislative und Bundesregierung unter besonderer Berücksichtigung der Gewaltenteilung, S. 51 ff.

255 *Gehrig*, Parlament-Regierung-Opposition, S. 229.

256 Lehrbuch des Staatsrechts, S. 30.

ringt". Dieses Maß an freiheitlicher Effektivität gewährleisten die oben[257] angeführten intermediären Gewalten und ihre Rückkopplungen zum Staat[258].

Nach allem ist die Kontrollfunktion des Gesamtparlaments heute de facto erloschen. An ihre Stelle trat eine parlamentarische Kontrolle durch die parlamentarische Opposition als Gegenspieler von Regierung und Regierungsmehrheit, die von ihrer Stellung im Verfassungssystem her im Zusammenspiel mit den intermediären Gewalten allein in der Lage sein kann, eine „echte" Kontrolle der Entscheidungsprozesse zu vollziehen[259].

4. Die parlamentarische Opposition als Inhaberin von Minderheitsrechten

Die Entscheidung des Grundgesetzes für ein parlamentarisches Regierungssystem blieb nicht ohne Auswirkung auf die Stellung des Parlaments gegenüber der Regierung. Die Folge dieser Entscheidung ist, daß der Dualismus, der zur Zeit der konstitutionellen Monarchie das Verhältnis von Regierung und Parlament kennzeichnete, durch einen Dualismus zwischen Regierung und Regierungsmehrheit auf der einen und der parlamentarischen Opposition auf der anderen Seite ersetzt wurde[260]. Das Gesamtparlament steht heute zur Regierung in einem monistischen Verhältnis.

Die Wirksamkeit parlamentarischen Handelns gegenüber der Regierung bemißt sich nach diesem Verhältnis von Regierung und Parlament. Eine Gegenspielerschaft, d. h. eine Rivalität zwischen Parlament und Regierung fördert die parlamentarische Aktivität, indem echte Kontrolle ermöglicht und eigene Initiativen der Parlamentarier erzeugt werden. Eine antagonistische Ordnung dualistischer Struktur[261] ist daher Voraussetzung wirksamen parlamentarischen Handelns. Folglich verhindert die monistische Struktur unseres Regierungssystems eine gesamtparlamentarische Aktivität im Sinne von Rivalität gegenüber der Regierung. Gegenspieler kann heute allein die gegenüber der Regierung sich in einer dualistischen Stellung befindende Opposition sein, und insofern ist diese *Strukturwandlung des Parlamentarismus* bei der Einrich-

---

[257] Siehe oben A IV 3 a.

[258] *Deutscher Bundestag*, 6. Wahlperiode, Drucksache VI 3826, S. 190.

[259] Im Ergebnis auch: *Grube*, Die Stellung der Opposition im Strukturwandel des Parlamentarismus, S. 54 f.; *v. Blume*, Wesen und Aufgaben der Parlamente, in: Handbuch der Politik I, S. 336, 343.

[260] Ähnlich: *Abelein*, Der Bundestag als Kontrollorgan, in: Der Bundestag von innen gesehen, S. 150, 158 f.

[261] Begriff nach *Scheuner*, Die Lage des parlamentarischen Regierungssystems, in: DÖV 1974/433, 440, FN 52, der aber wohl einen Dualismus als Voraussetzung wirksamen parlamentarischen Handelns ablehnt.

tung eines wissenschaftlichen Beratungsdienstes beim Deutschen Bundestag zugunsten der oppositionellen Rechte zu berücksichtigen.

Es wäre allerdings falsch, diesen veränderten Bedingungen durch den alleinigen Ausbau des oppositionellen Apparates Rechnung zu tragen. Über die enge Verflechtung von Regierung ung Mehrheitsfraktion bewahrt auch das Gesamtparlament seine Existenz und ein *eigenes politisches Bewußtsein*[262]. Dies zeigt bereits die verfassungsrechtliche Lage, indem das Bonner Grundgesetz die staatlichen Funktionen zwischen gesetzgebender und vollziehender Gewalt abgrenzt. Darüber hinaus hieße es an der Wirklichkeit vorbeisehen, wollte man Spannungen zwischen nicht an der Regierung beteiligten Parlamentariern der Mehrheitsfraktion leugnen[263], wenngleich diese zwar „im Ernstfall" zu keiner Gegenspielerschaft der Mehrheitsfraktion führen[264], aber immerhin doch existent sind und zur Bildung eines eigenen politischen Bewußtseins beitragen. Auch die Verteilung parlamentarischer Anfragen zeigt, daß das Gesamtparlament an Informationen und Auskünften interessiert ist und die Ministerialbürokratie eine Unterstützung der Mehrheitsabgeordneten nicht entbehrlich macht[265].

Insgesamt sind somit die dem Parlament zustehenden Rechte *vornehmlich aus der Sicht der Opposition* zu beurteilen[266], gleichwohl wird auch dem Bedürfnis des Gesamtparlaments Rechnung zu tragen sein. Es kann also nicht darum gehen, allein den oppositionellen Apparat auszubauen, sondern vielmehr — soweit es möglich ist — der Opposition *Minderheitsrechte* zuzubilligen[267], zumal eine allzugroße Ausdehnung

---

[262] *Scheuner*, Die Lage des parlamentarischen Regierungssystems, in: DÖV 1974/433, 438.

[263] *Rausch/Oberreuther* in Steffani, Kritik III, Parlamentarismus ohne Transparenz, S. 141, 146 f.; *Scheuner*, Die Lage des parlamentarischen Regierungssystems, in: DÖV 1974/433, 438; im Ergebnis auch: *Schneider*, Die parlamentarische Opposition im Verfassungsrecht der Bundesrepublik Deutschland, S. 132.

[264] *Abelein*, Der Bundestag als Kontrollorgan, in: Der Bundestag von innen gesehen, S. 150 f.

[265] *Scheuner*, Die Lage des parlamentarischen Regierungssystems, in: DÖV 1974/433, 438.

[266] Vgl. auch die entsprechenden Vorschläge der Enquete Kommission Ver-
Enquete Kommission Verfassungsreform, Zwischenbericht, in: Zur Sache 1
fassungsreform zu der Besetzung parlamentarischer Untersuchungsausschüsse,
(1973), S. 23.

[267] *Scheuner*, Die Lage des parlamentarischen Regierungssystems, in: DÖV 1974/433, 437; *ders.*, Zur Entwicklung des Parlaments unter der Ordnung des Grundgesetzes, in: Aus Politik und Zeitgeschichte vom 28. September 1974, S. 3, 11, führt aus: „... während seine (des Parlaments) Kontrollaufgabe angesichts der schwer übersehbaren Extension moderner Administration eher zurücktritt. Das hängt mit der insgesamt noch nicht ausreichend entfalteten Position der Opposition zusammen." Vgl. auch: *Deutscher Bundestag*, 6. Wahlperiode, Drucksache VI, 3826, S. 186 f.; ähnlich: *Borm*, Große, kleine oder außerparlamentarische Opposition? Zur Rolle der Opposition im parlamenta-

des oppositionellen Apparates die Handlungsverantwortung der Regierung schmälern könnte[268]. Eine wissenschaftliche Beratungsstelle ist daher dem Gesamtparlament zuzuordnen, wobei die Rechte der Opposition besonders zu berücksichtigen und institutionell zu verankern sind.

rischen Regierungssystem, in: Der Bundestag von innen gesehen, S. 207, 218; vgl. auch die Argumentation *Max Webers* (Parlament und Regierung im neugeordneten Deutschland, S. 66 f.) für eine Ausgestaltung des parlamentarischen Enqueterechtes als Minoritätsrecht.

[268] *Scheuner*, Die Lage des parlamentarischen Regierungssystems, in: DÖV 1974/433, 437.

B. Die neueren Tendenzen: „Technology-Assessment" als Beratungsinstrument der Politik

I. Einleitung

Im April 1973 brachte die CDU/CSU-Fraktion im Deutschen Bundestag einen Antrag auf Einrichtung eines *„Amtes zur Bewertung technologischer Entwicklungen beim Deutschen Bundestag"* ein[1], den ihre Arbeitsgruppe *„Forschung und Technologie"* erarbeitet hatte. In diesem Antrag ging die CDU/CSU-Fraktion davon aus, daß die Einrichtung des Ausschusses für Forschung und Technologie zwar eine Verbesserung der Kontrollmöglichkeiten im Rahmen der Technologiepolitik geschaffen habe, gleichwohl aber die Einrichtung einer Institution nötig sei, welche die Auswirkungen der technologischen Entwicklung in der Bundesrepublik Deutschland bewertet[2]. Die durch diesen Antrag ausgelöste Diskussion über die Einrichtung der Technologiefolgenabschätzung in der Bundesrepublik Deutschland aktualisiert die Frage nach der Stärkung des Deutschen Bundestages durch eine institutionalisierte wissenschaftliche Beratung.

Bevor auf Organisationsformen einer Technologiebewertungseinrichtung zur wissenschaftlichen Beratung des Deutschen Bundestages einzugehen ist, soll zunächst die Bedeutung des *„Technology-Assessment"* für die wissenschaftliche Beratung des Deutschen Bundestages sowie die Organisation der Technologiefolgenabschätzung in verschiedenen Ländern und zwischenstaatlichen Organisationen beschrieben werden. Diese Darstellung rechtfertigt sich zum einen daraus, daß die Institutionalisierung der Technologiefolgenabschätzung in verschiedenen Ländern und zwischenstaatlichen Organisationen, insbesondere in den Vereinigten Staaten von Amerika, die Diskussion über die wissenschaftliche Beratung des Deutschen Bundestages erneuerte, zum anderen daraus, daß die Übertragbarkeit einzelner ausländischer Organisationsformen der Technologiefolgenabschätzung Gegenstand des gegenwärtigen Meinungsaustausches ist.

---

[1] *Deutscher Bundestag*, 7. Wahlperiode, Drucksache 7/468.

[2] Vgl. die Begründung des Antrags der CDU/CSU-Fraktion vom 16. 4. 1973, a.a.O.

II. Die Bedeutung der technologischen Bewertung für die wissenschaftliche Beratung des Deutschen Bundestages

Legt man den Begriff der „Beratung“ aus, so gelangt man zu dem Ergebnis, daß in irgendeiner Sache eine *Entscheidungshilfe* geleistet werden soll. Eine Entscheidungshilfe aber ist dann erforderlich, wenn in bezug auf einen Entscheidungsgegenstand mehrere Alternativen zur Wahl stehen oder sich die Frage erhebt, ob man überhaupt in einer bestimmten Richtung initiativ werden soll. Die maßgeblichen Kriterien bei der Entscheidung für oder wider eine dieser Möglchkeiten sind u. a. die *Folgen* der Wahl. Es ist also festzustellen, daß, wenn es um eine Beratung in irgendeiner Form geht, stets die Folgen einer zu treffenden Entscheidung eine Rolle spielen. Welche Auswirkungen dann als zulässig und wünschenswert zu erachten sind und wie diese Auswirkungen über verschiedene Personengruppen zu verteilen sind, ist eine Frage subjektiver Wertung und gehört nicht mehr zur Beratung im eigentlichen Sinne.

1. Definition und Zielsetzung der technologischen Bewertung

Eine Form der Folgenabschätzung, die in jüngster Zeit Gegenstand öffentlicher Diskussion wurde[3], sind die sogenannten *„Technology-Assessment-Untersuchungen“*[4]. Diese Analysen bezwecken die systematische Erforschung und Bewertung von Technologien und wollen Handlungsmöglichkeiten aufzeigen, um geringere negative und/oder stärkere positive Auswirkungen der Technologieanwendung zu erreichen[5]. Ihr Ziel ist es, eine qualifizierte Informationsbasis zu schaffen, um die mit der Anwendung einer Technologie verbundenen Risiken für den Menschen und seine Umwelt zu vermindern[6].

---

[3] Vgl. den *Fragenkatalog* an die Sachverständigen, öffentliche Informationssitzung des Ausschusses für Forschung und Technologie und für das Post- und Fernmeldewesen am 5. 12. 1973, und: *Wälde*, Bürgerklage und Umweltverträglichkeitsprüfung, in: ZRP 1975/105, 108.

[4] Zum Ablauf einer „Technology-Assessment-Studie“ vgl. *Dierkes/Staehle*, Technology Assessment, S. 8, die sieben Schritte unterscheiden: Definition der Assessment Aufgabe, Beschreibung der relevanten Technologien, Beschreibung von möglichen gesellschaftlichen Einflußfaktoren auf die relevanten Technologien, Identifizierung von Auswirkungsbereichen, Überschlägliche Abschätzung der Auswirkungen, Identifizierung von alternativen Maßnahmeprogrammen, Abschließende Abschätzung der Auswirkungen.

[5] *Dierkes/Staehle*, Technology-Assessment, S. 5.

[6] *Dierkes/Staehle*, S. 5; *Lichtenberg*, Forschungsplanung und politische Entscheidung, Ein Amt zur Bewertung technologischer Entwicklungen beim Deutschen Bundestag, in: Atom-Informationen 1/75, S. 14; *ders.*, Forschungsplaplanung und politische Entscheidungen, Was wurde aus dem „Amt zur Bewertung technologischer Entwicklungen“?, in: Beratende Ingenieure 7/8, 1974, S. 46 f.

Nun könnte durch die Verwendung des Begriffs „technologische Bewertung" der Eindruck entstehen, als handele es sich beim „Technology-Assessment" um Bewertungen rein technischer Natur. Tatsächlich ist der Begriff „Technologie" im Zusammenhang des „Technology-Assessment" *weit* zu interpretieren[7]. Er betrifft nicht allein Maschinen und technische Anlagen, Produktions- und Konstruktionsverfahren, sondern vielmehr auch „soziale Erfindungen"[8], die ebenfalls schwerwiegende mittelbare Folgewirkungen in vielen Gebieten der Gesellschaft zeitigen.

Es ist auch weitgehend unbestritten[9], daß „Technology-Assessment-Analysen" über eine Bewertungsfunktion hinaus Handlungsmöglichkeiten aufzuzeigen imstande sind, durch die die jeweilige Technologie bzw. ihre Anwendung so verbessert werden kann, daß geringere negative und/oder stärkere positive Effekte zu erwarten sind. Gegebenenfalls sind auch alternative Technologien aufzuzeigen und zu analysieren, die den gleichen Zweck erfüllen[10].

2. Die technologische Bewertung bei der Vorbereitung politischer Entscheidungen

Das als „technologische Bewertung" bezeichnete Problem ist nichts von Grund auf Neues[11]. In der Tat gab es immer schon Untersuchungen über die Folgen der Einführung neuer Technologien, wobei man jedoch bestimmte Folgewirkungen meist übersah oder sogar bewußt ignorierte.

---

[7] *Paschen* in seiner schriftlichen Stellungnahme zu den Fragen an die deutschen Sachverständigen, öffentliche Informationssitzung des Ausschusses für Forschung und Technologie und für das Post- und Fernmeldewesen am 5. 12. 1973, S. 1; *Paschen u. a.* im Gutachten zum Problemkreis Technologiefolgenabschätzung (Technology-Assessment), S. 3.

[8] So: *Paschen* in seiner schriftlichen Stellungnahme zu den Fragen an die deutschen Sachverständigen, öffentliche Informationsssitzung des Ausschusses für Forschung und Technologie und für das Post- und Fernmeldewesen am 5. 12. 1973, S. 2, der folgende Beispiele für „soziale Technologien" anführt: Einführung kostenloser Untersuchungen für bestimmte Krankheiten, Systeme staatlicher Subventionierung bestimmter Produktionszweige (z. B. Landwirtschaft), Management und Planungstechniken. Vgl. auch: *Dierkes/Staehle*, Technology Assessment, S. 5; *Kiefer*, Technological Forecasting in Technology Assessment, in: M. J. Cetron, B. Bartocha (Hrsg.), Technology Assessment in a Dynamic Environment, S. 941—954; *Huddle*, The Social Funktion of Technology Assessment, in: R. G. Kaspar (Hrsg.), Technology Assessment, Understanding the Social Consequences of Technological Applications, S. 149, 162.

[9] *Paschen* in seiner schriftlichen Stellungnahme zu den Fragen an die deutschen Sachverständigen, öffentliche Informationssitzung des Ausschusses für Forschung und Technologie und für das Post- und Fernmeldewesen am 5. 12. 1973, S. 1; *Paschen u. a.* im Gutachten zum Problemkreis Technologiefolgenabschätzung (Technology-Assessment), S. 7 m. w. N.

[10] *Dierkes/Staehle*, Technology Assessment, S. 10.

[11] *Dierkes/Staehle*, Technology Assessment, S. 5.

Als ein Novum des „Technology Assessment“ aber ist vor allem seine Forderung anzusehen, auch die unbeabsichtigten indirekten Folgewirkungen neuer Technologien in angemessener Weise vorausschauend zu berücksichtigen sowie die Ausweitung der Analyse über die Auswirkungen im technisch ökonomischen Bereich hinaus[12]. Das Interesse des Deutschen Bundestages wird sich demzufolge nicht allein auf Studien über Technologien im hergebrachten Sinne beschränken. Der Rechtsausschuß könnte z. B. an Untersuchungen über Folgewirkungen einer Strafvollzugsreform, der Finanzausschuß an Gutachten über die indirekten Auswirkungen einer beachsichtigten Steuerreform interessiert sein[13]. Diese Beispiele lassen erkennen, daß die Bedeutung der „Technology-Assessment-Untersuchungen“ für die (Technologie- i. w. S.) Politik weitaus größer sein dürfte, als es der Begriff der „technologischen Bewertung“ zunächst vermuten läßt.

Insgesamt kann die Technologiebewertung auch insoweit einen wesentlichen Beitrag leisten, als sie eine *Verobjektivierung* und *Verbesserung* der Entscheidungsvorbereitung durch die stärkere und vertiefte Erarbeitung und Offenlegung kontroverser Argumente ermöglicht[14]. Die Ansicht, daß dann auf der anderen Seite die parlamentarische Arbeit durch eine Erschwerung der Konsensbildung behindert und belastet würde[15], verkennt die unterschiedliche Funktion von Wissenschaft und Politik, wie im folgenden aufzuzeigen ist.

Die Aufdeckung entgegenstehender Interessen und Argumente ist eine der Aufgaben, die die Technologiefolgenabschätzung zu erfüllen hat. Die Abwägung dieser Umstände und die Entscheidung für oder gegen eine der aufgezeigten Alternativen ist Aufgabe der Politik, deren Funktion gerade darin besteht, eine interessengerechte Verteilung von Vor- und Nachteilen eines Vorhabens herbeizuführen. Dies wird umso leichter fallen, als man die Konsequenzen einer Entscheidung mittels der Technologiebewertung zu überschauen vermag und so ein (echtes)

---

[12] *Paschen,* Technology Assessment (TA) als partizipatorischer und argumentativer Prozeß, Vortrag am 9. 11. 1973 in München, S. 3.

[13] Beispiele bei: *Paschen* in seiner schriftlichen Stellungnahme zu den Fragen an die deutschen Sachverständigen, öffentliche Informationssitzung des Ausschussse für Forschung und Technologie und für das Post- und Fernmeldewesen am 5. 12. 1973, S. 2.

[14] So das *Institut für Systemtechnik und Innovationsforschung* in seiner schriftlichen Stellungnahme zu den Fragen an die deutschen Sachverständigen, öffentliche Informationssitzung des Ausschusses für Forschung und Technologie und für das Post- und Fernmeldewesen am 5. 12. 1973, S. 1; *Paschen u. a* im Gutachten zum Problemkreis Technologiefolgenabschätzung (Technology-Assessment), S. 5.

[15] So wohl das *Institut für Systemtechnik und Innovationsforschung* in seiner schriftlichen Stellungnahme zu den Fragen an die deutschen Sachverständigen, öffentliche Informationssitzung des Ausschusses für Forschung und Technologie und für das Post- und Fernmeldewesen am 5. 12. 1973, S. 2.

politisches Urteil fällen kann. Wie diese politische Entscheidung im einzelnen nun ausfällt, hängt davon ab, welche politischen Ziele der zur Entscheidung Berufene verfolgt. Die Frage, inwieweit ein Konsens bei einer parlamentarischen Entscheidung erzielt werden kann, ist somit *keine* Frage der Aufdeckung bzw. Nichtaufdeckung kontroverser Argumente, sondern eine Frage der *Übereinstimmung politischer Ziele*, im Ergebnis also eine Frage der Mehrheitsverhältnisse in der Volksvertretung. Im Gegensatz zu der oben genannten Befürchtung erscheint es sogar möglich, daß die klare Kenntnis etwaiger Nach- und Vorteile einer Entscheidung eher geeignet ist, eine Konsensbildung zwischen unterschiedlichen politischen Richtungen zu fördern als ein aus Unkenntnis der wahren Sachlage herrührendes Mißtrauen.

III. Die wissenschaftliche Beratung der Politik durch institutionalisierte Technologiefolgenabschätzung in verschiedenen Ländern und zwischenstaatlichen Organisationen

1. Die institutionalisierte Technologiefolgenabschätzung im parlamentarischen Bereich: Das „Office of Technology Assessment" beim Kongreß der Vereinigten Staaten von Amerika

In den USA wurde der Begriff der Technologiefolgenabschätzung (Technology Assessment) erstmals im Jahre 1966 in einem Bericht des *„Subcommittee on Science, Research and Development"* des *„Committee on Science and Astronautics"* über die Folgen und Sekundäreffekte technischer Erneuerungen verwandt und zugleich ein Frühwarnsystem zur Entdeckung von Folgewirkungen technologischer Innovationen im Kongreß gefordert[16]. Im Frühjahr 1967 legte der Abgeordnete des Repräsentantenhauses *Emilio Daddario* diese Forderung in Form eines Gesetzentwurfs zur Einrichtung eines „Technology-Assessment Board" dem Kongreß vor[17] und unterstützte diese Forderung im Sommer 1967 durch einen weiteren Bericht[18]. Daraufhin ließ der Kongreß Studien über die Möglichkeiten der Technologiefolgenabschätzung[19] erstellen

[16] *US Congress*, House of Representatives, Inquiries, Legislation, Policy Studies Re: Science and Technology, Review and Forecast, Second Progress Report of the Subcommittee on Science, Research and Development to the Committee on Science and Astronautics, 89th Congress, 2nd Session, US Government Printing Office, Washington 1966.

[17] House of Representatives 6698.

[18] *US Congress*, House of Representatives, Technology Assessment, Statement of E. Q. Daddario, Chairman, Subcommittee on Science, Research and Development of the Committee on Science and Astronautics, 90th Congress, 1st Session, US Government Printing Office, Washington 1967.

[19] Insgesamt wurden vier Studien erstellt: *US Congress*, House of Representatives, Committee on Science and Astronautics, A Technology Assessment

und führte verschiedene Seminare sowie Hearings durch[20], deren Ergebnisse zur Modifizierung der von Daddario eingebrachten Gesetzesvorlage führten. Dieser im April 1970 von Daddario und *Mosher* im Kongreß eingebrachte modifizierte Gesetzentwurf[21] wurde im Sommer 1970 in verschiedenen Hearings im Hinblick auf Rechte, Ressourcen und Personal etc. diskutiert[22] und resultierte in einem weiteren abgeänderten Gesetzentwurf[23], der allerdings aus formalen Gründen zurückgewiesen[24] und daher im Frühjahr 1971 erneut eingebracht wurde[25]. Als die Verabschiedung des Entwurfs im Repräsentantenhaus erfolgt war, diskutierte der Senat vornehmlich die Zusammensetzung des „Technology Assessment Board“, die Mitgliedschaft des Direktors in diesem Gremium (allerdings ohne Stimmrecht) sowie die Einrichtungen eines „Technology Assessment Advisory Council“ und änderte den Gesetzentwurf entsprechend ab. Nach einem Einspruch des Repräsentan-

---

System for the Exekutive Branch, Report of the National Academy of Public Administration, July 1970; *US Congress,* House of Representatives, Committee on Science and Astronautics, Technology: Processes of Assessment and Choice, Report of National Academy of Sciences, July 1969, US Government Printing Office, Washington 1969; *US Congress,* House of Representatives, Committee on Science and Astronautics, A Study of Technology Assessment, Report of the Committee on Public Engineering Policy, National Academy of Engineering, July 1969, US Government Printing Office, Washington 1969; *US Congress,* House of Representatives, Technical Information for Congress, Report to the Subcommittee on Science, Research and Development of the Committee on Science and Astronautics, prepared by Science Policy Research Division, Legislative Reference Service, Library of Congress, April 25, 1969, 91st Congress, 1st Session, House Document No. 91—137, US Government Printing Office, Washington 1969.

[20] *Paschen u. a.* im Anhang 1 des Gutachtens zum Problemkreis Technologiefolgenabschätzung (Technology-Assessment), S. 3. Insbesondere wurde erörtert, ob die Technology-Assessment-Einrichtung der Legislative oder der Exekutive zugeordnet werden sollte. Vgl. *US Congress,* House of Representatives, Technology Assessment Seminar, Proceedings before the Subcommittee on Science, Resesarch and Development, of the Committee on Science and Astronautics, September 21. and 22., 1967, 90th Congress, 1st Session, US Government Printing Office, Washington 1967, S. 172 ff., vgl. weiterhin: *US Congress,* House of Representatives, Technology Assessment, Hearings before the Subcommittee on Science and Astronautics, 91st Congress, 1st Session, US Government Printing Office, Washington 1970.

[21] House of Representatives 17046; die Beteiligung des Republikaners Mosher an dem Gesetzentwurf zeigt, daß die Institutionalisierung der Technologiefolgenabschätzung nunmehr von beiden Kongreßparteien unterstützt wurde.

[22] *US Congress,* House af Representatives, Technology Assessment — 1970, Hearings before the Subcommittee on Science, Research and Development of the Committee on Science and Astronautics, 91st Congress, 2nd Session, US Government Printing Office, Washington 1970.

[23] House of Representatives 18469.

[24] *Paschen u. a.* im Anhang 1 des Gutachtens zum Problemkreis Technologiefolgenabschätzung (Technology-Assessment), S. 5.

[25] House of Representatives 3269.

tenhauses wurde das *„Technology Assessment Act"* schließlich verabschiedet und am 13. Oktober 1972 vom Präsidenten unterzeichnet[26].

a) Organe des „Office of Technology Assessment"

Das „Office of Technology Assessment" besteht aus einem „Technology Assessment Board", das die Politik des „Office of Technology Assessment" formuliert, einem Direktor, der diese Politik ausführt und die Geschäfte des „Office of Technology Assessment" verwaltet sowie einem „Technology Assessment Advisory Council", dem die Unterstützung des „Technology Assessment Board" obliegt.

Das *„Technology Assessment Board"* besteht aus 13 Mitgliedern (§ 4 a)[27]. Es setzt sich aus je 6 Mitgliedern des Senats (§ 4 a, Ziff. 1) und des Repräsentantenhauses (§ 4 a, Ziff. 2) sowie dem Direktor zusammen, der aber kein Stimmrecht besitzt (§ 4 a, Ziff. 3). Ernannt werden die Mitglieder aus Senat und Repräsentantenhaus vom Präsidenten (Senat) bzw. vom Sprecher des Repräsentantenhauses, wobei jeweils drei Mitglieder aus der Mehrheits- und der Minderheitspartei delegiert werden (paritätische Besetzung, § 4 a, Ziff. 1 und 2). Zu Beginn jeder Kongreßperiode wählt das „Technology Assessment Board" aus dem Kreis seiner Mitglieder einen Vorsitzenden sowie einen Stellvertreter, wobei Vorsitz und stellvertretender Vorsitz bei jeder Kongreßperiode zwischen den Delegierten des Senats und des Repräsentantenhauses wechseln (§ 4 c)[28].

Der *Direktor* des „Office of Technology Assessment" wird vom „Technology Assessment Board" ernannt, und seine Amtszeit beträgt 6 Jahre, sofern sie nicht vorzeitig vom Rat gekündigt wird (§ 5 a). Mit Zustimmung des „Technology Assessment Board" ernennt der Direktor einen Stellvertreter, der Funktionen entsprechend seinen Weisungen ausübt und während der Abwesenheit, Arbeitsunfähigkeit, oder falls der Posten des Direktors nicht besetzt ist, kommissarisch tätig wird (§ 5 c). Weder dem Direktor, noch seinem Stellvertreter ist es gestattet, sich in einem anderen Beruf oder Geschäft zu betätigen, und sie dürfen ohne Zustimmung des „Technology Assessment Board" kein Amt in einer Organisation oder Institution bekleiden, mit dem das „Office of Technology Assessment" irgendwelche Verträge eingeht oder auf andere Weise zusammenarbeitet (§ 5 d).

---

[26] Public Law 92—484.

[27] Paragraphen ohne Gesetzesangabe beziehen sich im folgenden auf: Public Law, 92—484, 92nd Congress, H. R. 10243, October 13, 1972.

[28] Der Vorsitzende für jede gradzahlige Kongreßperiode wird durch die aus dem Repräsentantenhaus entsandten Ratsmitglieder aus deren Mitte gewählt Der stellvertretende Vorsitzende für jede Kongreßperiode wird auf gleiche Weise aus demjenigen Hause des Kongresses gewählt, das nicht den Vorsitzenden stellt, vgl. § 4 c.

Dem vom „Office of Technology Assessment" eingesetzten *„Technology Assessment Advisory Council"* gehören 12 Mitglieder an. 10 Mitglieder aus der Öffentlichkeit werden vom „Technology Assessment Board" ernannt (§ 7 a, Ziff. 1)[29]. Weitere Mitglieder des „Technology Assessment Advisory Council" sind der „Comptroller General" und der Direktor des „Congressional Research Service" der Kongreßbibliothek (§ 7 a, Ziff. 2 und 3).

Aus dem Mitgliederkreis der Öffentlichkeit wählt der „Technology Assessment Advisory Council" seinen Vorsitzenden sowie dessen Stellvertreter und setzt deren Amtszeit und Arbeitsbedingungen fest (§ 7 c). Die Amtszeit der sich aus der Öffentlichkeit rekrutierenden Mitglieder beträgt 4 Jahre, und eine Wiederwahl ist nur einmal möglich.

b) Befugnisse und Pflichten des „Office of Technology Assessment"

Assessmenttätigkeiten des „Office of Technology Assessment" können vom Vorsitzenden jedes ständigen engeren oder Sonderausschusses des Repräsentantenhauses und Senats, vom „Technology Assessment Board" und vom Direktor nach Abstimmung mit dem vorgenannten angeordnet werden (§ 3 d, Ziff. 1-3). Vom „Office of Technology Assessment" durchgeführte Untersuchungen, einschließlich Informationen, Befragungen, Studien, Berichte und damit in Verbindung stehender Ergebnisse sind dem veranlassenden Ausschuß oder anderen zuständigen Ausschüssen zugänglich zu machen (§ 3 c)[30].

Das „Office of Technology Assessment" ist befugt, im Rahmen der verfügbaren Mittel alle Maßnahmen zu ergreifen, die der Erfüllung des „Technology Assessment Act" vom 13. 10. 1972 dienen[31]. Das „Technology Assessment Board" kann die ihm notwendig erscheinenden Vorschriften über seine Organisationen und Arbeitsweise mit der Maßgabe

---

[29] Diese sollen Fachleute auf einem oder mehreren Gebieten der Physik, Biologie, Ingenieur- oder Gesellschaftswissenschaften sein oder Erfahrungen in der Verwaltung technischer Angelegenheiten besitzen, bzw. sich durch Beiträge im Bereich der Bildungs- oder Öffentlichkeitsarbeit qualifiziert haben (§ 7 a, Ziff. 1).

[30] Zusätzlich können Informationen, Befragungen, Studien, Berichte und Ergebnisse der Öffentlichkeit zugänglich gemacht werden, es sei denn, es würden Sicherheitsstatuten verletzt oder das „Technology Assessment Board" betrachtet es in Übereinstimmung mit anderen Gesetzen als nötig oder ratsam, derartige Informationen zurückzuhalten (§ 3 c, Ziff. 1 und 2).

[31] Das „Technology Assessment Board" kann während der Sitzungen, Vertagungszeiten und Ferien des Kongresses an beliebigen Orten und zu beliebigen Zeiten tagen und tätig werden. Es kann auf Grund eines Mehrheitsbeschlusses seiner Mitglieder unter Strafandrohung oder auf andere Weise Zeugen vorladen, Bücher, Schriften und andere Dokumente anfordern, Eide und eidesstattliche Versicherungen abnehmen, Schriftwerke drucken und binden lassen und Ausgaben vornehmen, soweit es dies für angebracht hält. Vgl. im einzelnen § 4 d.

selbst erlassen, daß keine Empfehlungen ausgesprochen werden, die nicht von der Mehrheit seiner Mitglieder getragen werden (§ 4 d). Vorladungen müssen vom Vorsitzenden oder von einem entsprechend beauftragten stimmberechtigten Mitglied des „Technology Assessment Board" unterzeichnet sein und können durch jede vom Vorsitzenden oder dem beauftragten Mitglied bestimmte Person zugestellt werden. Der Vorsitzende oder jedes stimmberechtigte Mitglied können zudem Eide oder eidesstattliche Versicherungen von Zeugen entgegennehmen (§ 4 d).

Ohne daß dies eine Beschränkung seiner Befugnisse darstellt, kann das „Office of Technology Assessment" von externen Fachleuten und Organisationen des öffentlichen und privaten Rechts vollen Gebrauch machen und besondere ad-hoc-Arbeitsgruppen bilden (§ 6 a, Ziff. 1)[32]. Andererseits darf das „Office of Technology Assessment" zur Ausführung seiner Aufgaben keine eigenen Laboratorien, Pilot- oder Testanlagen betreiben (§ 6 c).

Mit dem Recht des „Office of Technology Assessment", sich an jedes Ministerium und jede Dienststelle wenden zu können, um sich Informationen, Vorschläge, Schätzungen, Statistiken und technische Unterstützung zu verschaffen, korrespondiert die Pflicht der vorgenannten Behörden, entsprechende Hilfeleistungen zu gewähren (§ 6 d)[33]. Schließlich legt das „Office of Technology Assessment" bis spätestens zum 15. März jeden Jahres einen Bericht vor, der vor allem die Bewertung von Technology-Assessment-Methoden und, soweit dies möglich ist, die Bezeichnung von Technologiebereichen und -programmen enthalten soll, die in zukünftigen Analysen zu berücksichtigen sind (§ 11).

c) Die Finanzierung des „Office of Technology Assessment" und die Besoldung seiner Mitglieder

Zur Ausübung seiner Befugnisse und Aufgaben wurde dem „Office of Technology Assessment" aus nichtverfügten Finanzmitteln des Schatz-

[32] Es können Verträge oder andere Vereinbarungen mit Dienststellen oder Organen der Vereinigten Staaten, Bundesstaaten, Territorien, Besitzungen oder irgendeiner politischen Untergliederung hiervon oder mit einer Person, Firma, Vereinigung, Gesellschaft sowie Bildungseinrichtung geschlossen werden (§ 6 a, Ziff. 2). Vorschuß-, Fortschritts- und andere Zahlungen können vorgenommen und die Dienste von freiwilligem und unbezahltem Personal in Anspruch genommen werden (§ 6 a, Ziff. 3 und 4). Dem „Office of Technology Assessment" ist es außerdem gestattet, bewegliche und unbewegliche Vermögenswerte jeder Art durch Kauf, Pacht bzw. Miete, Leihe oder Schenkung zu erwerben und zu veräußern (§ 6 a, Ziff. 5).

[33] Auf Anforderung hat der Leiter jedes Ministeriums bzw. jeder Dienststelle mit oder ohne Kostenerstattung Personal zur Verfügung zu stellen, das dem „Office of Technology Assessment" bei der Ausübung seiner Funktion behilflich ist. Der Direktor verfügt die Einstellung dieser Hilfskräfte und setzt auch deren Vergütung fest (§ 6 f.).

amtes ein Gesamtbetrag von 5 Millionen Dollar für zwei Finanzjahre bewilligt, die mit dem 30. Juni 1973 und dem 30. Juni 1974 endeten. Nach Ablauf dieses Zeitraumes bemißt sich die Höhe des Etats nach der Erforderlichkeit (§ 12 a).

Der Direktor des „Office of Technology Assessment“ erhält ein Grundgehalt entsprechend Gruppe III des „Executive Schedule“ (§ 5 a). Die Mitglieder des „Technology Assessment Advisory Council“ mit Ausnahme der Experten erhalten für ihre Tätigkeit keine Vergütung. Lediglich Reisekosten und andere Ausgaben, die in Ausübung ihrer Tätigkeit im „Technology Assessment Advisory Council“ entstehen, werden ihnen erstattet (§ 7 c Ziff. 1). Die Experten erhalten für jeden Tag eine Vergütung, an dem sie für den „Technology Assessment Advisory Council“ tätig sind[34]. Zusätzlich werden ihnen Reisekosten und anderweitige Ausgaben erstattet sowie ein Tagegeld gezahlt (§ 7 c, Ziff. 2).

2. Die institutionalisierte Technologiefolgenabschätzung im exekutiven Bereich

a) Großbritannien: Die „Programmes Analysis Unit“ (PAU)

aa) Ursprung und Ziele

Die 1967 gegründete *„Programmes Analysis Unit“* (PAU), die auf Grund eines Vorschlags des damaligen Ministeriums für Technology entstand, ist heute dem *„Department of Trade and Industry“* und der *„Atomic Energy Authority“* (AEA) zugeordnet, die neben der Finanzierung auch das erforderliche Personal zur Verfügung stellen und Untersuchungsaufträge an PAU geben[35]. Es handelt sich bei PAU also um eine spezielle „in-house“ Analysekapazität der Exekutive[36].

Die Grundvorstellung bei der Einrichtung von PAU war es[37], die weitere Verwendbarkeit von Abschätzungstechniken für zivile Forschungs-

---

[34] Jedoch nicht mehr als das Tagesäquivalent der obersten Vergütungsstufe gemäß Abschnitt 5 § 5332 (a) United States Code.

[35] *The Programmes Analysis Unit 1967—1971*, Origins and Aims, S. 4.

[36] *Paschen* in seiner schriftlichen Stellungnahme zu den Fragen an die deutschen Sachverständigen, öffentliche Informationssitzung des Ausschusses für Forschung und Technologie und für das Post- und Fernmeldewesen am 5. 12. 1973, S. 31; *Paschen u. a.* im Anhang 1 des Gutachtens zum Problemkreis Technologiefolgenabschätzung (Technology-Assessment), S. 25. Im parlamentarischen Bereich führt das „Select Committee on Science and Technology“, das weder eine ständige Einrichtung ist noch über einen eigenen Forschungsetat verfügt, technologiebewertungsähnliche Untersuchungen durch, ohne daß es sich hier um eine Technologiebewertungseinrichtung im eigentlichen Sinne handelt. Vgl. *Paschen u. a.* im Gutachten zum Problemkreis Technologiefolgenabschätzung (Technology-Assessment), S. 42.

[37] Zum folgenden vgl.: *The Programmes Analysis Unit 1967—1971*, Origins and Aims, S. 4.

programme zu untersuchen, um die Entwicklung englischer Forschungs- und Entwicklungsressourcen zu verbessern und so Erträge zu erlangen, die durch Investitionen des „Department of Trade and Industry" und der AEA nicht erreicht wurden. Die vornehmlichen Ziele von PAU lassen sich wie folgt zusammenfassen:

— Prüfung und Entwicklung von Techniken zur Bewertung von Forschungs- und Entwicklungsprogrammen,

— die Verwendung dieser Techniken für spezielle Programme in der von den Sponsoren geforderten Weise,

— einzelne Techniken nach einer Prüfung durch PAU die Untersuchungslaboratorien des „Department of Trade and Industry" und der AEA passieren zu lassen.

PAU wurde auf einer interdisziplinären Basis mit einer Besatzung von 25 professionellen Mitgliedern gegründet[38]. Die meisten Mitglieder kommen aus dem naturwissenschaftlichen Bereich, da die Arbeit von PAU vornehmlich technische Entwicklungen betrifft. Diese interdisziplinäre Besatzung verbunden mit der Tatsache, daß ein hoher Anteil der Mitglieder Industrie- und/oder Auslandserfahrungen besitzt, stellt eine vielseitige Behandlung einzelner Probleme sicher und bewirkte so das Entstehen einer dynamischen Arbeitsgruppe.

Von Anfang an entschied PAU sich für eine pragmatische Arbeitsweise als Ziel einer aktuellen Bewertung der technologischen Entwicklung. Auf diesem Wege machte PAU beachtenswerte Fortschritte, nicht allein, um die Entwicklung einer Methodenlehre für die Technologiefolgenabschätzung zu erarbeiten, sondern auch um Erfahrungen zu ihrer praktischen Anwendung zu publizieren. Man erreichte dies sowohl durch Veröffentlichungen als auch durch Seminare, Konferenzen und Kurse innerhalb und außerhalb des Regierungssektors.

bb) Die Sponsoren der Untersuchung und das Berichtsverfahren

Bewertungsprobleme entstehen aus verschiedenen Quellen, und Untersuchungsergebnisse formuliert PAU üblicherweise nach Absprache mit dem betreffenden Sponsor[39]. Der Schlußbericht wird anschließend dem Sponsor erstattet, mit dem man auch während des gesamten Studienprozesses in engem Kontakt stand.

Am Anfang wurden die Untersuchungen durch die Forschungsgruppe und verschiedene Abteilungen der Industriegruppe sowie der Luft-

[38] PAU beschäftigt Chemiker, Physiker, Chemie-Ingenieure, Mathematiker, Ökonomen, Maschinenbau- und Elektroingenieure, Verwaltungsfachleute und einen Rechtsanwalt.

[39] Vgl. zum folgenden: *The Programmes Analysis Unit 1967—1971*, Sponsorship and Reporting Procedure, S. 5.

fahrtgruppe des früheren Technologieministeriums gesponsort. Durch die Gründung des neuen „Department of Trade and Industry“ erfolgte dann die Einrichtung einer zentralen Wirtschaftsgruppe und die administrative Verantwortlichkeit für PAU ging auf die Finanz- und Wirtschaftsabteilung über, wenngleich auch hier eine enge Arbeitsbeziehung zu den anderen Abteilungen des Departments aufrechterhalten blieb. Auf seiten der AEA werden Studien durch die Forschungsgruppe, die Reaktorgruppe und Waffengruppe gesponsort[40].

Alle Berichte von PAU werden gegenüber den Sponsoren vertraulich behandelt und ohne ihre Genehmigung nicht veröffentlicht. Ein besonderes Geschäftssicherungsverfahren gewährleistet dabei die Einhaltung der Geheimhaltungspflicht bezüglich der einzelnen Untersuchungen[41].

cc) Der Assessmentprozeß

Am einfachsten lassen sich die Ziele jeder Bewertung als Sammlung, Strukturierung und Taxierung aller verfügbaren, für einen Entscheidungsprozeß wichtigen Informationen bezeichnen[42], und im Bereich der Forschung und Entwicklung wird die relevante Information stets Daten über alternative Möglichkeiten für die Nutzbarmachung von Ressourcen einschließlich alternativer Forschungs- und Entwicklungsprogramme enthalten.

Rationale Analysetechniken verlangen Kriterien, auf die man Vergleiche basieren kann. Diese Kriterien sind nur selten explizit definiert, und der Analytiker muß daher selbst ein Richtliniengefüge aussuchen, das am ehesten den Interessen des Sponsors gemäß ist. Bis das Problem und die Kriterienbezeichnung durch den formellen Analyseprozeß[43] beleuchtet werden, sind diese Faktoren nur schwierig abzuschätzen[44].

---

[40] Siehe z. B.: *UK AEA,* Annual Report 1968—1969, H. M. S. O., London, paras. 215, 247, 276 und 284.

[41] Vgl. dazu im einzelnen: *The Programmes Analysis Unit 1967—1971,* Sponsorship of Evaluations and Reporting Procedure, S. 5.

[42] Siehe zum folgenden: *The Programmes Analysis Unit* 1967—1971, Rules Applied in Assessment, S. 6 f.

[43] Zur Rolle formeller Techniken siehe: *Jones,* Evaluation of Government Research and Development Programmes, R & D Management, Vol. 1, No. 2, February 1971; *Medford,* The New Thaumaturgy of Governmental Research & Development, Vol. 1, No. 6, December 1969.

[44] Siehe dazu ausführlich: *Jones,* Determining Priorities and Investment Levels in Scientific Resesarch and Development, Policy Sciences, Vol. 1, P. 229, December 1970. In der Praxis versuchte PAU, den generellen Nettogewinn der Nation aus der Investition von Ressourcen abzuschätzen: Für ein neues Produkt kann z. B. der direkte Gewinn beim Produzenten, Zwischenhandel oder Endverbraucher als Kostenersparnis auftreten. Diesem zugerechnet werden die Vorteile für den Einzelnen oder die Gesellschaft in Begriffen wie „gestiegenem Wohlstand“ oder „Verbesserung der nationalen Handelsposition“. Das alles summiert sich in Erträgen, die als nationaler Gewinn bezeichnet werden. Ähnlich ist die Aufsplitterung von Gewinnen zwischen Or-

PAU wurde eingerichtet, um eine Vielzahl verschiedener Analysen vorzunehmen. Die gebräuchlichste ist die über ein einzelnes Projektvorhaben, wenn ein technisches Programm formuliert wurde oder noch in Arbeit ist und das Management um eine Bewertung der möglichen Vorteile seiner Durchführung nachsucht. Der Zweck einer solchen Bewertung liegt in dem Aufzeigen folgender Faktoren[45]:

— Der Wert eines Projektes und die Aussicht, einen in bezug auf die Investition angemessenen Ertrag zu erlangen[46] (Kosten — Nutzen — Analysen);

— die Hauptvorteile eines Projektes, so daß die Operationsziele besser definiert werden können;

— die technischen und kommerziellen Punkte zur ertragreichen Gestaltung eines Programms, um die Chancen eines vollen Erfolges zu maximieren;

— die Zeitbestimmung des kommerziellen Erfolges oder Fehlschlagens eines Projektes, um zur geeigneten Zeit angemessene Investitionen treffen zu können;

— die externen ökonomischen und technischen Faktoren, die die materielle Berechtigung des Projektes ändern können.

Nachfragevorhersagen sind oftmals Teil der Projektanalysen. Einige führte PAU gesondert mit Rücksicht auf einzelne Industriesektoren als politische Formulierungshilfe durch[47]. Wenn ein Bedarf besteht, eine bestimmte Investition einem einzelnen Laboratorium zukommen zu lassen oder wenn die Ausgewogenheit eines bestimmten Programmes bewertet werden soll, überprüft man in einigen Instanzen Sektionen von bzw. ganze Laboratorien[48]. Ein allgemeiner PAU-Versuch war die

---

ganisationen vom nationalen Standpunkt her irrelevant, soweit dies nicht den Wert des ganzen Marktes und demzufolge eine Anzahl von Gewinnen betrifft. Siehe dazu: *Jones/Hunt*, An Outline of Evaluation as Practised by the Programmes Analysis Unit with three Studies (PAU M. 10); *Jones*, Evaluation of Government Research and Development Programmes, R & D Management, February 1971; *Nicholson*, The Practical Application of Cost-Benefit Analysis to R & D Investment Decisions (The Hague 1969/University Press, March 1971). Wo nicht pekunäre gesellschaftliche Erträge oder Kosten betroffen sind, werden die allgemeinen ökonomischen Prinzipien verändert und diesen ein Geldwert zugewiesen. Solche Faktoren — wie z. B. der Wert von Annehmlichkeiten bzw. deren Kosten — wurde in einigen PAU-Analysen behandelt. Siehe z. B. *Jones*, The Use of Cost-Benefit Analysis as an Aid to Allocating Government Resources for Research and Development.

45 Siehe dazu: *The Programmes Analysis Unit 1967—1971*, Types of Evaluation, S. 8.

46 Nicht notwendig für den Sponsor.

47 Z. B.: Die künftige Nachfrage an Computer oder Fernsehstationen.

48 Siehe dazu ausführlich: *Jones/Hunt*, An Outline of Evaluation as Practised by the Programmes Analysis Unit with three Studies (PAU M. 10).

Strukturierung einzelner Probleme durch den Gebrauch von Modelltechnologien und die Erforschung der Tragweite von Regierungsaktionen[49].

Innerhalb der AEA und dem „Department of Trade and Industry" werden nur in wenigen Instanzen formalisierte technologische Vorhersagen als Formulierungshilfe angestellt. Desgleichen fand die Problematik sozialer Vorhersagen nur sporadische Beachtung, obwohl verschiedene PAU-Studien zukünftige Probleme und Bedürfnisse der Gesellschaft für den Prozeß technologische Erneuerungen als bestimmend aufzeigten.

dd) Andere Tätigkeiten von PAU

Die Richtlinien von PAU verlangen die Entwicklung von Methoden und die Verbreitung von Technologien[50]. Beides bedingt eine positive Politik der aktiven Teilnahme und Mitwirkung an Konferenzen, Seminaren und Kursen[51].

Die Themen in Veröffentlichungen und Vorträgen betrafen im allgemeinen Forschungs- und Entwicklungsbewertung, Kosten-Nutzen-Analysen, methodologische Überlegungen sowie technologische Vorhersagen. Im Rahmen eines Übungsprogrammes, das vom „Civil Service Department" veranstaltet wird und bei Kursen des „Department of Trade and Industry" sowie der AEA liest die Besatzung von PAU regelmäßig über Bewertungs- und Vorhersagethemen.

Die Tätigkeiten von PAU beschränken sich nicht nur auf England. Vielmehr bestehen, z. B. hinsichtlich der Methodenfragen der Technologiefolgenabschätzung, enge Kontakte zu den USA und Frankreich. Andere Maßnahmen von internationalem Interesse führten zu Kontakten mit nicht weniger als 16 Nationen.

---

[49] Siehe dazu: *Hill*, Technological Forecasting in Some Basic Industries (in Proc. 9th Commonwealth Mining & Metallurgical Congress), London 1970; *Medford*, Marine Mining in Britain (Mining Magazine, Vol. 121, No. 5, November 1969); *ders.*, The New Thaumaturgy of Governmental Research & Development (Futures, Vol. 1, No. 6, December 1969); *Hill/Medford/McLaren u. a.*, Computer Based Learning Systems: A Programme for Research & Development.

[50] Vgl. zum folgenden: *The Programmes Analysis Unit 1967—1971*, Other Activities, S. 11 f.

[51] Auf Einladung hin nahm PAU an Treffen teil, die veranstaltet wurden von: The British Institute of Management, the Institute of Physics and the Physical Society, the Institute of Electrical Engineers, the Society of Chemistry and Industry, the Institute of Patentees and Inventors, the Industrial Marketing Research Association, the International Institute of Public Finance, the European Industrial Research Management Association, the European Technological Forecasting Association, the Universities of Aston, Bradford, Edinburgh, Oxford (Linacre College and the University Scientific Society), the Manchaster Business School, North Atlantic Treaty Organisation (NATO), Organization For Economic Co-operation and Development (OECD), the Com-

b) *Schweden: Das „Schwedische Sekretariat für Zukunftsstudien"*

Das aus dem starken Umweltbewußtsein Schwedens folgende Interesse an der Technologiefolgenabschätzung[52] ließ das Beratungsgremium für Wissenschaft, Forschung und Technologie der schwedischen Regierung die Einrichtung des „Office of Technology Assessment" beim amerikanischen Kongreß mit großer Anteilnahme verfolgen. 1972 erstellte die *„Königliche Kommission für Zukunftsstudien"* einen Bericht über die Gestaltung der gesellschaftlichen Zukunft, in dem auf das Erfordernis einer Technologiefolgenabschätzung hingewiesen und betont wurde, daß die Technologiefolgenabschätzung auch zur Lösung nicht-technischer Probleme sowie zur Realisierung gesellschaftlicher Zielsetzungen beitragen solle[53]. Das Resultat dieses Berichts war die Gründung des *„Schwedischen Sekretariats für Zukunftsstudien"*, das Anfang 1973 beim schwedischen Kabinett eingerichtet wurde[54].

In Anlehnung an Empfehlungen, die von der „Advisory Group on Control and Management of Technology" des wissenschafts- und technologiepolitischen Ausschusses der „Organization of Economic Co-operation und Development" (OECD) im Januar 1973 gegeben worden waren, bildete das „Schwedische Sekretariat für Zukunftsstudien" eine Arbeitsgruppe für Technologiefolgenabschätzung, die in einem 1973 veröffentlichten Bericht schwedische Studien untersuchte, die sich mit der Technologiefolgenabschätzung befassen. Bemerkenswert ist dabei, daß die von der schwedischen Regierung veranlaßten Studien mitsamt allem Material als Regierungsberichte publiziert werden[55].

c) *Technologiefolgenabschätzung in Frankreich*

In Frankreich findet seit vielen Jahren die Technologiefolgenabschätzung vornehmlich im Bereich des Umweltschutzes und der Raumerschließung ihren Platz. Darauf mag zurückzuführen sein, daß die Einrichtung des us-amerikanischen „Office of Technology Assessment" eine öffentliche Diskussion um die Institutionalisierung des „Technology Assessment" nicht in Gang setzte[56].

---

mittee of Directors of Research Associations, the UK. Treasury Management Accounting Unit u. a.

[52] *Rothman*, Murderous Providence, S. 287 f.

[53] *Paschen u. a.* im Anhang 1 des Gutachtens zum Problemkreis Technologiefolgenabschätzung (Technology-Assessment), S. 32 f.

[54] *Paschen u. a.* im Anhang 1 des Gutachtens zum Problemkreis Technologiefolgenabschätzung (Technology-Assessment), S. 33.

[55] *Paschen u. a.* im Anhang 1 des Gutachtens zum Problemkreis Technologiefolgenabschätzung (Technology-Assessment), S. 34.

[56] So: *Paschen u. a.* im Anhang 1 des Gutachtens zum Problemkreis Technologiefolgenabschätzung (Technology-Assessment), S. 36.

aa) Technologiefolgenabschätzung im Bereich französischer Umweltaktivitäten

Seit 1950 werden in den 5-Jahresplänen für Forschung und Entwicklung umweltpolitische Momente berücksichtigt[57]. Dieser Umstand fand in den letzten Jahren insoweit eine Steigerung, als man besondere Lösungsmöglichkeiten zur Reduzierung negativer Effekte der wirtschaftlichen Entwicklung in die Planung einbezog[58].

Im Jahre 1964 richtete man in Frankreich für jedes hydrologische Becken je ein *„Comité de Bassin“* und eine *„Agence Financière de Bassin“* zur Abstimmung staatlicher Belange mit den Interessen privater Gewässerbenutzer ein[59]. Die „Agences“, die vom französischen Umweltministerium und der *„Mission Déléguée de Bassin“*, einer interministeriellen Kommission, beaufsichtigt werden, sind finanziell weitgehend selbständig[60]. Die Höhe der Gebühren, die von den privaten Gewässerbenutzern zur Bekämpfung von Verunreinigungen erhoben und die Subventionen, die zur Durchführung technischer Schutzmaßnahmen an eben diese Gewässerbenutzer gezahlt werden, legen die „Comités de Bassin“ fest, die als Kontrollinstanzen eine Art „wasserwirtschaftliche Kleinstparlamente“ darstellen[61].

1972 richtete das Umweltministerium eine aus vier Analysegruppen und vier Gruppen für langfristige Vorhersagen bestehende interministerielle Projektgruppe zur Information öffentlicher und privater Instanzen ein, die sich mit Umweltfragen auseinanderzusetzen haben[62]. Vor allem die *„Gruppe D“*, die sich speziell mit dem Problemkreis „Umwelt und Technologie“ befaßt[63], richtete ihr Vorgehen an dem amerikanischen Konzept der Technologiefolgenabschätzung aus[64].

---

[57] *Paschen u. a.* ebd., S. 36.

[58] Von 1971 bis 1973 stieg der entsprechende Posten im Forschungsplan um durchschnittlich 21 %.

[59] Der Sonderbeauftragte der „Agence Financière de Bassin Seine-Normandie“ Tenière-Buchot sieht in dieser Einrichtung ein besonders geeignetes Experimentierfeld für die Organisation der Technologiefolgenabschätzung im Bereich der Wasserverunreinigung. Siehe: *Tenière-Buchot,* L'Evaluation Technologique des Effets Externs: Le Cas de la Pollution des Eaux, in: Le Progres Scientifique No. 155, Juli—August 1972, S. 10 f.

[60] *Paschen u. a.* im Anhang 1 des Gutachtens zum Problemkreis Technologiefolgenabschätzung (Technology-Assessment), S. 37.

[61] *Paschen u. a.*, ebd., S. 37.

[62] Die Analyse-Gruppen befassen sich u. a. mit statistischen und ökonomischen Umweltproblemen und mit Fragen der Lebensqualität. Die Prognose-Gruppen haben die Aufgabe, Chancen, Risiken, Beschränkungen und Trends der Umweltpolitik für die nächsten 50 Jahre zu untersuchen. Vgl. *Paschen u. a.* im Anhang 1 des Gutachtens zum Problemkreis Technologiefolgenabschätzung (Technology-Assessment), S. 38.

[63] Der Aufgabenkreis der „Gruppe D“ betrifft im wesentlichen: Erfassung neuer umweltrelevanter Technologien, Abschätzung der Auswirkungen von Technologien zur Eindämmung von Umweltschäden, Definition der Basis für

bb) Technologiefolgenabschätzung im Bereich französischer Raumordnung

Der zweite Bereich, in dem Frankreich technologiefolgenabschätzungsähnliche Aktivitäten betreibt, ist die Raumerschließung und Raumordnung. 1960 wurde das *„Comité Interministériel pour les Problèmes d'Action Régionale et d'Aménagement du Territoire“* und 1963 die *„Délégation à L'Aménagement du Territoire et à l'Action Régionale“* (DATAR) gegründet, welche die bedeutendste französische Raumplanungsinstitution darstellt[65]. DATAR, die zunächst dem Premierminister unterstellt war und erst 1972 dem „Ministre de l'Aménagement du Territoire, de l'Equipement, du Logement et du Tourisme“ zugeordnet wurde, hat die Aufgabe, Unterlagen für Regierungsentscheidungen im Bereich der Raumordnung und Regionalentwicklung zu erarbeiten und die Maßnahmen in diesem Gebiet zu koordinieren[66].

d) Technologiefolgenabschätzung in Kanada

In Kanada findet die Folgenbewertung neuer Technologien im Rahmen der Gesellschafts- und Wissenschaftspolitik, in ökonomischen Analysen sowie auf den verschiedensten Gebieten der privaten und öffentlichen Planung statt. Als eigenständige Regierungsaufgabe wurde die Technologiefolgenabschätzung offenbar noch nicht anerkannt[67], denn sie findet im Staatshaushalt keine Berücksichtigung. Soweit Streitfragen das öffentliche Interesse berühren und eine gewisse Relevanz erreichen,

---

die Erforschung umweltfreundlicher Technologien, Fixierung einer Umweltpolitik unter besonderer Berücksichtigung der Probleme der Entwicklungsländer. Vgl.: *Paschen u. a.* im Anhang 1 des Gutachtens zum Problemkreis Technologiefolgenabschätzung (Technology-Assessment), S. 38 f.

[64] *Paschen u. a.* im Anhang 1 des Gutachtens zum Problemkreis Technologiefolgenabschätzung (Technology-Assessment), S. 39.

[65] *Paschen u. a.* im Anhang 1 des Gutachtens zum Problemkreis Technologiefolgenabschätzung (Technology-Assessment), S. 40.

[66] 1968 richtete DATAR die Forschungsgruppe „Système d'Etudes pour le Schéma générale d'Aménagement de la France“ (SESAME) mit einer Untergruppe für technologische Prognosen ein. Diese Untergruppe hat u. a. folgende Aufgaben: Identifizierung technologischer Neuerungen, die für das „Aménagement du Territoire“ von Bedeutung sein können, Erforschung von Kriterien zur Einschätzung technologischer Neuerungen unter den Aspekten der Raumerschließung. Das „Centre d'Etudes et de Recherches sur l'Aménagement Urbain“ (CERAD), das „Bureau d'Informations et de Prévisions Economiques“ (BIPE) und das „Bureau Central d'Etudes pour les Equipements d'Outre-Mer (BCEOM) trugen zu diesen Themen bei, die 1972 von „Ministère du Dévelopement Industriel et Scientifique“ zusammen mit DATAR publiziert wurden. Vgl. *Paschen u. a.* im Anhang 1 des Gutachtens zum Problemkreis Technologiefolgenabschätzung (Technology-Assessment), S. 40.

[67] Demzufolge gibt es kaum Fürsprecher einer dem us-amerikanischen „Office of Technology Assessment“ vergleichbaren Einrichtung. Vgl. *Paschen u. a.* im Anhang 1 des Gutachtens zum Problemkreis Technologiefolgenabschätzung (Technology-Assessment), S. 12.

werden von der jeweiligen Regierung Kommissionen oder Projektgruppen gebildet[68].

Gegenwärtig beraten zwei Institutionen die Exekutive in technologischen Fragen, die für Technologiefolgenabschätzungen in Betracht kommen:

Der *„Science Council“* wurde 1966 geschaffen und behandelt allgemeine Verbindungen der Technologie und Wissenschaftspolitik. Dabei wird er von externen Beratern aus den verschiedenen wissenschaftlichen Disziplinen unterstützt. Bereits in seinem fünften Jahresbericht schlug der Rat die Einrichtung einer Bundesbehörde[69] für technologische Vorhersagen und die Erstellung von „Technology-Assessment“-Studien vor. Das wachsende Interesse des „Science Council“ an der Technologiefolgenabschätzung wird darüber hinaus in der Definition seiner zukünftigen Rolle deutlich[70], indem er seine Funktion darin sieht, Technologien zu identifizieren, „Technology-Assessment“-Studien zu erstellen und die Einrichtung externer Projektgruppen gegenüber dem Kabinett und allen öffentlichen und privaten Gruppen zu rechtfertigen.

Das 1964 gebildete *„Science Secretariat“* ist dem „Privy Council Office“ zugeordnet und berät das Kabinett sowie alle Bundesbehörden in Wissenschaftsangelegenheiten. Das „Science Secretariat“ besitzt einen kleinen Stab wissenschaftlicher Mitarbeiter und wird vornehmlich für die Regierung tätig. Die bisherige Tätigkeit des Sekretariats im Bereich der Technologiefolgenabschätzung beschränkte sich allerdings auf die Bedürfnisse des Kabinetts[71].

---

[68] *Paschen u. a.* ebd., S. 12.

[69] Im Anhang 1 des Gutachtens zum Problemkreis Technologiefolgenabschätzung (Technology-Assessment), S. 13 f. bezeichnen *Paschen u. a.* folgende Behörden für die Durchführung von Technlogy-Assessment-Projekten als geeignet: Das „Ministry of State for Science and Technology“ begann seine Tätigkeit im Bereich der Technologiefolgenabschätzung mit der Entsendung von Experten nach Japan, die mit den dortigen „Technology-Assessment-Fachleuten“ konferierten. Das „Department of Communication“ hielt bereits mehrere Seminare und Konferenzen über die Auswirkungen von Kommunikationstechnologien ab. Das 1971 gegründete „Department of Environment“ begann damit, Umweltfolgen bereits eingeführter Technologien zu erfassen und zu beherrschen, befaßt sich aber weniger mit der Abschätzung möglicher Folgen neuer Technologien. Das „Defence Research Board“ behandelte bereits Fragen der Umweltprognose und erwägt, seine Erfahrung in angewandter Forschung für die Technologiefolgenabschätzung anzubieten. Die „International Research and Development Commission“ untersucht landwirtschaftliche und biologische Entwicklungstechnologien. Sie stellte aber bisher keine „Technology-Assessment“-Studien an.

[70] Vgl.: *Science Council of Canada*, A Technology Assessment System — A Case Study of East Coast Offshore Petroleum Exploration, Information Canada, Ottawa 1974.

[71] Vgl. dazu: *Paschen u. a.* im Anhang 1 des Gutachtens zum Problemkreis Technologiefolgenabschätzung (Technology-Assessment), S. 12 f.

e) *Technologiefolgenabschätzung in Japan*

Die Notwendigkeit einer Technologiefolgenabschätzung stieg in Japan in einem Maße, daß die Regierung einer Aktivität auf diesem Gebiet nicht ausweichen konnte. Bereits 1969 betonte der *„Unterausschuß für Technology Advancement"* des *„Economic Council"*[72] in einem technologiepolitischen Bericht die Notwendigkeit einer Übereinstimmung von technologischer und gesellschaftlicher Entwicklung. Man wies in diesem Bericht auf negative Auswirkungen großer technologischer Projekte hin und schlug ein *„Security and Welfare Control System"* zur Überwachung technologischer Projekte vor[73].

1971 empfahl das *„First Panel of the Council for Science and Technology"* die Einbeziehung der Technologiefolgenabschätzung als Grundlage einer integrierten Wissenschafts- und Technologiepolitik in den siebziger Jahren[74]. Ebenfalls im Jahre 1971 bezeichnete das „Ministry of International Trade and Industry" die Technologiefolgenabschätzung als wichtigstes Mittel zur Kontrolle und Lenkung industrieller Technologien. Um den gesellschaftlichen Bedürfnissen nach erhöhter Lebensqualität und besserer Umwelt gerecht zu werden, wurde die Berücksichtigung der Technologiefolgenabschätzung im Gesamtsystem der Industriepolitik der siebziger Jahre empfohlen[75]. Auf der Grundlage dieser angekündigten Industriepolitik startete das „Ministry of International Trade and Industry" ein „Technology-Assessment"-Studienprogramm zur Erarbeitung von Basisinformationen für die Anwendung der Technologiefolgenabschätzung auf die Technologieentwicklung in der Industrie[76].

---

[72] Diesen Ausschuß hatte man eingesetzt, um technologiepolitische Richtlinien für die Regierung zur Durchführung des vom „Economic Council" empfohlenen gesellschafts- und wirtschaftspolitischen Entwicklungsprogramms zu erarbeiten.

[73] *Paschen u. a.* im Anhang 1 des Gutachtens zum Problemkreis Technologiefolgenabschätzung (Technology-Assessment), S. 17.

[74] *Paschen u. a.* im Anhang 1 des Gutachtens zum Problemkreis Technologiefolgenabschätzung (Technology-Assessment), S. 18.

[75] Folgende Empfehlungen wurden für ein „Technology-Assessment-Aktionsprogramm gegeben: 1. Zunächst sollen gut überschaubare Technologien untersucht werden, die breite Auswirkungen auf die gesellschaftliche Umwelt haben. 2. Die mit der Durchführung betraute Organisation soll interdisziplinär besetzt und unabhängig sein. 3. Vor Beginn und nach Beendigung sollen staatliche Forschungs- und Entwicklungsprojekte untersucht werden. Auch privat entwickelte Technologien sollen untersucht werden, wenn sich Anhaltspunkte für negative Auswirkungen ergeben. Vgl. ausführlich: *Paschen u. a.* im Anhang 1 des Gutachtens zum Problemkreis Technologiefolgenabschätzung (Technology-Assessment), S. 19.

[76] Für eine erste vorläufige Studie wurden folgende Themen ausgewählt: Multikanal-Kommunikationssystem, künstliche menschliche Organe, synthetisches Holz, Eisenerzeugung unter Verwendung von Kernenergie, küstenferne Kraftwerke, Förderung von Mineralien aus dem Meeresboden. In Arbeit sind Fallstudien über: Brennstoffzellen, elektronische medizinische Geräte,

Darüber hinaus bildete das Ministerium ein *„Technology-Assessment-Team"*, dem 20 hauptamtliche Mitarbeiter aus sechs Abteilungen des Ministeriums angehören, und der *„Industrial Technology Council"* befaßte sich als Beratungsorgan des „Ministry of International Trade and Industry" mit der Erforderlichkeit einer eigenständigen Technologiebewertungsinstitution innerhalb der Exekutive Japans[77].

Schließlich untersucht die *„Science and Technology Agency"* intensiv die institutionelle Einbettung der Technologiefolgenabschätzung in die Exekutive und betreibt die praktische Durchführung von „Technology-Assessment"-Studien. Zu diesem Zwecke leitete das *„Planning Bureau"* 1971 ein dreijähriges Studienprogramm über Technologiefolgenabschätzung ein, um Themenbereiche, organisatorische, methodologische und kooperative Fragen des „Technology-Assessment" zu ergründen[78].

3. Die institutionalisierte Technologiefolgenabschätzung in zwischenstaatlichen Organisationen

a) Technologiefolgenabschätzung in der Europäischen Gemeinschaft (EG)

Um die Koordinierung der nationalen Politiken innerhalb der Gemeinschaftsorgane und die Durchführung gemeinschaftlich interessierender Maßnahmen zu fördern, regten die Vertreter der einzelnen Mitgliedsländer der Europäischen Gemeinschaft in ihrer Schlußerklärung auf der Pariser Gipfelkonferenz im Herbst 1972 die Einleitung einer gemeinsamen Politik im wissenschaftlich-technischen Bereich an und forderten die Erarbeitung eines entsprechenden Aktionsprogrammes. Im Januar 1974 schließlich billigte der Ministerrat ein *„Aktionsprogramm für die Politik im wissenschaftlich-technischen Bereich"*[79], das die Kommission im Sommer 1973 vorgelegt hatte[80].

Diese Aktionsprogramm schlägt zur Koordinierung der Forschungs- und Entwicklungspolitik die Einrichtung eines *„Comité pour la Recherche Scientifique et Technique"* (CREST) vor[81], in welchem die für

Mikrowellen-Öfen, synthetisches Papier, Verkaufsautomaten und elektronische Rechenmaschinen. Vgl. *Paschen u. a.* im Anhang 1 des Gutachtens zum Problemkreis Technologiefolgenabschätzung (Technology-Assessment), S. 20.

[77] *Paschen u. a.* im Anhang 1 des Gutachtens zum Problemkreis Technologiefolgenabschätzung (Technology-Assessment), S. 20.

[78] *Paschen u. a.* im Anhang 1 des Gutachtens zum Problemkreis Technologiefolgenabschätzung (Technology-Assessment), S. 21.

[79] Vgl. Official Journal of the European Communities, No. C 7/6—9, vom 29. 1. 1974.

[80] Dok. KOM. 73/1250.

[81] Der Vorläufer von CREST ist die Gruppe PREST (Groupe de Travail Politique de la Recherche Scientifique et Technique). Vgl. *Paschen u. a.* im

Forschungs- und Entwicklungspolitik der Mitgliedsländer und der Gemeinschaft verantwortlichen Beamten vereinigt sind. CREST soll die Koordination der nationalen Wissenschaftspolitiken und die Definition von Gemeinschaftsaktionen vornehmen. Im einzelnen umfaßt diese Aufgabe die Vergleichung und Überprüfung des Potentials, der Planung, Programme und Budgets der Mitgliedsstaaten und der Gemeinschaft sowie der Projekte, Maßnahmen und Methoden der Wissenschafts- und Technologiepolitik. Die von den Mitgliedsstaaten angestrebten Ziele sollen verdeutlicht, analysiert und verglichen werden, um vorhandene Lücken und Mängel aufzudecken und auf diese Weise die in Frage kommenden gemeinsamen Ziele mit den zu ihrer Erreichung geeigneten Mitteln zu erforschen[82].

Neben der Förderung der Grundlagenforschung, der Unterstützung der Gemeinschaftspolitik in verschiedenen Bereichen, der wissenschaftlich-technischen Information sowie der öffentlichen wissenschaftlichen und technischen Dienstleistungen regte das Aktionsprogramm an, in einer Studie (*Europa plus 30*) die Aufgaben zu definieren, die sich für Europa aus der voraussehbaren oder vermutbaren Entwicklung der nächsten 30 Jahre ergeben, sowie die Einrichtung eines „Europäischen Amtes zur Bewertung technologischer Entwicklungen" in einem gesonderten Aktionsprogramm zu diskutieren[83]. Bei einem positiven Ergebnis der Untersuchung über die Einrichtung eines *„Europäischen Amtes zur Bewertung technologischer Entwicklungen"* sollen insbesondere Vorschläge gemacht werden, die die Struktur dieses Amtes, die Vermeidung einer neuen, aufwendigen Institution durch Rückgriff auf bestehende Einrichtungen der Europäischen Gemeinschaft und die Einbeziehung der Arbeit dieses Amtes in die Planungs- und Entscheidungsprozesse der Gemeinschaft betreffen. Für den Fall einer ablehnenden Haltung der Kommission gegenüber einem „Europäischen Amt zur Bewertung technologischer Entwicklungen" sollen Alternativen erarbeitet werden, um die in jedem Falle notwendige Aufgabe der Technologiefolgenabschätzung zu lösen[84].

Anhang 1 des Gutachtens zum Problemkreis Technologiefolgenabschätzung (Technology-Assessment), S. 65, FN 1.

[82] *Schuster* in seiner schriftlichen Stellungnahme zu den Fragen an die deutschen Sachverständigen, öffentliche Informationssitzung des Ausschusses für Forschung und Technologie und für das Post- und Fernmeldewesen am 5. 12. 1973, S. 2 f.

[83] *Paschen u. a.* im Anhang 1 des Gutachtens zum Problemkreis Technologiefolgenabschätzung (Technology-Assessment), S. 62 f.

[84] *Schuster* in seiner schriftlichen Stellungnahme zu den Fragen an die deutschen Sachverständigen, öffentliche Informationssitzung des Ausschusses für Forschung und Technologie und für das Post- und Fernmeldewesen am 5. 12. 1973, S. 7. Bei der Erörterung dieser Fragen dürfte dem zentralen Beratungsorgan der EG-Kommission auf Expertenebene, dem Anfang 1973 gegründeten „Comité pour la Recherche et le Development" (CERD) beson-

b) Technologiefolgenabschätzung in der Organisation für wirtschaftliche Zusammenarbeit und Entwicklung (OECD)

Im Februar 1970 ging das Sekretariat der OECD[85] auf Fragen der Regierungsverantwortung in bezug auf die Anwendung und Kontrolle von Technologien unter Umweltaspekten ein; es stellte den Politikern die Aufgabe, zur Lösung des Konfliktes zwischen erwünschten und notwendigen technischen Neuerungen und Schädigungen der menschlichen Umwelt beizutragen[86]. Das Sekretariat forderte eine Politik der systematischen Abschätzung von Technologien und die Einrichtung eines Initiativ- und Kontrollgremiums zur Technologiefolgenabschätzung[87].

In Übereinstimmung mit dieser Forderung wandte sich neben dem *„Environment Committee“* vor allem das *„Committee for Scientific and Technological Policy“* dem Technologiemanagement und der Technologiefolgenabschätzung, einer wirksameren Ausnutzung von Wissenschaft und Technologie in den öffentlichen Dienstleistungsbereichen sowie der verstärkten Entwicklung der Gesellschaftswissenschaften zu. Dabei räumte das Komitee den Technologiefolgeproblemen einen gewissen Vorrang ein und bildete im Januar 1973 eine *„Advisory Group on Control and Management of Technology“*[88]. Mit Hilfe dieser Gruppe sollen Grundelemente eines allgemeinen Modells für „Technology-Assessment“-Studien erarbeitet werden, um die Entwicklung eines Schemas für „Technology-Assessment“-Studien zu ermöglichen.

---

dere Bedeutung zukommen. Hierbei handelt es sich um einen wissenschaftlich-technischen Beratungsausschuß, der sich aus 21 unabhängigen Experten aus den wichtigsten Bereichen der europäischen Forschung zusammensetzt. Neben der Beratung der Kommission bei der Bestimmung der europäischen Zielsetzung in Forschung und Entwicklung sowie der Festlegung von Prioritäten obliegt es diesem Ausschuß, Mithilfe bei der Formulierung von Forschungs- und Entwicklungsaktionen im Rahmen der europäischen Zusammenarbeit zu leisten und Empfehlungen über die Durchführungsmodalitäten vorzuschlagen. Er berät die Kommission bei der Konzipierung von Forschungs- und Entwicklungsprogrammen und unterstützt sie in der kontinuierlichen Analyse dieser Programme. Vgl. *Paschen u. a.* im Anhang 1 des Gutachtens zum Problemkreis Technologiefolgenabschätzung (Technology-Assessment), S. 63 f.; *Schuster* in seiner schriftlichen Stellungnahme zu den Fragen an die deutschen Sachverständigen, öffentliche Informationssitzung des Ausschusses für Forschung und Technologie und für das Post- und Fernmeldewesen am 5. 12. 1973, S. 4 f.

[85] Organization for Economic Co-operation and Development.

[86] Zur Umweltaktivität der OECD vgl.: *Paschen u. a.* im Anhang 1 des Gutachtens zum Problemkreis Technologiefolgenabschätzung (Technology-Assessment), S. 53 ff.; *Quick*, Umweltaktivität zwischenstaatlicher Organisationen, S. 37 f.

[87] *Paschen u. a.* im Anhang 1 des Gutachtens zum Problemkreis Technologiefolgenabschätzung (Technology-Assessment), S. 53.

[88] *Paschen u. a.* im Anhang 1 des Gutachtens zum Problemkreis Technologiefolgenabschätzung (Technology-Assessment), S. 57.

Bei ihrer konstituierenden Zusammenkunft im Januar 1973 erklärten die Mitglieder der „Advisory Group on Control and Management of Technology", in ihren Ländern eine Sammlung der Studien durchzuführen, die sich mit Fragen der Technologiefolgenabschätzung befassen, und sie nach einem gemeinsamen Schema auszuwerten[89]. Ein weiterer Aufgabenkreis betrifft die Erfassung der Bereiche, in denen die Durchführung von „Technology-Assessment"-Studien vordringlich ist. Aus einer bereits erstellten vorläufigen Prioritätenliste sollen nunmehr einige Themen von interdisziplinären Forschungsgruppen bearbeitet werden. Diese Aktion wird vom Sekretariat der OECD koordiniert[90], das zudem eine vergleichende Analyse der Gutachten sowie eine Kombination der Ergebnisse erstellt[91].

---

[89] *Paschen u. a.* im Anhang 1 des Gutachtens zum Problemkreis Technologiefolgenabschätzung (Technology-Assesment), S. 59.

[90] *Paschen u. a.*, ebd., S. 59.

[91] Auf internationaler Ebene beschäftigen sich weitere zwischenstaatliche und nichtstaatliche internationale Organisationen mit Problemen der Technologiefolgenabschätzung, so z. B. die NATO (North Atlantic Treaty Organization) im Rahmen einer Konferenz über „Technlogy Assessment" und die „International Society for Technology Assessment" (ISTA), die u. a. seit 1973 eine Zeitschrift „Technology Assessment" herausgibt. Vgl. im einzelnen *Paschen u. a.* im Gutachten zum Problemkreis Technologiefolgenabschätzung (Technology-Assessment), S. 48 f.

C. Die Organisation einer Technologiebewertungseinrichtung zur wissenschaftlichen Beratung des Deutschen Bundestages

I. Einleitung

Auf den von der CDU/CSU Fraktion eingebrachten Antrag zur Errichtung eines *„Amtes zur Bewertung technologischer Entwicklungen beim Deutschen Bundestag"*[1] bekräftigten alle im Bundestag vertretenen Parteien die Notwendigkeit der Begründung einer neuen Institution zur wissenschaftlichen Beratung des Parlaments, indem sie die derzeitigen parlamentarischen Hilfsorgane für die Kontrolle technologiepolitischer Entscheidungen der Regierung als nicht ausreichend und nicht erweiterungsfähig bezeichneten. War man sich über die Notwendigkeit einer neuen Institution einig, so bestehen gleichwohl Differenzen über die Organisationsform einer solchen Einrichtung[2].

Die Problematik einer wissenschaftlichen Beratung des Parlaments weist nun sowohl einen *politischen* als auch einen rein *wissenschaftlichen Aspekt auf*[3]: Die Durchführung von Studien zur Unterstützung des Deutschen Bundestages setzt voraus, daß zum einen eine *politische Entscheidung* darüber getroffen wird, welche technologischen Entwicklungen bzw. Gutachten unter übergeordneten Gesichtspunkten als besonders relevant und demnach zuvörderst durchzuführen sind und welche *Grundentscheidungen* den Studien zugrundegelegt werden[4]. Dieser letzte Punkt ist insofern von Bedeutung, als die Ergebnisse jeder Art wissenschaftlicher Beratung von den Annahmen, Abgrenzungen der Untersuchung und weiteren Entscheidungen *abhängen,* die im Verlauf des Untersuchungsvorganges zu fällen sind und auf denen die Analyse basiert. Bei einer Entscheidung für *andere* Untersuchungsgrundlagen

---

[1] *Deutscher Bundestag,* 7. Wahlperiode, Drucksache 7/468.

[2] Vgl.: *Deutscher Bundestag,* 7. Wahlperiode, 34. Sitzung am 18. 5. 1974, Protokoll der Beratung des Antrags betr. Amt zur Bewertung technologischer Entwicklungen beim Deutschen Bundestag (Drucksache 7/468, S. 1878 D—1884 G); *Kurzprotokoll* der 10. Sitzung des Ausschusses für Forschung und Technologie und für das Post- und Fernmeldewesen vom 3. 10. 1973, TOP 2.

[3] Zur wechselseitigen Kommunikation zwischen Wissenschaft und Politik vgl.: *Lompe,* Grundprobleme wissenschaftlicher Beratung der Politik, in: Loccumer Protokolle Nr. 21, S. 3, 21 f.

[4] *Paschen u. a.* im Gutachten zum Problemkreis Technologiefolgenabschätzung (Technology-Assessment), S. 190.

würden sich *andere* Resultate ergeben. Das bedeutet aber, daß jede Art wissenschaftlicher Beratung bei unterschiedlichen Untersuchungsgrundlagen im Hinblick auf das zu analysierende Problem sogar mit wissenschaftlichen Mitteln zu unterschiedlichen Ergebnissen gelangt. Objektivität im wissenschaftlichen Sinne kann es also *nicht* geben, da die Ergebnisse wertbeladen, d. h. aber subjektiv sind[5]. Für die Arbeit einer Technologiebewertungsstelle zur wissenschaftlichen Beratung des Deutschen Bundestages folgt daraus, daß die *Einflußnahme des Parlaments* auf die maßgeblichen Entscheidungsprozesse gesichert werden muß.

Zu diesen politischen Entscheidungen tritt die wissenschaftliche Behandlung des zu untersuchenden Gegenstandes[6]. Die wissenschaftliche Beratungsstelle und ihre Mitarbeiter müssen in der Lage sein, wichtige technische Entwicklungen und Vorhaben im In- und Ausland laufend zu beobachten, um drohende negative Auswirkungen von Technologieanwendungen frühzeitig zu erkennen. Übersichtsanalysen und Vorstudien zur Projektauswahl sind durchzuführen sowie technologische Aktivitäten im In- und Ausland zu registrieren und zu untersuchen. Neben der Identifizierung der für die Durchführung von Studien geeigneten Personen, Gruppen und Organisationen ist deren Beauftragung mit der Durchführung von formulierten sowie mit entsprechenden Grundentscheidungen versehenen Studienaufträgen vorzunehmen[7]. Schließlich sind die erstellten Gutachten zu bearbeiten und dem Parlament in einer *verständlichen* Form zu übergeben.

---

[5] So: *Paschen* in seiner schriftlichen Stellungnahme zu den Fragen an die deutschen Sachverständigen, öffentliche Informationssitzung des Ausschusses für Forschung und Technologie und für das Post- und Fernmeldewesen am 5. 12. 1973, S. 26; *Odewald*, Parlamentarischer Hilfsdienst, S. 122, irrt somit, wenn er meint, allein durch die organisatorische Angliederung einer wissenschaftlichen Beratungsstelle an die Bundestagsverwaltung sei deren fachliche Objektivität gesichert. Das einzige, was sich durch eine bestimmte Organisationsform erreichen läßt, ist die Neutralität des Beratungsorgans gegenüber bestimmten Interessengruppen und eine Verobjektivierung der Entscheidungsprozesse. Die Neutralität des Beratungsorgans und die Verobjektivierung der Entscheidungsprozesse führt indes nicht zur fachlichen Objektivität der zu erbringenden Beratungen.

[6] Vgl. zum folgenden: *Paschen u. a.* im Gutachten zum Problemkreis Technologiefolgenabschätzung (Technology-Assessment), S. 190 f. m. w. N.

[7] Um eine ausufernde Organisation zu vermeiden, sollte die zur Diskussion stehende wissenschaftliche Beratungsstelle beim Deutschen Bundestag allerdings sich weitgehend auf die Vergabe von Studien an externe Auftragnehmer beschränken und eigene Gutachten nur in geringem Umfang erstellen. *Paschen u. a.* im Gutachten zum Problemkreis Technologiefolgenabschätzung (Technology-Assessment), S. 191.

II. Institutionelle Alternativen einer Technologiebewertungseinrichtung zur wissenschaftlichen Beratung des Deutschen Bundestages

Sieht man einmal von speziellen Organisationsmöglichkeiten einer Technologiebewertungsinstitution beim Deutschen Bundestag ab und betrachtet die Relation zwischen Parlament und besagter Einrichtung, so ergeben sich drei mögliche Beziehungen: Die Beratungsstelle könnte als *Bestandteil* des Bundestages mit unmittelbarer Unterstellung unter den Präsidenten errichtet werden, d. h. als eine in den Deutschen Bundestag integrierte Institution. Die zweite Möglichkeit betrifft die Ausgestaltung dieser Beziehung in der Weise, wie sie im administrativen Behördenaufbau üblich ist. Die Beratungsstelle wäre dann eine Art dem Bundestag *nachgeordnete* „oberste Bundestagsbehörde". Schließlich besteht die Möglichkeit, die Technologiebewertungsstelle aus dem Bundestag auszugliedern und weitgehend zu *verselbständigen*.

Die Gegenüberstellung dieser Möglichkeiten läßt bereits erkennen, daß die Stellung der Beratungsinstitution zum Bundestag die Intensität der Beziehung beeinflußt: Bei einer Integration in den Bundestag liegt eine engere Bindung vor als bei einer Ausgliederung der Beratungsstelle mit weitgehender Verselbständigung. Man wird auch kaum bezweifeln können, daß die organisatorische Ausgestaltung dieser Beziehung von erheblichem Einfluß auf die Arbeit der Beratungsstelle ist und zwar hinsichtlich Neutralität und Effektivität der zu erbringenden Beratungen. Da somit die Güte der Aufgabenbewältigung einer Technologiebewertungseinrichtung in erheblichem Maße von ihrer Organisation abhängen dürfte[8], sollen im folgenden die Beziehungen zwischen Bundestag und einer wissenschaftlichen, die oben genannten Bedingungen erfüllenden Beratungsstelle anhand einiger Organisationsformen aufgezeigt werden.

1. Die Integrierung einer Technologiebewertungseinrichtung in den Deutschen Bundestag

a) Wissenschaftliche Beratung im Rahmen eines Fraktionsdienstes oder als Teil der Parlamentsverwaltung

Die Integration einer Technologiebewertungsstelle in den Deutschen Bundestag erfordert zunächst eine Entscheidung darüber, ob die wissenschaftliche Beratung der Parlamentarier von einem Fraktionsdienst oder von einer Abteilung der Bundestagsverwaltung besser wahrge-

---

[8] *Kleinrahm*, Gesetzgebungshilfsdienst für deutsche Parlamente, in: AöR 79/137, 157; *Odewald*, Parlamentarischer Hilfsdienst, S. 120.

nommen werden kann. *Waffenschmidt*[9] regte an, daß die Bundestagsfraktionen entsprechend ihrer Größe zwei bis höchstens zehn Abgeordnete zu „*Parlamentsräten*“ wählen sollten, deren Kosten dem Gesamtparlament zur Last fielen. Den Vorteil einer solchen Einrichtung sieht Waffenschmidt zum einen darin, daß die Gefahr der Bürokratisierung, die ein beamteter Dienst berge, hier nicht bestehe. Auch könne das Amt eines Parlamentsrates ebenso erstrebenswert wie ein Ministerposten sein, so daß die Tätigkeit in einem Beratungsdienst dieser Form nicht als Durchgangsstadium zur Ministerialbürokratie begriffen werde[10].

Legt man einmal die oben aufgezeichnete Art der wissenschaftlichen Beratung in Form der Technologiefolgeabschätzung zugrunde[11], so ergeben sich bereits grundsätzliche Bedenken gegen einen aus Abgeordneten zusammengesetzten Fraktionsdienst. Ein aus Abgeordneten bestehender Fraktionsdienst könnte zwar politische Entscheidungen über die Priorität zu untersuchender Fragen treffen, darüber hinaus verlangt aber eine wissenschaftliche Beratung, selbst wenn man den Fraktionsdienst nur als Koordinator für extern durchgeführte Studien einsetzt, erhebliche gesellschafts-, wirtschafts- und naturwissenschaftliche Qualifikationen, um Fragestellungen präzisieren und Grundentscheidungen treffen zu können. Hier erscheint es sehr fraglich, ob selbst fachlich vorgebildete Abgeordnete diese Fähigkeit aufweisen, zumal sich die ohnehin stark belasteten Politiker vornehmlich darauf beschränken sollten, Politik zu betreiben[12]. *Odewald*[13] weist darüber hinaus zutreffend darauf hin, daß die Vermittlung objektiven Sachverstandes durch einen Fraktionsdienst auf Grund der Fraktionszugehörigkeit und der Bindung der für ein solches Amt in Frage kommenden Abgeordneten-Experten[14] an Interessenverbände kaum gewährleistet ist.

Zu diesen gegen die Funktionsfähigkeit eines Abgeordnetendienstes gerichteten Bedenken tritt die Kostenfrage. Die Tatsache, daß jede Fraktion ihren eigenen „Parlamentsrat“ für jedes Spezialgebiet bestellen müßte, gestaltet diese Art der Parlamentarierberatung als sehr aufwendig[15]. Ein Proporzverfahren der „Parlamentsräte“ nach der jeweiligen

[9] Die äußere Trennung und innere Selbständigkeit der Bundeslegislative und Bundesexekutive in der Bundesrepublik Deutschland, S. 124 f.

[10] *Waffenschmidt*, S. 124 f.

[11] *Waffenschmidt*, Die äußere Trennung und innere Selbständigkeit der Bundeslegislative und Bundesexekutive in der Bundesrepublik Deutschland, S. 124 f., konkretisiert die Funktion der von ihm vorgeschlagenen „Parlamentsräte“ nicht näher.

[12] *Odewald*, Parlamentarischer Hilfsdienst, S. 121.

[13] *Odewald*, S. 121.

[14] *Waffenschmidt*, Die äußere Trennung und innere Selbständigkeit der Bundeslegislative und Bundesexekutive in der Bundesrepublik Deutschland, S. 124 f.

[15] *Odewald*, Parlamentarischer Hilfsdienst, S. 121.

Stärke der Fraktion gewährleistete andererseits nicht die oben[16] als vornehmliches Ziel einer Parlamentarierberatung herausgestellte Verbesserung der Informationslage der parlamentarischen Opposition. Ein sich aus Abgeordneten zusammensetzender Fraktionsdienst erscheint somit der Aufgabe einer wissenschaftlichen Beratung des Parlaments nicht gewachsen[17].

Die gleichen Bedenken sprechen gegen die Form eines mit parlamentsexternen Experten besetzten Fraktionsdienst[18]. Neben die Zweifel an einer weitgehend objektiven Information der Abgeordneten und die Kosten einer derartigen Institution tritt hier vor allem noch der Umstand, daß das Angebot qualifizierter Fachleute nicht unerschöpflich ist[19]. *Kaiser*[20] meint dazu, daß „schon die Vermehrung und Vergrößerung von Sachverständigengremien die Gefahr der Niveausenkung (berge), da die Intelligenzreserven eines Volkes nicht unerschöpflich (seien)".

Die hinsichtlich der wissenschaftlichen Beratung des Parlaments durch einen Fraktionsdienst angeführten Einwände dürften gegenüber einem der Parlamentsverwaltung zugeordneten Beratungsgremien nicht in der Schärfe durchgreifen. Zumindest hinsichtlich der Kosten und der Personalfrage kann eine der Parlamentsverwaltung unterstellte Technologiebewertungsintitution rationeller gestaltet werden.

b) Die Einrichtung eines „Amtes zur Bewertung technologischer Entwicklungen beim Deutschen Bundestag" analog dem „Office of Technology Assessment" beim amerikanischen Kongreß

Als Modell einer in der Parlamentsverwaltung integrierten Beratungsstelle bietet sich ein dem amerikanischen „Office of Technology Assessment" nachgebildetes "Amt zur Bewertung technologischer Entwicklungen beim Deutschen Bundestag" an, wie es die CDU/CSU in ihrem Antrag vom 16. April 1973[21] vorschlug. Eine in dieser Form konzipierte wissenschaftliche Beratungsstelle würde die oben aufgeführten funktionellen Anforderungen in vollem Umfang erfüllen. Auf der anderen Seite erschwert aber die *unterschiedliche verfassungsmäßige Zuordnung* der obersten Staatsorgane in den USA und in der Bundesrepublik Deutschland die Institutionalisierung einer wissenschaftlichen Be-

[16] Siehe oben A IV, insbes. A IV 4.

[17] So im Ergebnis auch: *Odewald*, Parlamentarischer Hilfsdienst, S. 121.

[18] Die politischen Entscheidungen über Beratungsgegenstand und Grundvoraussetzungen könnten hier die Fraktionen selbst treffen.

[19] *Morkel*, Politik und Wissenschaft, S. 102.

[20] Sachverstand und Politik, in: Sachverstand und Politik in der Demokratie, S. 59, 73.

[21] *Deutscher Bundestag*, 7. Wahlperiode, Drucksache 7/468.

ratungsstelle beim Deutschen Bundestag in einer an die amerikanische Lösung angelehnten Organisationsform.

aa) Das politische Entscheidungsorgan

α) *Die Legitimierung der paritätischen Besetzung des „Technology-Assessment Board" durch das amerikanische Regierungssystem*

Im Gegensatz zum Grundgesetz der Bundesrepublik Deutschland führte die amerikanische Bundesverfassung von 1787 die Trennung der Gewalten stärker durch. Nach Art. 1 der amerikanischen Verfassung[22] stehen alle gesetzgeberischen Kompetenzen dem Kongreß zu, während die vollziehende Gewalt gemäß Art. 2 dem Präsidenten übertragen ist. Art. 3 der amerikanischen Verfassung bestimmt, daß die richterliche Gewalt das oberste Bundesgericht und die Gerichte ausüben, deren Einrichtung der Kongreß beschließt. Das Prinzip der Gewaltenteilung ist somit an keiner Stelle der amerikanischen Verfassung expressis verbis ausgesprochen, ein entsprechender Wille des Gesetzgebers geht aber aus den vorgenannten Artikeln der amerikanischen Verfassung eindeutig hervor[23].

Obgleich in konsequenter Durchführung des Gewaltenteilungsprinzips die amerikanische Verfassung dem Präsidenten kein dem Art. 76 Abs. 1 GG entsprechendes Gesetzesinitiativrecht einräumt[24], gibt sie ihm gleichwohl eine *beschränkte* Einflußnahme auf die Gesetzgebung[25], indem der Präsident von Zeit zu Zeit dem Kongreß über die Situation im Bund zu berichten und notwendige Maßnahmen zu empfehlen hat[26]. Gesetzesvorlagen indessen können ausschließlich aus der Mitte des Senats oder des Repräsentantenhauses eingebracht werden, wenngleich dieser Umstand den Präsidenten nicht hindert, mit Hilfe eines ihm nachstehenden Kongreßmitgliedes eine von der Bundesbürokratie ausgearbeitete Vorlage dem Kongreß zu unterbreiten[27]. Aber nach wie vor

[22] Zitiert nach: *Peaslee*, Constitutions of Nations, Volume III, S. 582 ff.

[23] *Rottschaefer*, Handbook of American Constitutional Law, S. 44 f.

[24] *Hamed*, Das Prinzip der Gewaltenteilung und die Beaufsichtigung der Regierung durch das Parlament, S. 97; *Fraenkel*, Das amerikanische Regierungssystem, S. 287.

[25] Vgl. Art. 2 Abschnitt 3, Satz 1 der amerikanischen Verfassung.

[26] Zwischen 1870 und 1940 überwog bei 20 % der verabschiedeten Gesetze der Einfluß der Exekutive, bei 30 % waren Präsident und Kongreß in gleichem Maße beteiligt und 10 % ließen sich auf den Einfluß privater Gruppen zurückführen. Nur 40 % der Gesetze wurden vornehmlich vom Kongreß beeinflußt. Vgl. *Odewald*, Parlamentarischer Hilfsdienst, S. 21, unter Hinweis auf: *Chamberlain*, The President, Congress and Legislation, S. 450, 453.

[27] Seit dem Jahre 1921 besteht eine gesetzliche Grundlage dafür, daß der Präsident einen Budgetvorschlag dem Kongreß unterbreiten kann. Diesem Vorschlagsrecht kommt aber keine verfassungsrechtliche Bedeutung etwa im Sinne des Art. 113 GG zu. Vgl. *Fraenkel*, Das amerikanische Regierungssystem, S. 287.

ist die Auffassung lebendig geblieben, daß im Prinzip die Ausarbeitung von Gesetzentwürfen dem Kongreß zusteht[28].

Da der amerikanische Präsident nicht von der Kongreßmehrheit gewählt und demzufolge die amerikanische Regierung von dem Vertrauen der Mehrheitspartei unabhängig ist, identifiziert sich die Kongreßmehrheit[29] nicht mit dem Präsidenten und seinem Kabinett[30]. Der Einfluß der Exekutive auf die Vorbereitung der Gesetzentwürfe ist zwar im Verlauf des 20. Jahrhunderts erheblich angestiegen, was jedoch nicht bedeutet, daß der Kongreß den vornehmlichen Anteil an der Erstellung der Gesetze zu nehmen aufgehört hätte. Gleichwohl ist nicht zu leugnen, daß die strenge Teilung der Gewalten durch die Einflußnahme des Präsidenten auf die Gesetzgebung und durch die Übertragung von staatlichen Hoheitsrechten auf unabhängige Kommissionen[31] seitens des Kongresses beeinträchtigt wurde[32]. Die das amerikanische Regierungssystem kennzeichnende *Rivalität der Gewaltenträger* blieb aber erhalten, zumal Gesetzgebungskörperschaft und Regierung nicht gleichermaßen von den beiden großen Parteien beeinflußt werden[33].

Ebenfalls ist die Ausübung parlamentarischer Kontrolle nicht der Prärogative der „Opposition" überlassen[34]. In der Tat sieht sich der gesamte Kongreß als Kontrollinstanz der Regierung[35].

---

[28] Eine Konsequenz dieser Tatsache zeigt sich z. B. darin, daß gewisse Gesetze nach den Kongreßmitgliedern benannt werden, die sie durch das Gesetzgebungsverfahren führten. Vgl. *Fraenkel*, S. 287.

[29] Soweit man diesen Begriff in der amerikanischen Verfassung überhaupt verwenden kann.

[30] *Fraenkel*, Das amerikanische Regierungssystem, S. 282.

[31] Sog. Independent — Regulatory Agencies. Vgl. hierzu: *Carstens*, Grundgedanken der amerikanischen Verfassung und ihre Verwirklichung, S. 80 ff.

[32] *Corwin-Small-Jayson*, Constitution of the United States, S. 9 f. (zitiert nach *Odewald*, Parlamentarischer Hilfsdienst, S. 22).

[33] *Odewald*, Parlamentarischer Hilfsdienst, S. 22. Dies begründet sich zum einen auf das Fehlen eines Tadelsvotums im amerikanischen Regierungssystem (*Fraenkel*, Das amerikanische Regierungssystem, S. 282) und zum anderen auf die plebiszitär demokratische Legitimierung des Präsidentenamtes (*Odewald*, S. 22). Hinzu kommt, daß die Wahlzeit für die Senatoren (6 Jahre) diesen eine starke Unabhängigkeit von der jeweiligen Partei ermöglicht und der Schwerpunkt des Parteilebens bei den einzelstaatlichen, ja sogar bei den örtlichen Parteiverbänden liegt, die den Einfluß des Präsidenten auf seine Partei begrenzen (*Fraenkel*, Das amerikanische Regierungssystem, S. 105). Die zeitweilige Kooperation der Demokraten des amerikanischen Südens mit den Republikanern (*Morstein-Marx*, Betrachtungen zum amerikanischen Parteiwesen, in: AÖR 79/269, 281) weist außerdem auf die kaum entwickelte Parteisoldidarität im amerikanischen Kongreß hin (*Loewenstein*, Staatspolitik und Verfassungsrecht in den Vereinigten Staaten 1955—1964, in: JÖR 13/1, 77 f.).

[34] *Fraenkel*, Das amerikanische Regierungssystem, S. 282, der auf die Bedenklichkeit der Anwendung des Begriffs „Opposition" im amerikanischen Regierungssystem hinweist.

[35] *Fraenkel*, S. 282.

Der Präsident vereinigt in seinem Amt die Funktion des Staatsoberhauptes und des Regierungschefs. Er übt die vollziehende Gewalt aus und vollzieht neben seiner Funktion als militärischer Oberbefehlshaber und seinen Aufgaben in der Außenpolitik[36] die Gesetze[37].

Diese aus der Funktionsverteilung folgende Unabhängigkeit der Gewaltenträger findet ihre Sicherung in weiteren Verfassungsvorschriften: Das Volk wählt unmittelbar[38] den Präsidenten auf vier Jahre[39]. Zudem steht der Präsident zu den Leitern seiner Ministerien in einem stark übergeordneten Verhältnis[40]. Er gehört nicht dem Kongreß an, was zur Folge hat, daß der Präsident dem Kongreß auch nicht verantwortlich ist. Dies bestärkt sich in der Tatsache, daß außer in Form der Präsidentenanklage[41] durch das Repräsentantenhaus der Kongreß einen Sturz des Präsidenten nicht erreichen kann.

Der Stärkung des Präsidentenamtes steht gegenüber, daß der Präsident an den Plenar- und Ausschußsitzungen nicht teilnehmen[42] sowie den Kongreß nicht auflösen kann. Im personellen Bereich wird die Gewaltenteilung durch ein Inkompatibilitätsgebot zwischen Präsidialamt und Mitgliedschaft im Kongreß gewährleistet[43].

Die konsequente Teilung der Gewalten im amerikanischen Regierungssystem findet jedoch eine Modifizierung durch die Schaffung gegenseitiger Einflußmöglichkeiten[44]. Diese sog. *„Checks and Balances“* zwischen den Gewalten zwingen ihre Träger, unter bestimmten Voraussetzungen zwecks Formierung des Staatswillens zu kooperieren, indem z. B. dem Präsidenten ein- allerdings nur suspensives[45] — Vetorecht gegen die vom Kongreß verabschiedeten Gesetze eingeräumt wird[46] oder indem der Präsident ohne Zweidrittelmehrheit des Senats völkerrechtliche Verträge abzuschließen oder bestimmte Beamtenkategorien zu ernennen nicht in der Lage ist[47].

---

36 Vgl. Art. 2 Abschnitt 2, Absatz 1 der amerikanischen Verfassung.

37 Vgl. Art. 2 Abschnitt 2, Absatz 2 der amerikanischen Verfassung.

38 *Loewenstein*, Der Staatspräsident, in: AÖR 75/129, 135.

39 Vgl. Art. 2 Abschnitt 1 Satz 2 der amerikanischen Verfassung.

40 *Hamed*, Das Prinzip der Gewaltenteilung und die Beaufsichtigung der Regierung durch das Parlament, S. 96.

41 Dieses sog. Impeachmentverfahren wurde bisher nur einmal und ohne Erfolg gegen einen Präsidenten durchgeführt. Vgl. *Carstens*, Grundgedanke der amerikanischen Verfassung und ihre Verwirklichung, S. 59.

42 *Fraenkel*, Das amerikanische Regierungssystem, S. 287.

43 Art. 1 Abschnitt 6 Absatz 2 der amerikanischen Verfassung. Vgl. dazu: *Fraenkel*, Das amerikanische Regierungssystem, S. 285.

44 *Odewald*, Parlamentarischer Hilfsdienst, S. 20.

45 *Fraenkel*, Das amerikanische Regierungssystem, S. 280.

46 Vgl. dazu: *Corwin/Small/Jayson*, Constitution of the United States, S. 136 (zitiert nach *Odewald*, Parlamentarischer Hilfsdienst, S. 20).

47 Art. 2 Abschnitt 2 Satz 1 der amerikanischen Verfassung. Ein noch stärkeres Mittel von „Checks and Balances“ als das Budgetrecht der Legislative

Die Gegenüberstellung der Funktionen von Kongreß und Präsident zeigt, daß in den USA ein dualistisches Regierungssystem mit einer scharfen Trennung von Exekutive und Legislative besteht. Konsequenterweise sind dann auch im „Technology-Assessment Board" des „Office of Technology Assessment" Mehrheits- und Minderheitspartei des amerikanischen Kongresses *paritätisch* vertreten[48]. Man geht in den USA auf Grund der streng durchgeführten Gewaltenteilung davon aus, daß die paritätische Besetzung des „Technology-Assessment Board" auf der einen Seite eine *einseitige* politische Einflußnahme verhindert, auf der anderen Seite aber wegen der nicht so engen Verknüpfung von Legislative und Exekutive *politisch brisante* technologische Projekte durch das „Office of Technology Assessment" begutachtet werden.

β) *Paritätische Besetzung des politischen Entscheidungsorgans nach amerikanischem Vorbild*

Der maßgebliche Einwand gegen die Übertragbarkeit des amerikanischen Modells auf bundesrepublikanische Verhältnisse betrifft die Möglichkeit, daß bei paritätischer Besetzung eines deutschen „Office of Technology Assessment" durch Mehrheits- und Oppositionsparteien des Bundestages politisch brisante Regierungsprojekte nicht untersucht werden, da Regierungskoalition und Exekutive in einer parlamentarischen Demokratie eng miteinander verknüpft sind. Eine paritätische Besetzung eines „Amtes zur Bewertung technologischer Entwicklungen" durch Regierungsmehrheit und parlamentarische Opposition birgt daher die *Gefahr einer scharfen Polarisierung* zwischen den Mitgliedern aus dem Regierungs- und Oppositionslager und kann im Ergebnis dazu führen, daß man in brisanten Fragen keine Einigung erzielt und damit eine Untersuchung des in Frage stehenden Projekts unterbleibt. Lediglich in den weniger strittigen — und damit weniger wichtigen — Problemen wird man sich auf die Durchführung entsprechender Untersuchungen einigen können, oder man beschränkt von vornherein die Untersuchungen auf einen im Wege gegenseitigen Nachgebens erlangten Themenkatalog[49].

---

und als die Reibungen zwischen Senat und Repräsentantenhaus stellt das richterliche Prüfungsrecht dar. Vgl. *Loewenstein*, Vom Wesen der amerikanischen Verfassung, S. 16. Zum Wesen der Balance innerhalb der Legislative, vgl. C. *Schmitt*, Die geistesgeschichtliche Lage des heutigen Parlamentarismus, S. 56 f. Zum richterlichen Prüfungsrecht vgl. *Johnsen*, American Government, S. 53 ff.

[48] Vgl. § 4 a 1, 2 Public Law 92—484, 92nd Congress, H. R. 10243, vom 13. Oktober 1972.

[49] Zu diesen Bedenken vergl.: *Paschen u. a.*, Gutachten zum Problemkreis Technologiefolgenabschätzung (Technology-Assessment), S. 217; *Paschen* in seiner schriftlichen Stellungnahme zu den Fragen an die deutschen Sachverständigen, öffentliche Informationssitzung des Ausschusses für Forschung und Technologie und für das Post- und Fernmeldewesen am 5. 12. 1973, S. 26.

Einen Ausweg bietet eine Modifizierung der eben geschilderten Besetzungsmodalität in der Form, daß dann, wenn das paritätisch besetzte Befehlsorgan über bedeutsame Fragen zu keiner Entscheidung gelangt, die Rivalen in die Lage versetzt werden, *jeweils* entsprechende Untersuchungen in Auftrag zu geben[50]. Damit dieses Recht — das im Ergebnis ein im oben genannten Sinne erwünschtes Minderheitsrecht der parlamentarischen Opposition darstellt[51] — durch die verstärkte Vergabe von Studien und damit Schmälerung des Budgets seitens der Regierungspartei(en) nicht unterlaufen wird, müßte allerdings beiden Seiten ein *bestimmter Anteil an Geldmitteln* für die Vergabe von Studien zur Verfügung stehen[52]. Diese Geldmittel sollten aber dann so bemessen sein, daß ein Anlaß zur Einigung auch weiterhin besteht.

Ein weiterer Einwand, der auch gegen die paritätische Besetzung des „Technology-Assessment Board" vorgetragen wurde[53], betrifft den Umstand, daß durch eine Parität die *Verteilung der Verantwortung* im Parlament nicht offen zutage trete. Daher müsse die parlamentarische Mehrheit, die in der Volksvertretung die Verantwortung trägt, auch im Rahmen einer wissenschaftlichen Beratungsstelle des Parlaments entsprechend ihren Absichten handeln können.

Dieser Einwand läßt unberücksichtigt, daß im Deutschen Bundestag Entscheidungen für oder gegen die von einer Technologiebewertungsstelle begutachtete Frage entsprechend den Mehrheitsverhältnissen getroffen werden, da das Beratungsorgan lediglich *Hilfsorgan* des Parlaments ist und *keine verbindliche Entscheidungen* treffen kann[54]. Insofern ist ein Widerspruch zwischen einer paritätischen Besetzung des politischen Entscheidungsgremiums einer wissenschaftlichen Beratungsstelle des Parlaments und der in der Volkvertretung die Verantwortung tragenden Mehrheit nicht ersichtlich[55].

---

[50] *Paschen* in seiner schriftlichen Stellungnahme zu den Fragen an die deutschen Sachverständigen, öffentliche Informationssitzung des Ausschusses für Forschung und Technologie und für das Post- und Fernmeldewesen, am 5. 12. 1973, S. 27.

[51] Vgl. oben A IV, insbes. A IV 4.

[52] *Paschen u. a.* im Gutachten zum Problemkreis Technologiefolgenabschätzung (Technology-Assessment), S. 217.

[53] Statement of Hon. J. Brooks, *Hearings* before the Subcommittee on Computer Services of the Committee on Rules and Administration, US Senate, 92nd Congress, 2nd Session, March 2, 1972, US Government Printing Office, S. 62.

[54] Mit diesem Argument wurde auch der von Hon. J. Brooks gegen eine paritätische Besetzung des „Technology-Assessment Board" erhobene Einwand widerlegt. Vgl. Statement of Hon. J. W. Davis, *Hearings* before the Subcommittee on Computer Services of the Committee on Rules and Administration, US Senate, 92nd Congress, 2nd Session, March 2, 1972, US Government Printing Office, S. 57 ff.

[55] So auch: *Paschen u. a.* im Gutachten zum Problemkreis Technologiefolgenabschäzung (Technology-Assessment), S. 218; vgl. auch z. B. § 74 a Abs. 2

γ) *Besetzung des politischen Entscheidungsorgans entsprechend den Mehrheitsverhältnissen im Deutschen Bundestag*

In Anbetracht der materiellen Verlagerung parlamentarischer Aufgaben auf die Opposition führte ein Zurückgreifen auf die jeweils herrschenden parlamentarischen Mehrheitsverhältnisse bei der personellen Besetzung des politischen Entscheidungsorgans mit Sicherheit zu keiner verstärkten Kontroll- und Initiativtätigkeit des Deutschen Bundestages. In der Regel wird die parlamentarische Mehrheit, die dann auch die Mehrheit in dem Befehlsorgan des Amtes stellt, nicht allein auf die Auswahl der zu untersuchenden Probleme, sondern auch auf die grundlegenden Annahmen und Wertungen, unter denen die betreffenden Gutachten erstellt werden sollen[56], bestimmenden Einfluß nehmen und diese Grundentscheidungen werden aller Voraussicht nach in Übereinstimmung mit der Regierungsmeinung stehen[57].

Der Möglichkeit einer einseitigen Einflußnahme der Mehrheitspartei auf die Arbeitsweise des Amtes bei einer den Mehrheitsverhältnissen im Bundestag entsprechenden Besetzung des politischen Entscheidungsorgans könnte nur dann entgegengetreten werden, wenn man der parlamentarischen Minderheit, d. h. also der Opposition, das Recht zubilligte, daß auch *Minoritätsentscheidungen* gegen den Willen der Mehrheit einer Studie *erzwingen* können[58]. Dieser Modus begünstigte zugleich die Ausgestaltung der *Informationsrechte als Minderheitsrecht*[59]. Daß ein solcher Minderheitsantrag dem deutschen Verfassungsrecht nicht fremd ist, zeigt Art. 44 Abs. 1 GG, an den sich das hier vorgeschlagene Verfahren anlehnt. Die Mehrheit der Mitglieder des politischen Entscheidungsgremiums ist verpflichtet, einem entsprechenden Antrag der Minderheitspartei stattzugeben, und das Befehlsorgan wäre sowohl hinsichtlich des Untersuchungsgegenstandes als auch hinsichtlich der Grundentscheidungen an den Minderheitsantrag gebunden[60]. Anders als bei der Minderheitsenquete dürfte der parlamentarischen Mehrheit im politischen Entscheidungsorgan der wissenschaftlichen Beratungsstelle aber

---

Satz 1 GeschO BT, der eine Besetzung von Enquete Kommissionen entsprechend der Fraktionsstärke nicht voraussetzt (§ 12 GeschO BT).

[56] Siehe dazu oben C I.

[57] *Paschen* in seiner schriftlichen Stellungnahme zu den Fragen an die deutschen Sachverständigen öffentliche Informationssitzung des Ausschusses für Forschung und Technologie und für das Post- und Fernmeldewesen am 5. 12. 1973, S. 26.

[58] So auch: *Paschen u. a.* im Gutachten zum Problemkreis Technologiefolgenabschätzung (Technology-Assessment), S. 218.

[59] Vgl. *Deutscher Bundestag*, 6. Wahlperiode, Drucksache VI 3826, S. 187 und oben A IV, insbes. A IV 4.

[60] Vgl. für Art. 44 Abs. 1 GG: *Maunz* in MDH Art. 44, Rdn. 36; *Lechner/Hülshoff*, Parlament und Regierung, S. 214.

nicht das Recht eingeräumt werden, den Antrag klarer zu fassen[61] oder gar zu ergänzen, selbst wenn das Untersuchungsthema im Kern nicht verändert würde[62]. Erst recht wäre eine Begrenzung des Beratungsthemas abzulehnen[63]. Zusammenfassend ist zu sagen, daß *jede Einflußnahme der parlamentarischen Mehrheit* auf den Minderheitsantrag zu verhindern ist[64].

Durch die Einrichtung eines derartigen Minderheitsrechts wird gewährleistet, daß auch solche Studien durchgeführt werden, die von der Mehrheitspartei mit Rücksicht auf die Regierung verworfen werden, die aber für die parlamentarische Arbeit gleichwohl relevant sein können. Darüber hinaus würde die Opposition mit Hilfe des ihr zur Verfügung stehenden Budgets in die Lage versetzt, auch *„Gegenstudien"* durchführen zu lassen, wenn sie ihre Aspekte bei einer von der Regierungsmehrheit veranlaßten Studie nicht berücksichtigt sieht[65].

δ) *Paritätische Besetzung des politischen Entscheidungsorgans mit Mitgliedern des Bundestages und Bundesrates*

Im „Technology-Assessment Board" des amerikanischen „Office of Technology Assessment" sind sowohl Vertreter des Senates, als auch des Repräsentantenhauses in gleichem Maße vertreten[66]. Das führt zu der Frage, ob nicht auch *Mitglieder des Bundesrates* in dem politischen Entscheidungsgremium eines „Amtes zur Bewertung technologischer Entwicklungen beim Deutschen Bundestag" vertreten sein müssen[67].

Die paritätische Beteiligung des Senates im „Technology-Assessment Board" und damit zugleich die Überflüssigkeit einer Berücksichtigung des Bundesrates bei der personellen Besetzung des politischen Entschei-

---

[61] *Lammers*, Parlamentarische Untersuchungsausschüsse, in: HdbDStR Bd. II, S. 454, 465, StGH RGZ 116/Anhang S. 45, 53, 55.

[62] Vgl. OVG Lüneburg in: DVBl 1954/574, 577 f., StGH RGZ 116/Anhang S. 45, 53, 55.

[63] *Laforet*, Die Scheidung der Gewalten nach dem Bonner Grundgesetz, in: Festschrift für Ebers, S. 53, 63.

[64] Ähnlich die *Enquete Kommission Verfassungsreform* (Zwischenbericht, in: Zur Sache 1 [1973]/S. 26) zur Frage der Minderheitsrechte im Rahmen eines Untersuchungsausschusses: „Wenn es auch zur Logik des parlamentarischen Regierungssytems gehört, daß die gewählte Mehrheit sich auch in den Gliederungen des Parlaments durchsetzt, so müssen doch im Bereich der Sachaufklärung ausreichende Befugnisse der Minderheit vorhanden sein."

[65] *Paschen u. a.* im Gutachten zum Problemkreis Technologiefolgenabschätzung (Technology-Assessment), S. 216.

[66] Vgl. § 4 a (1), (2) des Gesetzes über die Einrichtung des „Office of Technology Assessment", Public Law 92—484, 92nd Congress, H. R. 10243, October 13, 1972.

[67] Daß auch der Bundesrat in gewissem Umfang als Hilfsorgan des Deutschen Bundestages tätig werden kann, deutete bereits *Kleinrahm*, Gesetzgebungshilfsdienst für deutsche Parlamente, in: AÖR 79/137, 157, an.

dungsorgans einer wissenschaftlichen Beratungsstelle beim Deutchen Bundestag erklärt sich aus der unterschiedlichen verfassungsrechtlichen Stellung des Senats in der amerikanischen Verfassung einerseits und des Bundesrates im Bonner Grundgesetz andererseits[68]: Der Senat hat im Gesetzgebungsverfahren eine dem Repräsentantenhaus *ebenbürtige* Stellung[69], wohingegen der Bundesrat nur bei der Verabschiedung von Zustimmungsgesetzen gleichberechtigt mitwirkt[70]. Darüber hinaus sind die Senatoren auf einzelstaatlicher Ebene gewählte Repräsentanten der einzelstaatlichen Wählerschaft mit *freiem Mandat*[71], während die Bundesratsmitglieder von den Regierungen der Bundesländer bestellte und abhängige Vertreter mit *gebundenem Mandat* sind[72], die, da sie nur die von den Landesregierungen erarbeiteten Ergebnisse vertreten, einer Beratung durch eine wissenschaftliche Beratungsstelle nicht bedürfen[73].

bb) Die Verwaltung des Amtes

Dem politischen Entscheidungsorgan des „Amtes zur Bewertung technologischer Entwicklungen beim Deutschen Bundestag" ist ein Verwaltungsorgan zur Seite zu stellen, das nicht nur die anfallenden administrativen Aufgaben abzuwickeln hat, sondern zu dessen Funktion es z. B. auch gehörte, die Eignung von Instituten für die Durchführung externer Studien zu prüfen, sie mit der Erstellung von Studien zu betrauen sowie den Studiengang kritisch zu begleiten[74]. Dieses Verwaltungsorgan sollte aber so klein wie möglich gehalten werden und mit entsprechenden Verwaltungsfachleuten besetzt sein. Gegebenenfalls könnte auch eine Verbindung mit dem derzeit bestehenden Wissenschaftlichen Dienst des Deutschen Bundestages[75] hergestellt werden.

Problematisch ist die Stellung des Leiters des Exekutivorgans einer wissenschaftlichen Beratungsstelle beim Deutschen Bundestag. Hier muß einerseits sichergestellt werden, daß die Rechte des Parlaments gewahrt bleiben, andererseits aber eine effiziente Arbeit des Verwaltungsorgans möglich ist[76].

---

[68] So auch: *Paschen u. a.* im Gutachten zum Problemkreis Technologiefolgenabschätzung (Technology-Assessment), S. 215.

[69] *Fraenkel*, Das amerikanische Regierungssystem, S. 129 f.

[70] *Maunz* in MDH, Art. 50, Rdn. 16.

[71] *Fraenkel*, Das amerikanische Regierungssystem, S. 130.

[72] *Fraenkel*, S. 130; vgl. Art. 51 GG.

[73] *Paschen u. a.* im Gutachten zum Problemkreis Technologiefolgenabschätzung (Technology Assessment), S. 215; *Schramm*, Parlamentsinterne Gesetzgebungshilfe, S. 124; *Kruse*, Hilfsdienst für die Parlamente, in: Handbuch der Interparlamentarischen Arbeitsgemeinschaft, S. 20/1, 20/21.

[74] *Paschen* in seiner schriftlichen Stellungnahme zu den Fragen an die deutschen Sachverständigen, öffentliche Informationssitzung des Ausschusses für Forschung und Technologie und für das Post- und Fernmeldewesen am 5. 12. 1973, S. 27.

[75] Zum Wissenschaftlichen Dienst des Deutschen Bundestages siehe A II 1 a.

Dieser Punkt wurde auch in der Diskussion um die Einrichtung des amerikanischen „Office of Technology Assessment“ eingehend erörtert. Man war vor allem darüber geteilter Meinung, ob der „Direktor“ des Amtes Mitglied des politischen Entscheidungsgremiums des „Office of Technology Assessment“ sein sollte und wie seine Rechte gegenüber den übrigen Mitarbeitern des Amtes auszugestalten seien. Einerseits war man bestrebt, dem „Direktor“ eine *rechtlich schwache Position* einzuräumen, indem er nicht Mitglied des politischen Entscheidungsorgans sein und bei seiner Arbeit nur einen geringen Ermessensspielraum haben sollte. Man befürchtete, daß anderenfalls das „Office of Technology Assessment“ zu selbständig und der Kontrolle des Kongresses entzogen würde[77].

Demgegenüber wurde geltend gemacht, daß ein befähigter Leiter des Exekutivorgans nicht für die Tätigkeit eines *„Bürovorstehers“* zu finden sein dürfte. Außerdem sei das mit Parlamentariern besetzte politische Entscheidungsorgan, die nicht ausschließlich im Rahmen des „Office of Technology Assessment“ tätig würden, kaum in der Lage, die Geschäfte des Amtes kontinuierlich zu führen, so daß man auch insoweit eines mit entsprechenden Rechten versehenen Leiters eines Exekutivorgangs bedürfe[78]. Schließlich einigte man sich darauf, daß der „Direktor“ nicht stimmberechtigtes Mitglied des politischen Entscheidungsgremiums sei und nur im Benehmen mit diesem tätig werden könne.

Die Leistungsfähigkeit des Verwaltungsorgans wird vornehmlich von der Qualifikation seines Leiters abhängen. Er muß in der Lage sein, die Verbindung zu Bundesbehörden und externen Auftragnehmern herzustellen und zu erhalten. Neben der Organisation des Verwaltungsorgans innerhalb der vom politischen Entscheidungsgremium vorgegebenen Grenzen muß er dafür Sorge tragen, daß die laufenden Funktionen der wissenschaftlichen Beratungsstelle beim Deutschen Bundestag erfüllt werden[79]. Um dem politischen Entscheidungsgremium beratend zur

---

[76] *Paschen u. a.* im Gutachten zum Problemkreis Technologiefolgenabschätzung (Technology-Assessment), S. 227.

[77] Statement of Hon. Gordon Allott, *Hearings* before the Subcommittee on Computer Services of the Committee on Rules and Administration, US Senate, 92nd Congress, 2nd Session, March 2, 1972, US Government Printing Office, S. 53, 55; *Paschen u. a.* im Gutachten zum Problemkreis Technologiefolgenabschätzung, S. 227 m. w. N.

[78] Statement of Hon. John Davis, *Hearings* before the Subcommittee on Computer Services of the Committee on Rules and Administration, US Senate 92nd Congress, 2nd Session, March 2, 1972, US Government Printing Office, S. 59 f.; Statement of Hon. James Symington, *Hearings* before the Subcommittee on Computer Services of the Committee on Rules and Administration, US Senate, 92nd Congress, 2nd Session, March 2, 1972, US Goverment Printing Office, S. 67 f.

[79] Vgl. dazu im einzelnen: *Paschen u. a.* im Gutachten zum Problemkreis Technologiefolgenabschätzung (Technology-Assessment), S. 227.

Seite stehen zu können, ist dem Leiter des Verwaltungsorgans die rechtliche Möglichkeit einzuräumen, an den Sitzungen des politischen Entscheidungsgremiums teilnehmen zu dürfen und vor Beschlüssen über die Vergabe von Studienaufträgen gehört zu werden. Ob der Leiter des Verwaltungsorgans nicht stimmberechtigtes Mitglied des politischen Entscheidungsgremiums wird, ist hingegen irrelevant, solange die oben bezeichneten Rechte in anderer Weise gesichert werden[80].

cc) Das Wissenschaftlergremium

Zur Identifizierung politisch relevanter wissenschaftlicher Probleme, zur Präzisierung von Aufgabenstellungen und zur Beurteilung von Studienergebnissen müßte dem politischen Entscheidungsorgan schließlich ein dem „Technology Assessment Advisory Council" des „Office of Technology Assessment" vergleichbares Gremium beigeordnet werden. Aus dieser Funktion heraus ergibt sich zugleich eine *interdisziplinäre* Besetzung des Organs durch Vertreter aller wissenschaftlichen Fachbereiche.

c) Die Organisation einer Technologiebewertungseinrichtung beim Deutschen Bundestag entsprechend der britischen „Programmes Analysis Unit" (PAU)

Bei der Organisation einer wissenschaftlichen Beratungsstelle entsprechend der britischen „Programmes Analysis Unit" (PAU) ist zunächst zu berücksichtigen, daß es sich bei diesem Modell um eine spezielle „in-house" (Heim-)Analysekapazität der britischen Exekutive handelt. Das heißt, daß PAU auf Anweisung eines bestimmten Ministeriums Methoden und Techniken der Bewertung von Forschungs- und Entwicklungsprogrammen selbst überprüft. PAU kann daher sicher nicht als Beispiel für die Einrichtung einer Beratungskapazität beim Deutschen Bundestag dienen[81].

Von der Fraktion der FDP wurde PAU denn auch lediglich als „Orientierungshilfe" für die Einrichtung einer wissenschaftlichen Beratungsstelle bezeichnet[82]. Dieses Modell erfordert nach Ansicht der FDP nur ein kleines Organisationsbüro, das an das Ausschußsekretariat des „Ausschusses für Forschung und Technologie" oder an den Wisenschaftlichen Dienst des Deutschen Bundestages angebunden werden könne. Aus den in der Bundesrepublik verfügbaren Kapazitäten könnten dann

---

[80] *Paschen u. a.*, S. 227.

[81] *Paschen* in seiner schriftlichen Stellungnahme zu den Fragen an die deutschen Sachverständigen, öffentliche Informationssitzung des Ausschusses für Forschung und Technologie und für das Post- und Fernmeldewesen am 5. 12. 1973, S. 31.

[82] So der Abg. Hoffie (FDP) im *Kurzprotokoll* der 10. Sitzung des Ausschusses für Forschung und Technologie und für das Post- und Fernmeldewesen, S. 15.

im Bedarfsfall „Units“ eingesetzt werden, die ohne weitere Vergabe von Gutachten die Beratungstätigkeit wahrnehmen[83].

Das Essentielle dieses Vorschlags liegt somit in der Einrichtung von *externen ad-hoc Gruppenstäben*, die in eigener Verantwortung Studien durchführen, wobei die erforderliche Vorbereitungs-, Koordinierungs- und Kontrollaufgabe von einem permanenten „Organisationsbüro“ erfüllt wird. Die Schwierigkeit in der Bewältigung der wissenschaftlichen Beratung des Deutschen Bundestages durch ad-hoc Gruppenstäbe besteht vor allem in der Lösung der Frage, von wem diese Gruppenstäbe ihre Untersuchungsaufträge erhalten, d. h. von wem sie eingesetzt werden. Als Auftraggeber kommen einmal der Bundestag, die Fraktionen, die Ausschüsse oder auch ein besonders einzurichtendes Parlamentariergremium in Frage.

aa) Der Bundestag als Auftraggeber

Wenn die Vergabe eines Studienauftrags von einem parlamentarischen Mehrheitsbeschluß abhängig gemacht wird, ist es angesichts der personellen Verpflechtung von Bundestagsmehrheit und Regierung fraglich, ob es tatsächlich zu einer verstärkten Kontrolle und Initiative durch das Parlament kommen wird. Die Mehrheit im Parlament wird nicht nur bestimmenden Einfluß auf die Auswahl der zu untersuchenden Themen nehmen, sondern auch auf die personelle Besetzung der jeweiligen Forschungsteams. Daß bei diesen Entscheidungen nach aller Erfahrung eine Konfrontation mit der Regierung zu vermeiden gesucht wird, bedarf keiner besonderen Erwähnung, sondern folgt bereits aus der Struktur unseres parlamentarischen Regierungssystems. Dieser Gefahr könnte man wiederum dadurch begegnen, daß man für die Beauftragung eines ad-hoc-Gremiums mit einer bestimmten Studienaufgabe ein Minderheitsvotum unter Heranziehung der Grundsätze der Minderheitsenquete in Art. 44 Abs. 1 GG ausreichend sein läßt.

Gleichwohl bleibt bei einer derartigen organisatorischen Lösung der wissenschaftlichen Beratung des Parlaments die Frage der Problemauffindung und -präzisierung, also die Aufgabe, die beim amerikanischen „Office of Technology Assessment“ dem „Technology Assessment Advisory Council“ obliegt, unbeantwortet. Gerade aber das Aufspüren von Problemen und die Präzisierung von Fragestellungen ist für die Effek-

---

[83] So der Abg. Hoffie (FDP) im *Kurzprotokoll* der 10. Sitzung des Ausschusses für Forschung und Technologie und für das Post- und Fernmeldewesen, S. 15; siehe auch: Protokoll der Beratung des Antrags betr. Amt zur Bewertung technologischer Entwicklungen beim Deutschen Bundestag, Deutscher Bundestag, 7. Wahlperiode, 34. Sitzung am 18. 5. 1974, S. 1882; *Dierkes* in seiner schriftlichen Stellungnahme zu den Fragen an die deutschen Sachverständigen, öffentliche Informationssitzung des Ausschusses für Forschung und Technologie und für das Post- und Fernmeldewesen am 5. 12. 1973, S. 8.

tivität und Kontinuität der Beratungstätigkeit von Bedeutung. Im Ergebnis birgt diese Organisationsform eine der heute üblichen Bestellung von Experten zu einzelnen Fragen ähnliche Lösung, die — wie oben[84] gezeigt wurde — das Parlament zu stärken nicht in der Lage ist[85].

bb) Die Bundestagsfraktionen als Auftraggeber

Die Einsetzung von ad-hoc Gruppenstäben sowie deren Betrauung mit bestimmten Untersuchungsthemen von seiten der Bundestagsfraktionen her soll hier nur der Vollständigkeit halber aufgeführt werden. Faktisch kommt diese organisatorische Lösung der Etablierung eines Fraktionsdienstes gleich, der oben bereits als unpraktikabel und unwirtschaftlich abgelehnt wurde[86].

cc) Die Bundestagsausschüsse als Auftraggeber

Die Einsetzung und Beauftragung von ad-hoc Gruppenstäben durch die Bundestagsausschüsse wäre dergestalt denkbar, daß mehrere, von der Materie her verwandte Ausschüsse jeweils ein gemeinsames Team erhalten, das für die Ausschüsse je nach Bedarf tätig zu werden hätte[87]. Gegen diese Organisationsmöglichkeit wandte sich *Pikart*[88] mit der Argumentation, die einzelnen Ausschüsse könnten aus falschen Gleichheits- oder Prestigegründen unverhältnismäßig hohe personelle Anforderungen erheben, außerdem das Ziel des Bundestages, die Zahl der Ausschüsse abzubauen, in Frage stellen und so zu einer „Zementierung" der Ausschüsse führen. Diese Konsequenz wurde von *Schramm*[89] und ihm folgend *Odewald*[90] verneint, indem sie vor allem die Flexibilität von Gruppenstäben und die in jeder Legislaturperiode jeweils unterschiedliche Zahl der Ausschüsse hervorgehoben.

Man mag diesen Streit hier unentschieden lassen. In der Tat aber würde die organisatorische Angliederung von Gruppenstäben an die Bundestagsausschüsse die Nachteile eines Fraktionsdienstes mit den Nachteilen, die die Beauftragung der Gruppenstäbe durch den Bundestag mit sich brächte, verbinden: Einerseits käme man zu einer Summierung der Kosten und des Personalaufwandes, zum anderen ginge auch diese Organisationsmöglichkeit über die heute übliche Form der Expertenbestellung nicht hinaus. Da die entsprechend den Mehrheitsverhält-

---

[84] Siehe oben A III 2.

[85] *Deutscher Bundestag*, 6. Wahlperiode, Drucksache VI 3826, S. 171 unter Hinweis auf *Dichgans*, Das Unbehagen in der Bundesrepublik, S. 112 ff.

[86] Vgl. oben C II, 1., a).

[87] Siehe: *Pikart*, Probleme der deutschen Parlamentspraxis, in: ZfPol 1962/201, 208; *Schramm*, Parlamentsinterne Gesetzgebungshilfe, S. 156 f.

[88] Probleme der deutschen Parlamentspraxis, in: ZfPol 1962/201, 208.

[89] Parlamentsinterne Gesetzgebungshilfe, S. 157.

[90] Parlamentarischer Hilfsdienst, S. 123.

nissen im Bundestag besetzten Ausschüsse (§ 60 Abs. 1 Satz 2 i. V. m. § 12 GeschO BT) in der Regel durch Mehrheitsbeschluß über die Einsetzung eines Gruppenstabes zu entscheiden hätten (vgl. § 73 Abs. 3 Satz 2 GeschO BT), könnte eine einseitige Unterstützung der Regierungspolitik nur durch ein Minderheitsvotum vermieden werden. Offen bleibt aber dann noch die Frage der Problemauffindung und -präzisierung. Auf Grund dieser Nachteile wäre eine permanente und effektive Beratung des Deutschen Bundestages nicht gewährleistet.

dd) Die Einrichtung eines vom Bundestag bestellten Parlamentariergremiums als Auftraggeber

Schließlich könnte man die Einrichtung eines selbständigen Parlamentariergremiums in Erwägung ziehen, das über Einsetzung und Beauftragung entsprechender Gruppenstäbe zu befinden hat. Diese Organisationsform wirft zum einen die Frage der personellen Besetzung des Gremiums mit Parlamentariern auf, die insofern gleich der ist, wie sie oben bei der Besetzung des politischen Entscheidungsgremiums eines „Amtes zur Bewertung technologischer Entwicklungen beim Deutschen Bundestag" erörtert wurde[91]. Darüber hinaus bliebe ebenfalls die Frage der Problemauffindung ungelöst. Mit anderen Worten, man müßte zusätzlich ein dem „Technology Assessment Advisory Council" beim amerikanischen „Office of Technology Assessment" entsprechendes Gremium einrichten. Damit aber läuft diese Organisationsform darauf hinaus, daß eine Art „Amt zur Bewertung technologischer Entwicklungen beim Deutschen Bundestag" eingerichtet wird.

2. Die Organisation einer Technologiebewertungseinrichtung in Form einer dem Deutschen Bundestag nachgeordneten Behörde

Die Diskussion einer Technologiebewertungsstelle in Form einer dem Deutschen Bundestag nachgeordneten Behörde richtet sich vor allem auf zwei Fragenkomplexe: Der eine betrifft die Struktur der Behörde an sich sowie ihre Aufgaben und Arbeitsweise, der zweite bezieht sich auf die bei der Organisation einer Behörde verstärkt auftretende Frage der Aufsicht. Die folgenden Erörterungen sollen daher auch von dieser Unterscheidung ausgehen.

a) Struktur, Aufgaben und Arbeitsweise der Behörde

Bei der Strukturierung einer dem Bundestag nachgeordneten Behörde läßt sich auf die bei der Exekutive übliche Organisation zurückgreifen. Die Behörde wäre in einzelne Sachbereiche zu untergliedern[92],

[91] Vgl. oben C II, 1., b), aa), β) und γ).
[92] Z. B. Technik, Gesundheit, Energie, Wirtschaft etc.).

die von entsprechend vorgebildeten Sachbearbeitern bekleidet würden. Insofern erfordert auch die Organisationsform einer Behörde eine interdisziplinäre Besetzung. Die Spitze der Behörde stellte ein Behördenleiter, der neben der Wahrnehmung der amtsinternen Aufsicht administrative und koordinierende Aufgaben wahrzunehmen hätte. Der Aufgabenkreis der Behörde könnte sowohl die Erstellung eigener Studien und Gutachten als auch die Vergabe von Studienaufträgen an externe Institute umfassen, falls die behördeneigenen Mittel für die Erfüllung der betreffenden Aufgabe nicht ausreichen.

Schwierigkeiten bei der Erfüllung einer wissenschaftlichen Beratung des Parlaments mittels einer dem Bundestag nachgeordneten Behörde ergeben sich aber bereits bei der Beauftragung der Behörde mit entsprechenden Studienaufträgen durch das Parlament. Die Befassung der Behörde mit einem bestimmten Thema durch einen Mehrheitsbeschluß des Bundestages führte kaum zu einer Stärkung des Parlaments durch diese Institution. Die parlamentarische Mehrheit würde wiederum auf die Auswahl der zu untersuchenden Probleme und die grundlegenden Annahmen und Wertungen, unter denen die betreffenden Studien erstellt werden sollen, entscheidenden Einfluß nehmen. Die Vermeidung dieses Nachteils durch ein Minderheitsrecht, wie es für das politische Entscheidungsorgan eines „Amtes zur Bewertung technologischer Entwicklungen beim Deutschen Bundestag" vorgeschlagen wurde, liefe auf eine Übertragung der Antragskompetenz auf die Bundestagsfraktionen hinaus. Das beseitigte zwar den oben aufgezeigten Mangel und hätte auch keine Überlastung der Behörde zur Folge, bedingte aber gleichwohl die Gefahr, daß die einzelnen Bundestagsfraktionen stets eigene Gutachten auch über gleichlautende Themen bestellen[93]. Das führte zu einer unerwünschten *Doppelarbeit* der Beratungsbehörde. Auch die Beauftragung der Behörde seitens der Bundestagsausschüsse vermag diesen Nachteil nicht zu beseitigen, da hier ebenfalls nicht gewährleistet ist, daß nicht von der Materie her verwandte Ausschüsse jeweils eigene Gutachten über thematisch gleichlautende Themen beantragen.

Es wird hier deutlich, daß ein Mangel dieser Organisationsform in dem Fehlen eines interparteilich besetzten politischen Entscheidungsgremiums liegt, das zunächst versucht, im Wege der Einigung über einzelne Themen eine Vorabsonderung zu treffen. Eine solche Einigung wird sich aber in einem eigenständigen, sich für die Funktion der Technologiebewertungsstelle verantwortlich fühlenden Entscheidungsgremium eher erzielen lassen als im Plenum des Parlaments.

---

[93] Diese Gefahr sieht *Pikart,* Probleme der deutschen Parlamentspraxis, in: ZfPol 1962/201, 208 vor allem bei der Einrichtung von Gruppenstäben für die einzelnen Ausschüsse des Bundestages, wenn auch mit anderen Konsequenzen.

b) Die Aufsicht über die Behörde

Bei der Etablierung einer Behörde tritt stets die Frage auf, wer die Aufsicht über die Behörde zu führen hat und ob neben einer allgemeinen Aufsicht auch eine Fachaufsicht durchgeführt wird.

Als Aufsichtsorgan einer dem Bundestag nachgeordneten Behörde kommt allein der Präsident des Deutschen Bundestages in Betracht. Entscheidend ist nun, ob dem Bundestagspräsidenten neben der Dienstaufsicht über die Behörde, d. h. der Aufsicht über die persönliche Pflichterfüllung der Angehörigen der Behörde, auch die Fachaufsicht, hier vor allem weniger die Kontrolle der Rechtmäßigkeit als vielmehr die Kontrolle der Zweckmäßigkeit des behördlichen Handelns übertragen wird[94].

Innerhalb des staatlichen Instanzenzuges gibt es grundsätzlich eine umfassende Aufsicht, also Fachaufsicht und Dienstaufsicht[95]. In der Tat wird auch bei der Einrichtung einer dem Bundestag nachgeordneten Behörde eine Art „Instanzenzug" geschaffen, was für eine umfassende Aufsicht des Bundestagspräsidenten sprechen könnte. Hierbei ist indes zu berücksichtigen, daß der Bundestagspräsident ebenfalls einer der im Bundestag vertretenen Parteien angehört, so daß bei der Einräumung einer Fachaufsicht durch den Bundestagspräsidenten wiederum die Gefahr einer einseitigen parteilichen Einflußnahme besteht. Darüber hinaus muß die Entscheidung über die Zweckmäßigkeit des Handelns einer wissenschaftlichen Beratungsstelle beim Deutschen Bundestag der *Prärogative des Parlaments* überlassen und nicht Gegenstand „aufsichtsbehördlicher" Kontrolle sein. Ein ausreichender Einfluß des Parlaments auf die Arbeit der Technologiebewertungsstelle wäre hier nicht sichergestellt, so daß die Behörde bald ein Eigenleben führte.

c) Die Behörde als spezielle Organisationsform der Exekutive

Die Diskussion einer Technologiebewertungsstelle in Form einer dem Deutschen Bundestag nachgeordneten Behörde sowie deren Beaufsichtigung durch den Bundestagspräsidenten verdeutlichte bereits die organisatorische Bedenklichkeit einer Bewältigung der wissenschaftlichen Beratung des Parlaments auf diesem Wege. Diesen speziellen Einwänden läßt sich noch eine grundsätzliche Überlegung hinzufügen, die sich aus dem Begriff der Behörde ergibt.

Bei einer Behörde handelt es sich um eine Einrichtung, die für einen Träger öffentlicher Verwaltung Verwaltungstätigkeit nach außen hin,

---

[94] Vgl. zu den Verwaltungskontrollen: *Wolff*, Verwaltungsrecht III, S. 337 ff.

[95] *Ossenbühl*, Verwaltungsvorschriften, S. 428 m. w. N.

d. h. dem Bürger gegenüber, ausübt[96]. Der Deutsche Bundestag indes ist weder Träger öffentlicher Verwaltung, sondern oberstes Gesetzgebungsorgan des Bundes[97], noch wird eine wissenschaftliche Beratungsstelle dem Bürger gegenüber nach außen hin tätig. Obgleich eine Technologiebewertungseinrichtung bei der Vergabe externer Studien nach außen tritt, stellt diese Funktion keine *hoheitliche* Verwaltungstätigkeit dar, sondern — wenn man diesen verwaltungsrechtlichen Terminus hier anwenden will — fiskalisches Handeln[98]. Zwar sind auch in Art. 87 Abs. 1 Satz 2, Abs. 2 Satz 1 GG fakultativ Behörden zugelassen, deren Existenz auch ohne unmittelbare Hoheitsfunktionen vernünftig erklärt werden kann[99]. Im Gegensatz zu einer wissenschaftlichen Beratungsstelle des Parlaments sind diese aber einem Träger öffentlicher Verwaltung zugeordnet, so daß sich insoweit der Begriff Behörde rechtfertigt.

Insgesamt ist festzustellen, daß die Organisationsform einer Behörde der Erfüllung exekutiver Aufgaben angemessen ist, sich aber als Modell für die Etablierung einer Technologiebewertungseinrichtung zur wissenschaftlichen Beratung des Deutschen Bundestages nicht eignet.

3. Die Technologiebewertungseinrichtung als eine dem Deutschen Bundestag gegenüber verselbständigte Institution

Bei der Frage der organisatorischen Verselbständigung einer Technologiebewertungsinstitution gegenüber dem Deutschen Bundestag läßt sich an mehrere Denkmodelle anknüpfen, die sich im Maße ihrer Unabhängigkeit graduell unterscheiden. Das Spektrum reicht von einer Organisation entsprechend dem Wehrbeauftragten des Deutschen Bundestages (Art. 45 b GG), der kraft seiner Doppelstellung auch Hilfsorgan des Bundestages ist[100] und sich so gegenüber dem Parlament noch durch eine relativ enge Bindung auszeichnet, bis zu einer rein privatrechtlichen Organisationsform. Im folgenden sollen nun die organisatorischen Fragen, die bei der rechtlichen Verselbständigung einer wissenschaftlichen Beratungsstelle des Parlaments auftreten, anhand einiger für das jeweilige Maß an Selbständigkeit repräsentativer Organisationsformen aufgezeigt werden.

---

[96] *Forsthoff*, Verwaltungsrecht I, S. 443; ähnlich *Wolff*, Verwaltungsrecht II, S. 62 ff.

[97] *Maunz*, Staatsrecht, § 36 II 2.

[98] Zur Unterscheidung der einzelnen Verwaltungstätigkeiten vgl.: *Siebert*, Privatrecht im Bereich öffentlicher Verwaltung, in: Festschrift für Niedermayer, S. 215 ff.; *Wertenbruch*, Grundrechtsanwendung im Verwaltungsprivatrecht, in: JuS 1971/105, 106 f.; *Mallmann*, Schranken nichthoheitlicher Verwaltung, in: VVDStRL 19/165 ff.; *Zeidler*, Schranken nichthoheitlicher Verwaltung, in: VVDStRL 19/208 ff.

[99] *Maunz* in MDH, Art. 87, Rdn. 14; BVerfGE 10/20, 48.

[100] *Ule*, Der Wehrbeauftragte, in: JZ 1957/422 f.

a) Die Organisation einer Technologiebewertungsinstitution beim Deutschen Bundestag analog dem Wehrbeauftragten nach Art. 45 b GG

aa) Die Rechtsstellung des Wehrbeauftragten nach Art. 45 b GG

Der Wehrbeauftragte des Deutschen Bundestages wird gemäß Art. 45 b Satz 1 GG zum Schutz der Grundrechte und als Hilfsorgan bei der parlamentarischen Kontrolle tätig. Diese Funktionen des Wehrbeauftragten bedingen zugleich seine Doppelstellung[101]. Als Hilfsorgan des Bundestages bei der Ausübung der parlamentarischen Kontrolle hat er eine abhängige Position, soweit er zum Schutz der Grundrechte tätig wird, ist es hingegen selbständig[102].

Der Wehrbeauftragte des Bundestages wird vom Parlament ohne Mitwirkung anderer Verfassungsorgane gewählt (§ 13 Satz 1)[103]. Seine Wahl erfolgt also nicht durch einen besonderen Wahlausschuß[104]. Vorschlagsberechtigt sind der Ausschuß für Verteidigung, die Fraktionen und soviele Abgeordnete, wie nach der Geschäftsordnung des Bundestages der Stärke einer Fraktion entsprechen (§ 13 Satz 2). § 13 Satz 1 läßt für die Wahl nicht die einfache Mehrheit ausreichen, sondern verlangt die Mehrheit der gesetzlichen Mitgliederzahl des Bundestages (vgl. Art. 121 GG).

Der Wehrbeauftragte, dessen Amtsdauer 5 Jahre beträgt (§ 14 Abs. 2), steht in einem öffentlich-rechtlichen Amtsverhältnis[105] besonderer Art (§ 15 Abs. 1 Satz 1)[106]. Er ist weder Beamter noch Beamter des Bundestages (§ 176 BBG) und steht zum Bund in keinem öffentlich-rechtlichen Dienst- oder Treueverhältnis[107]. Der Bundestagspräsident ist nicht

---

[101] *Ule*, Der Wehrbeauftragte, in: JZ 1957/422 f.

[102] *Ule*, Militärisches Beschwerderecht und öffentliche Kontrolle, in: Von den Grundrechten des Soldaten, S. 109, 119; *Groß*, Die Entwicklung des öffentlichen Rechts, Betrachtungen, in: DVBl 1957/342, 344; a. A. *Köttgen*, Diskussionsbeitrag, in: Von den Grundrechten des Soldaten, S. 137 f.

[103] Paragraphen ohne Gesetzesangabe beziehen sich im folgenden auf das „Gesetz über den Wehrbeauftragten des Bundestages" vom 26. Juni 1957, BGBl I, S. 652.

[104] Im Gegensatz dazu kennt das schwedische Recht eine mittelbare Wahl. Der schwedische Militärbeauftragte wird von 48 vom Reichstag unter den Abgeordneten gewählten Wahlmännern berufen. Vgl. *Ule*, Der Wehrbeauftragte, in: JZ 1957/422, FN 8.

[105] § 14 Abs. 3 begründet zudem bestimmte Inkompabilitäten für das Amt des Wehrbeauftragten. Nach dieser Vorschrift ist es unzulässig, daß der Wehrbeauftragte ein anderes besoldetes Amt, ein Gewerbe oder einen Beruf ausübt, der Leitung oder dem Aufsichtsrat eines auf Erwerb gerichteten Unternehmens, der Regierung oder einer gesetzgebenden Körperschaft des Bundes oder eines Landes angehört.

[106] *Ule*, Der Wehrbeauftragte, in: JZ 1957/422, 424; *Mattern*, Bundestag und Wehrbeauftragter, in: DÖV 1959/841, 843.

[107] *Ule*, Der Wehrbeauftragte, in: JZ 1957/422, 424.

oberste Dienstbehörde des Wehrbeauftragten[108], der darüber hinaus auch keinen Dienstvorgesetzten hat. Denn die Weisungsbefugnis des Bundestages und des Bundestagsausschusses für Verteidigung (§2 Abs. 1 Satz 1) begründet keine Vorgesetztenstellung dieser Gremien[109].

Der Wehrbeauftragte wird einerseits auf Weisung des Bundestages oder des Bundestagsausschusses für Verteidigung (§ 2 Abs. 1), andererseits auch nach pflichtgemäßem Ermessen tätig (§ 2 Abs. 2), wenn ihm bei der Wahrnehmung seines Rechtes aus § 3 Nr. 4, durch Mitteilung von Mitgliedern des Bundestages, Beschwerden von Soldaten oder auf andere Weise Umstände bekannt werden, die auf eine Verletzung der Grundrechte der Soldaten schließen lassen. Zur Erfüllung dieser Aufgaben stehen dem Wehrbeauftragten eine Reihe von Befugnissen zu, unter denen hier das umfassende Informationsrecht des Wehrbeauftragten hervorzuheben ist[110].

Nach Abschluß eines Kalenderjahres erstattet der Wehrbeauftragte dem Bundestag einen schriftlichen Gesamtbericht über seine Tätigkeit (§ 2 Abs. 3). Ferner ist er verpflichtet, auf Verlangen mündlich oder schriftlich über das Ergebnis einer ihm vom Bundestag oder vom Bundestagsausschuß für Verteidigung übertragenen Prüfung zu berichten (§ 2 Abs. 2 Satz 2). Auch über jeden auf eigene Veranlassung geprüften Einzelfall ist der Wehrbeauftragte befugt, dem Bundestag zu berichten (§ 2 Abs. 2 Satz 3). In der Regel wird er auf diese Fälle jedoch nur im Rahmen seines Jahresberichts eingehen[111].

bb) Die Einrichtung eines „Beauftragten für Technologiebewertung" beim Deutschen Bundestag

Die Institutionalisierung einer Technologiebewertungsstelle zur wissenschaftlichen Beratung des Deutschen Bundestages in Anlehnung an den Wehrbeauftragten gemäß Art. 45 b GG[112] erscheint auf den ersten

---

[108] *Ule*, Der Wehrbeauftragte, in: JZ 1957/422, 425 führt dazu aus: „Nach § 16 Abs. 1 Satz 2 ist der Wehrbeauftragte der Dienstaufsicht des Bundestages unterstellt. Da der Bundestagspräsident aber keine Weisungsbefugnis gegenüber dem Wehrbeauftragten hat, ist diese Regelung mit der besonderen Stellung des Wehrbeauftragten schlecht in Einklang zu bringen." ... „Anscheinend hat man ihre Unvereinbarkeit mit der jetzigen Stellung des Wehrbeauftragten nicht erkannt. Man kann sich nur schwer vorstellen, worin die Dienstaufsicht des Bundestagspräsidenten über den Wehrbeauftragten bestehen soll. Weisungen für seine Amtstätigkeit kann er ihm nicht erteilen. Man wird ihm auch kaum das Recht zusprechen können, dem Wehrbeauftragten die ordnungswidrige Ausführung eines Amtsgeschäftes vorzuhalten und ihn zu seiner Erledigung ermahnen". Nach *Dürig* in MDH, Art. 45 b, Rdn. 14, ist § 16 Abs. 1 Satz 2 als „ius nudum" unbeachtlich.

[109] *Ule*, Der Wehrbeauftragte, in: JZ 1957/422, 424.

[110] Vgl. dazu im einzelnen: *Ule*, Der Wehrbeauftragte, in: JZ 1957/422, 425.

[111] *Ule*, Der Wehrbeauftragte, in: JZ 1957/422, 427.

Blick bestechend. Der Wehrbeauftragte als ein vom Gesamtparlament getragenes, weitgehend unabhängiges Kontrollorgan im militärischen Bereich könnte insofern Vorbild eines parlamentarischen Beratungsorgans sein. Diesen Vorzügen steht auch nicht die Tatsache entgegen, daß der Ombudsman „eine der deutschen Rechtstradition fremde und deshalb neuartige Einrichtung“[113] darstellt. Die Erfahrungen dieser im skandinavischen Rechtskreis angesiedelten Institution sind sowohl im Ursprungsland[114] als auch in der Bundesrepublik Deutschland günstig[115].

Die Bedenken gegen eine Institutionalisierung der wissenschaftlichen Beratung des Deutschen Bundestages in Form des Wehrbeauftragten gründen sich denn auch weniger auf die Rechtsform des Ombudsmans, als vielmehr auf die Eignung dieser Organisationsform für die Bewältigung der Aufgaben einer parlamentarischen Beratungsstelle: Die Aufgabe des Wehrbeauftragten des Bundestages beschränkt sich auf ein Sachgebiet, nämlich den militärischen Bereich. Der Vielzahl der Problembereiche und der Vielfältigkeit der zu untersuchenden Aspekte, die eine wissenschaftliche Beratung mit sich bringt, kann ein einzelner Ombudsman daher nur begrenzten Sachverstand entgegensetzen, wodurch die Aussagefähigkeit seiner Beratungen in Zweifel gezogen wird. Die Funktion des Ombudsmans müßte also auf *Koordinierungsaufgaben* beschränkt bleiben.

Dieser Mangel könnte dadurch behoben werden, daß für einzelne Sachgebiete *jeweils* ein fachlich kompetenter Beauftragter mit entsprechenden Hilfskräften[116] eingesetzt wird. Die Einrichtung mehrerer Beauftragter wäre keine grundlegende Erneuerung. Auch das schwedische Recht kennt z. B. zwei Beauftragte, den Zivilbeauftragten (Justitieombudsman) und den Militärbeauftragten (Militieombudsman)[117], also auch jeweils nach Sachgebieten getrennte Organe. Die Einsetzung mehrerer Beauftragter zur wissenschaftlichen Beratung des Deutschen Bundestages wirft aber wiederum die Frage auf, wer die Arbeit der einzel-

---

[112] *Belitz* schlug in seiner schriftlichen Stellungnahme zu den Fragen an die deutschen Sachverständigen, öffentliche Informationssitzung des Ausschusses für Forschung und Technologie und für das Post- und Fernmeldewesen am 5. 12. 1973, S. 5, die Einrichtung eines „Technologiebeauftragten“ vor, womit er allerdings kein Modell für eine endgültige wissenschaftliche Beratungsinstitution geben wollte (a.a.O.).

[113] *Ule*, Der Wehrbeauftragte, in: JZ 1957/422, 428.

[114] Vgl. *Ule*, Der Wehrbeauftragte, in: JZ 1957/422 f. m. w. N.

[115] *Ule*, ebd., S. 422 f. und *Enquete Kommission Verfassungsreform*, Zwischenbericht, in: Zur Sache 1 (1973), S. 53.

[116] Vgl. § 16 Abs. 2 Satz 1 des „Gesetzes über den Wehrbeauftragten des Bundestages“ vom 26. Juni 1957, BGBl I, S. 652; *Ule*, Der Wehrbeauftragte, in: JZ 1957/422, 425.

[117] Vgl. *Ule*, Der Wehrbeauftragte, in: JZ 1957/422; *Enquete Kommission Verfassungsreform*, Zwischenbericht, in: Zur Sache 1 (1973), S. 53.

nen Beauftragten koordiniert, was nur durch eine gemeinsame Koordinierungsstelle geschehen könnte. Damit nähert man sich aber der Organisationsform eines Amtes, und von der Ursprungsform des Ombudsmans als „allgemeine Orientierungshilfe für alle diejenigen, die sich in dem differenzierten System unserer staatlichen Ordnung nicht mehr zurechtfinden[118], bliebe nicht viel übrig.

Ein weiteres Bedenken gegen die Institutionalisierung einer Technologiebewertungsstelle beim Deutschen Bundestag in Anlehnung an den Wehrbeauftragten gründet sich darauf, daß dieser die Kontrolle im militärischen Bereich selbst durchgeführt[119], denn er ist ein *zusätzliches Kontrollorgan*[120]. Die Aufgabe einer wissenschaftlichen Beratungsstelle aber besteht nicht in der Ausübung parlamentarischer Kontrolle, sondern in der Verbesserung parlamentarischer Kontrolle und Initiative durch das Parlament selbst. Eine wissenschaftliche Beratungsstelle des Parlaments soll nur die Fakten erbringen, auf Grund deren eine parlamentarische Kontrolle und Initiative möglich ist.

Um den Deutschen Bundestag wirksam beraten zu können, muß eine Technologiebewertungseinrichtung vor allem wichtige Trends und Vorhaben bei der Entwicklung und Anwendung von Technologien permanent verfolgen und rechtzeitig vor Fehlentwicklungen sowie negativen Effekten warnen können. Es gehört nicht zu den Aufgaben einer Technologiebewertungsstelle des Parlaments, auf Grund *individueller* Beschwerden den Einzelnen gegenüber dem Staat zu schützen[121]. Vielmehr soll die wissenschaftliche Beratungsstelle beim Deutschen Bundestag eine Analysekapazität sein, die Studien vorbereitet, gegebenenfalls selbst durchführt und ihre Ergebnisse den Parlamentariern nahebringt. Die Erfüllung dieser Aufgabe aber darf nicht in das *„pflichtgemäße Ermessen“*[122] einer einzelnen Person gestellt werden, wie es bei der Organisation einer Technologiebewertungseinrichtung beim Deutschen Bundestag analog dem Wehrbeauftragten geschähe[123].

Neben die Schwierigkeiten bei der Erfüllung einer Parlamentarierberatung durch die Organisationsform des Ombudsmans tritt die Frage der Bestellung eines entsprechenden Organs durch den Deutschen Bundestag. Für die Wahl des Wehrbeauftragten schreibt § 13 Satz 1 nicht

---

[118] *Enquete Kommission Verfassungsreform*, Zwischenbericht, in: Zur Sache 1 (1973), S. 53.

[119] *Maunz* in MDH, Art. 45 b, Rdn. 4.

[120] *Maunz* in MDH, Art. 45 b, Rdn. 4.

[121] *Paschen u. a.* im Gutachten zum Problemkreis Technologiefolgenabschätzung (Technology-Assessment), S. 209.

[122] Vgl. § 2 Abs. 2 Satz 1 des „Gesetzes über den Wehrbeauftragten des Bundestages“ vom 26. Juni 1957, BGBl I, S. 652.

[123] *Paschen u. a.* im Gutachten zum Problemkreis Technologiefolgenabschätzung (Technology-Assessment), S. 209.

die einfache Mehrheit, sondern die Mehrheit der Mitglieder des Bundestages (Art. 121 GG) vor. Diese Lösung des Gesetzes schaltet zwar zufällige Mehrheiten eines schwach besetzten Plenums aus, gibt aber auf der anderen Seite nicht die Vertrauensbasis einer starken Mehrheit[124]. *Ule*[125] weist mit Recht darauf hin, daß dieser Wahlmodus die Gefahr in sich birgt, der Wehrbeauftragte werde von vorneherein nur als *Beauftragter* der *Regierungsmehrheit,* nicht aber des ganzen Bundestages gesehen. Daher steht dieser Wahlmodus dem vornehmlichen Zweck einer wissenschaftlichen Beratungsstelle des Parlaments, nämlich der Verbesserung der Informationslage der parlamentarischen Opposition, entgegen. Die Vermeidung dieses Nachteils durch die Bindung der Wahl an eine Mehrheit von zwei Dritteln der gesetzlichen Mitgliederzahl des Bundestages nötigte zwar die Fraktionen der Regierungskoalition und der Opposition zu einer Verständigung, die aber in kontroversen Fragen oftmals nicht oder nur in einer Form erreicht wird, daß von einer vertretbaren Lösung des jeweiligen Problems nicht mehr gesprochen werden kann. Die Bestellung eines „Beauftragten für Technologiebewertung" durch zwei Drittel der gesetzlichen Mitgliederzahl des Parlaments beinhaltete daher die Gefahr, daß man nur solche Personen wählt, die sowohl den *Regierungsfraktionen* als auch der *Opposition* genehm sind und die von vornherein auf die Vermeidung von den jeweiligen Parteien unangenehmen Fragen bedacht sind. Das aber stellt die Begutachtung kontroverser und somit der eigentlich relevanten Probleme in Frage.

Abschließend ist festzustellen, daß die Institutionalisierung beim Deutschen Bundestag in Anlehnung an den Wehrbeauftragten nach Art. 45 b GG die Interessen des Parlaments nicht ausreichend zur Geltung bringt[126].

b) Die Organisation einer Technologiebewertungseinrichtung beim Deutschen Bundestag analog dem „Sachverständigenrat zur Begutachtung der gesamtwirtschaftlichen Entwicklung"

aa) Der „Sachverständigenrat zur Begutachtung der gesamtwirtschaftlichen Entwicklung"

Der im Jahre 1963 gegründete „Sachverständigenrat zur Begutachtung der gesamtwirtschaftlichen Entwicklung" hat die Aufgabe, zur Urteilsbildung bei den wirtschaftspolitisch verantwortlichen Instanzen und in der Öffentlichkeit beizutragen sowie Fehlentwicklungen und

---

[124] Zu diesen Bedenken vgl. *Ule,* Der Wehrbeauftragte, in: JZ 1957/422 f.; *Groß,* Die Entwicklung des öffentlichen Rechts: Betrachtungen, in: DVBl 1957/342 f.

[125] Der Wehrbeauftragte, in: JZ 1957/422 f.

[126] So auch *Paschen u. a.* im Gutachten zum Problemkreis Technologiefolgenabschätzung (Technology-Assessment), S. 209.

Möglichkeiten zu ihrer Vermeidung aufzuzeigen (§ 2)[127]. Zur Erfüllung dieser Funktion begutachtet er die gesamtwirtschaftliche Lage periodisch und stellt die voraussichtliche Entwicklung dar. Die Tatsache jedoch, daß der Sachverständigenrat keine Empfehlungen für bestimmte Maßnahmen aussprechen darf (§ 2), gestaltet diese Aufgabe als schwierig, da er einerseits dieses Verbot formal beachten, andererseits aber seinem materiellen Gesetzesauftrag als Informations- und Beratungsorgan genügen muß[128].

Der Sachverständigenrat besteht aus fünf Mitgliedern, die über besondere wirtschaftswissenschaftliche Kenntnisse verfügen müssen (§ 1 Abs. 2). Sie werden auf Vorschlag der Bundesregierung durch den Bundespräsidenten berufen (§ 7 Abs. 1). Die Unabhängigkeit[129] des Sachverständigenrates wird durch verschiedene Inkompatibilitäten zwischen der Mitgliedschaft im Sachverständigenrat und anderen Gremien (vgl. § 1 Abs. 3) sowie durch die alleinige Bindung an den gesetzlich begründeten Auftrag erreicht (§ 3 Abs. 1). Da der Sachverständigenrat nach seinem gesetzlichen Auftrag nicht beraten, sondern die Urteilsbildung bei allen wirtschaftspolitisch verantwortlichen Instanzen und in der Öffentlichkeit erleichtern soll, ist er kein Beratungsorgan der Bundesregierung. Diese Tatsache wird auch nicht durch den Umstand beeinflußt, daß die Bundesregierung Adressat der Gutachten ist, da schließlich nur sie die Gutachten den gesetzgebenden Körperschaften unterbreiten kann[130].

Der Sachverständigenrat erstellt jährlich ein Gutachten und wird darüber hinaus nach seinem Ermessen gutachterlich tätig (§ 6 Abs. 1). Er kann zudem von der Bundesregierung mit der Anfertigung weiterer Gutachten beauftragt werden (§ 6 Abs. 2). Vertritt nun eine Minderheit bei der Abfassung der Gutachten zu einzelnen Fragen eine abweichende Meinung, so hat sie die Möglichkeit, diese in dem Gutachten zum Ausdruck zu bringen (§ 3 Abs. 3). Die Gutachten werden 8 Wochen nach Zuleitung an die Bundesregierung vom Sachverständigenrat veröffentlicht (§ 6 Abs. 3).

---

127 Paragraphen ohne Gesetzesangabe beziehen sich im folgenden auf das „Gesetz über die Bildung eines Sachverständigenrates zur Begutachtung der gesamtwirtschaftlichen Entwicklung" vom 14. August 1963, BGBl I, S. 685.

128 *Neumark*, Auch Minister sollen die Gutachten verstehen, Zehn Jahre Sachverständigenrat (I), in: Die Zeit Nr. 45, vom 2. November 1973, S. 46; *Lompe*, Die Rolle von Sachverständigengremien im Prozeß der politischen Willensbildung, in: ZfPol 1969/223, 240.

129 Auf die Unabhängigkeit des Sachverständigenrates wurde — wie in den Materialien deutlich zum Ausdruck kommt — besonderer Wert gelegt. Vgl. *Schriftlicher Bericht* des (16.) Wirtschaftsausschusses, Deutscher Bundestag, 4. Wahlperiode zu Drucksache IV/1320, S. 1.

130 *Sachverständigenrat* zur Begutachtung der gesamtwirtschaftlichen Entwicklung, Jahresgutachten 1966/67, Expansion und Stabilität, S. VI.

bb) Die Einrichtung eines „Sachverständigenrates zur Begutachtung der technologischen Entwicklung“ beim Deutschen Bundestag

Die Anregung zur Einrichtung eines *„Sachverständigenrates zur Begutachtung der technologischen Entwicklung“*, der im technologischen Bereich in einer der Arbeit des „Sachverständigenrates zur Begutachtung der gesamtwirtschaftlichen Entwicklung“ im ökonomischen Bereich vergleichbaren Weise tätig wird, kam von der SPD-Fraktion[131]. Ursprünglich sollte dieser Sachverständigenrat die technologische Entwicklung nur in einem Bericht an die Bundesregierung bewerten, da dieses Gutachten durch die Diskussion im Bundestag auch der Öffentlichkeit zugänglich würde[132]. Dieser Vorschlag wurde dann später insofern modifiziert, als die Einrichtung eines „Sachverständigenrates zur Begutachtung der technologischen Entwicklung“ beim Bundestag oder bei der Regierung angeregt wurde[133].

Die Einrichtung eines „Sachverständigenrates zur Begutachtung der technologischen Entwicklung“ bei der Bundesregierung führte — abgesehen davon, daß es sich bei einer solchen Institution um *kein parlamentarisches Hilfsorgan* handelte — dazu, daß der Bundestag nur Studien über solche Bereiche erhielte, die entweder den Mitgliedern des Sachverständigenrates oder der Bundesregierung selbst als begutachtenswert erschienen. Das Parlament hätte hingegen *keine Antragsbefugnis*, Studien über ihm besonders wichtig erscheinende Fragen in Gang zu bringen und hätte so mangels Einflusses auf Themen und Grundentscheidungen keine Möglichkeit, seine Interessen durchzusetzen[134].

Wenn man einen „Sachverständigenrat zur Begutachtung der technologischen Entwicklung“ beim Bundestag oder bei Regierung und Parlament einrichtete, so könnte der Deutsche Bundestag seine Interessen in jedem Fall besser wahrnehmen. Bei einer dem § 6 Abs. 2 des Gesetzes über die Einrichtung eines Sachverständigenrates zur Begutachtung der gesamtwirtschaftlichen Entwicklung entsprechenden Regelung hätte dann *auch* der Bundestag die Möglichkeit, Gutachten in Auftrag zu geben,

---

[131] Abg. Kern (SPD) im *Kurzprotokoll* der 10. Sitzung des Ausschusses für Forschung und Technologie und für das Post- und Fernmeldewesen vom 3. 10. 1973, S. 10 f.

[132] Abg. Kern (SPD) im *Kurzprotokoll* der 10. Sitzung des Ausschusses für Forschung und Technologie und für das Post- und Fernmeldewesen vom 3. 10. 1973, S. 11.

[133] *Fragenkatalog* an die Sachverständigen, öffentliche Informationssitzung des Ausschusses für Forschung und Technologie und für das Post- und Fernmeldewesen am 5. 12. 1973, Frage II, C, 2 (S. 2).

[134] *Paschen u. a.* im Gutachten zum Problemkreis Technologiefolgenabschätzung (Technology-Assessment), S. 195 f.

wenngleich bei dieser Modifizierung die Hauptarbeit des Sachverständigenrates in den *von ihm selbst* in Gang gesetzten Gutachten läge[135]. Eine ausschließliche Auftragskompetenz des Deutschen Bundestages aber wandelte das „Sachverständigenratsmodell" in einem solchen Umfange ab, daß er dann eine dem „Technology-Assessment Advisory Council" des „Office of Technology Assessment" vergleichbare Stellung einnähme[136].

Ein weiteres Bedenken gegen die Organisation einer Technologiebewertungsstelle zur wissenschaftlichen Beratung des Deutschen Bundestages entsprechend dem „Sachverständigenrat zur Begutachtung der gesamtwirtschaftlichen Entwicklung" ergibt sich aus dessen begrenzter Aufgabenstellung, die in § 2 des Gesetzes über die Einrichtung eines Sachverständigenrates zur Begutachtung der gesamtwirtschaftlichen Entwicklung fest umschrieben ist. Ob eine derartige Beschreibung des Aufgabenkreises eines wissenschaftlichen Beratungsgremiums möglich ist, ohne auf eine *Generalklausel* zurückgreifen zu müssen, ist indes fraglich[137]. Bei der Fixierung des Aufgabenkreises eines „Sachverständigenrates zur Begutachtung der technologischen Entwicklung" durch eine Generalklausel blieben aber wichtige Entscheidungen, die an sich das Parlament treffen müßte, dem Beratungsgremium vorbehalten[138]. Dem Sachverständigenrat müßte somit ein Gremium zur Seite gestellt werden, das diesen politischen Aushandlungsprozeß austrägt[139]. Damit nähert man sich wiederum einem „Amt zur Bewertung technologischer Entwicklungen beim Deutschen Bundestag".

Eine wissenschaftliche Beratung des Parlaments erfordert bei der Erstellung von Gutachten die Berücksichtigung der verschiedenen wissenschaftlichen Disziplinen. Diesem Erfordernis könnte ein Sachverständigenrat nur dann genügen, wenn er weitgehend Gutachten an parlamentsexterne Institutionen vergäbe und sich lediglich auf Koordinierungsarbeiten und die Auswertung von Studienergebnissen beschränkte[140]. Damit weicht man aber so weit von dem hier diskutierten Modell ab, daß bereits die Bezeichnung „Sachverständigenrat" unzutreffend ist.

---

[135] *Paschen u. a.* im Gutachten zum Problemkreis Technologiefolgenabschätzung (Technology-Assessment), S. 198.

[136] Siehe: § 7, Public Law 92—484, 92nd Congress, H. R. 10243, October 13, 1972.

[137] *Dierkes* in seiner schriftlichen Stellungnahme zu den Fragen an die deutschen Sachverständigen, öffentliche Informationssitzung des Ausschusses für Forschung und Technologie und für das Post- und Fernmeldewesen am 5. 12. 1973, S. 7.

[138] *Paschen u. a.* im Gutachten zum Problemkreis Technologiefolgenabschätzung (Technology-Assessment), S. 196.

[139] *Paschen* in seiner schriftlichen Stellungnahme zu den Fragen an die deutschen Sachverständigen, öffentliche Informationssitzung des Ausschusses für Forschung und Technologie und für das Post- und Fernmeldewesen am 5. 12. 1973, S. 30.

Insgesamt ist eine Technologiebewertungsinstitution des Parlaments in Anlehnung an den „Sachverständigenrat zur Begutachtung der gesamtwirtschaftlichen Entwicklung" nicht gegeignet, die Kontroll- und Initiativfunktion des Deutschen Bundestages zu verbessern[141].

c) Die wissenschaftliche Beratungsstelle des Deutschen Bundestages in Form einer „Anstalt für Technologiebewertung"

Eine Vielzahl unterschiedlicher Institutionen faßt man unter den Begriff der öffentlichen Anstalt. So werden beispielsweise auf Bundesebene die „Bundesanstalt für Arbeit", die „Deutsche Bundesbank", auf Landesebene die Landesversicherungs- und Rundfunkanstalten sowie auf kommunaler Ebene die Verkehrs- und Versorgungsanstalten, soweit sie nicht privatrechtlich organisiert sind[142], als Anstalten des öffentlichen Rechts angesehen. Die Unterstellung derartig verschiedener Einrichtungen unter einen gemeinsamen Rechtsbegriff rechtfertigt sich daraus, daß bei der Leistungsverwaltung es wegen der Verschiedenartigkeit der einzelnen Leistungszwecke geboten ist, besondere Verwaltungseinheiten zu schaffen, die jeweils einen besonderen Leistungszweck verfolgen[143]. Aus dieser besonderen Zielsetzung ergibt sich die Definition der Anstalt als „ein Bestand von tatsächlichen und persönlichen Mitteln, die in der Hand eines Trägers öffentlicher Verwaltung einem besonderen öffentlichen Zweck dauernd zu dienen bestimmt sind"[144].

Die Intention der öffentlichen Anstalt, einen besonderen Leistungszweck zu verfolgen, so verschieden diese Zielrichtung im Einzelfall auch sein mag, bedingt daher die Unanwendbarkeit dieser Rechtsform für die Organisation einer Technologiebewertungseinrichtung zur wissenschaftlichen Beratung des Deutschen Bundestages. Eine parlamentarische Beratungsstelle verfolgt die Verbesserung der Sachkenntnisse der Par-

---

[140] *Paschen u. a.* im Gutachten zum Problemkreis Technologiefolgenabschätzung (Technology-Assessment), S. 199.

[141] Ebenso: *Dierkes* in seiner schriftlichen Stellungnahme zu den Fragen an die deutschen Sachverständigen, öffentliche Informationssitzung des Ausschusses für Forschung und Technologie und für das Post- und Fernmeldewesen am 5. 12. 1973, S. 7 f.

[142] Eine Anstalt als öffentlich-rechtliche Organisationsform liegt auch dann nicht vor, wenn bei einer privatrechtlichen Gesellschaft (AG, GmbH) die Gesellschaftsanteile der öffentlichen Hand gehören. Vgl. *Rüfner*, Formen der öffentlichen Verwaltung im Bereich der Wirtschaft, S. 253.

[143] BVerwGE 32/299, 302.

[144] So die Formulierung von *Otto Mayer*, VerwR II, S. 268; RGZ 130/169, 176; anders: *Wolff*, Verwaltungsrecht II, S. 254 ff. „Die öffentliche Anstalt ist eine von einer Hoheitsperson oder von mehreren Hoheitspersonen gemeinschaftlich getragene, i. d. R. mit Hoheitsgewalt ausgestattete rechtlich subjektivierte und institutionalisierte Organisation, durch die der Träger (Anstaltsherr) eigene oder ihm rechtlich auferlegte fremde öffentliche Angelegenheiten wahrnimmt und auf die er daher — soweit dies nicht gesetzlich ausgeschlossen ist — dauernd maßgeblichen Einfluß ausübt."

lamentarier zu einzelnen Sachfragen. Dabei handelt es sich weder um eine verwaltungsrechtliche Tätigkeit noch kommt ihr irgendeine unmittelbare Außenwirkung zu. Wesentlich für eine Anstalt des öffentlichen Rechts ist aber die Verbindung von persönlichen und sachlichen Mitteln zur Erfüllung einer aus dem Bereich der zuständigen Behörde ausgegliederten Sachaufgabe, die in der Darbietung einer Leistung gegenüber einem meist nicht mehr bestimmbaren Personenkreis besteht[145]. Als *spezielle Organisationsform der Exekutive* ist daher die Rechtsform der öffentlichen Anstalt ebenso wie die Rechtsform einer Behörde[146] für die Institutionalisierung einer Technologiebewertungsstelle zur wissenschaftlichen Beratung des Deutschen Bundestages ungeeignet.

d) Die Angliederung der Technologiebewertungseinrichtung des Deutschen Bundestages an ein unabhängiges Institut

Die organisatorische Angliederung einer Technologiebewertungseinrichtung des Deutschen Bundestages an ein wirtschaftlich selbständiges, im allgemeinen Wirtschaftsleben auf seine Seriosität und Unabhängigkeit bedachtes Institut könnte in der Form geschehen, daß das betreffende Institut auf Initiative des Parlaments und der Exekutive Forschungsteams für die Erstellung von Gutachten einsetzt und so als eine Art Koordinierungsstelle, Sekretariat oder Kommission fungiert[147]. Der Vorteil dieser organisatorischen Lösung besteht vor allem darin, daß man auf eine ausreichende Zahl kompetenter Fachleute im In- und Ausland bei der Zusammensetzung der Forschungsteams zurückgreifen und so die wissenschaftliche Beratung *flexibel* gestalten kann[148]. Auf der anderen Seite ist bei einer Antragsbefugnis von Legislative und Exekutive fraglich, ob die Unabhängigkeit des Institutes und damit eine Stärkung des Bundestages erreicht wird.

Bei einer im freien Wirtschaftleben etablierten selbständigen Institution bestimmen die Auftraggeber, welche Untersuchungen unter welchen Voraussetzungen durchzuführen sind und stellen die finanziellen Mittel zur Verfügung. Damit nun der Deutsche Bundestag bei dieser Organisationsform einer wissenschaftlichen Beratung die Informatio-

---

145 Ähnlich: BVerwGE 32/299, 302.

146 Siehe oben C II, 2., a) und c).

147 Diesen Vorschlag machte *Dierkes* in seiner schriftlichen Stellungnahme zu den Fragen an die deutschen Sachverständigen, öffentliche Informationssitzung des Ausschusses für Forschung und Technologie und für das Post- und Fernmeldewesen am 5. 12. 1973, S. 8 ff.

148 *Dierkes* in seiner schriftlichen Stellungnahme zu den Fragen an die deutschen Sachverständigen, öffentliche Informationssitzung des Ausschusses für Forschung und Technologie und für das Post- und Fernmeldewesen am 5. 12. 1973, S. 9.

nen bekommt, deren er für eine Verbesserung der Kontroll- und Initiativtätigkeit bedarf, müßten insofern Legislative und Exekutive der Beratungsinstitution *als gleichwertige Partner* gegenüberstehen, was angesichts der *finanziellen Überlegenheit* der Bundesregierung kaum möglich ist[149]. Eine Antragsbefugnis von Bundestag und Bundesregierung birgt somit die Gefahr, daß die Beratungsinstitution in finanzielle Abhängigkeit von der Letztgenannten gerät, so daß es zu keiner Stärkung des Parlaments kommt[150].

Aber auch bei einer ausschließlichen Antragskompetenz des Deutschen Bundestages erfordert die Angliederung der Technologiebewertungsstelle an ein externes Institut ein parlamentarisches Organ, das eine ständige Verbindung des Parlaments zum Institut aufrechterhält. Das ist insofern notwendig, als nur durch eine ständige Verbindung zwischen Bundestag und Beratungsstelle eine permanente Beratung des Parlaments gewährleistet ist. Andernfalls bestünde kein Unterschied zu der jetzt schon üblichen Beratung durch Experten.

Die Funktion dieses parlamentarischen Organs könnte einmal im rein administrativen Bereich liegen, indem für die Übermittlung parlamentarischer Gutachtenaufträge gesorgt werden müßte. Die zusätzliche Ausgestaltung dieser Stelle als politisches Entscheidungsorgan stellte wiederum die Frage der personellen Besetzung dieses Organs durch Parlamentarier in den Vordergrund. Insofern liegt hier die Problematik gleich der Frage der personellen Besetzung eines politischen Entscheidungsorgans bei einem „Amt zur Bewertung technologischer Entwicklungen"[151]. Darüber hinaus kommt man zu einer *organisatorischen Aufsplitterung* der wissenschaftlichen Beratungsstelle beim Deutschen Bundestag in einen parlamentsinternen und einen parlamentsexternen Bereich, die in Anbetracht des engen Zusammenhangs zwischen der Vorbereitung von Studien und der politischen Entscheidung über ihre Zielsetzung der Verbesserung der parlamentarischen Arbeit nicht dienlich ist.

e) Die wissenschaftliche Beratungsstelle beim Deutschen Bundestag in Form einer „Parlamentarischen Technologiebewertungs-GmbH"

Abschließend soll noch die Institutionalisierung einer Technologiebewertungseinrichtung zur wissenschaftlichen Beratung des Deutschen

---

[149] *Paschen u. a.* im Gutachten zum Problemkreis Technologiefolgenabschätzung (Technology-Assessment), S. 207.

[150] *Paschen u. a.* im Gutachten zum Problemkreis Technologiefolgenabschätzung (Technology-Assessmen), S. 206 f.; *Morkel,* Politik und Wissenschaft, S. 117.

[151] Siehe dazu oben C II, 1., b), aa), β).

Bundestages in Form einer rein privatrechtlichen Organisation angeschnitten werden. Die Rechtsform der GmbH[152] wurde dabei nur beispielhaft herangezogen, und die Fragen gelten für andere juristische Personen des Privatrechts gleichsam. Die Verfolgung einer parlamentarischen Beratung steht der Wahl einer juristischen Person des Privatrechts nicht entgegen. Sowohl für eine AG, eine KG a. A. als auch eine GmbH ist das Betreiben eines Handelsgewerbes nicht erforderlich[153].

Die Organisation einer wissenschaftlichen Beratungsstelle des Parlaments in Form einer juristischen Person des Privatrechts ist auf zwei Wegen denkbar. Die eine Möglichkeit betrifft eine Gesellschaft ohne unmittelbare Beteiligung des Deutschen Bundestages. Hier liegt die Problematik gleich der einer organisatorischen Angliederung der Beratungsstelle an ein externes Institut und bedarf keiner näheren Erörterung mehr[154]. Die zweite, hier zu erörternde Möglichkeit betrifft eine GmbH mit *unmittelbarer* Beteiligung des Deutschen Bundestages, in der Parlamentarier als Gesellschafter vertreten sind und so unmittelbaren Einfluß auf die Tätigkeit der Gesellschaft ausüben.

Zur Gründung einer GmbH sind mindestens zwei Personen erforderlich. Das GmbH-Gesetz erwähnt diese Zahl zwar nicht, spricht jedoch in § 2 GmbHG von einem Gesellschaftsvertrag, woraus auf dieses Erfordernis geschlossen wird[155]. Erforderlich ist somit das Vorhandensein von zwei juristischen bzw. natürlichen Personen. Der Deutsche Bundestag ist als Organ des Bundes[156] keine juristische Person und kann ebensowenig wie seine Ausschüsse und Fraktionen Gründer einer Gesellschaft ein. Als Gründer kommen daher nur die Mitglieder des Bundestages, also die Abgeordneten als natürliche Personen, in Betracht. Damit nun die Gesellschaft nicht dem Einfluß des Parlaments entzogen wird, wäre es erforderlich, die Gesellschafterstellung in der GmbH mit der Mitgliedschaft im Deutschen Bundestag *vertraglich zu verknüpfen*. Eine derartige Koppelung von Gesellschafterstellung und Mitgliedschaft im Bundestag hätte aber spätestens am Ende jeder Legislaturperiode einen *Gesellschafterwechsel* zur Folge, der eine permanente Arbeit der Gesellschaft erschwert und so die wissenschaftliche Beratung des Deutschen Bundestages in einer privatrechtlichen Form nicht praktikabel erscheinen läßt.

---

[152] Diese Möglichkeit deutete *Belitz* in seiner schriftlichen Stellungnahme zu den Fragen an die deutschen Sachverständigen, öffentliche Informationssitzung des Ausschusses für Forschung und Technologie und für das Post- und Fernmeldewesen am 5. 12. 1973, S. 6 f., an.

[153] Vgl.: § 3 AktG, § 278 Abs. 3 AktG i. V. m. § 3 AktG, § 1 GmbHG.

[154] Siehe oben C II 3. d).

[155] *Baumbach/Hueck*, GmbGH, § 2, Anm. 2 A.

[156] *Maunz* in MDH, Art. 38, Rdn. 2.

4. Ergebnis: Das „Amt zur Bewertung technologischer Entwicklungen beim Deutschen Bundestag"

Die Zuordnung einer Technologiebewertungseinrichtung zum Deutschen Bundestag, die maßgeblich von der einzelnen Organisationsform bestimmt wird, ist entscheidend für die Funktion dieser wissenschaftlichen Beratungsstelle. Bei den gegenüber dem Bundestag verselbständigten Organisationsformen ist die Spannbreite der institutionellen Alternativen am größten. Sie sind indes dadurch gekennzeichnet, daß das Parlament seine Interessen weder bei der Auswahl der zu untersuchenden Problemen noch bei wichtigen Grundentscheidungen hinsichtlich der Durchführung der Gutachten genügend zur Geltung bringen kann. Der auf die Arbeit einer wissenschaftlichen Beratungsstelle erforderliche Einfluß des Parlaments könnte zwar bei einer dem Bundestag nachgeordneten „obersten Bundestagsbehörde" durch die einer Behörde immanente hierarchische Struktur erhöht werden. Indes treten hier — neben der grundsätzlichen Problematik der Etablierung einer Behörde im parlamentarischen Bereich — die Fragen der Aufsicht über die Behörde in den Vordergrund.

Die eingangs beschriebene Aufgabenstellung einer Technologiebewertungsstelle[157] zur wissenschaftlichen Beratung des Deutschen Bundestages wird daher, wie die vorstehenden Erörterungen gezeigt haben, am ehesten durch eine in den Bundestag integrierte Organisationsform erfüllt, die eine rein funktional an der zu bewältigenden Aufgabe ausgerichtete Struktur besitzt. Diese Voraussetzung trifft auf ein *„Amt zur Bewertung technologischer Entwicklungen beim Deutschen Bundestag"*[158] zu. Neben einer Verwaltungs- und einer für die wissenschaftliche Behandlung der Beratungsthemen verantwortlichen Stelle besitzt ein solches Amt vor allem ein parlamentarisches Befehlsorgan, das den Einfluß des Deutschen Bundestages auf die Tätigkeit des Amtes in ausreichendem Maße gewährleistet. Die Besetzung dieses Befehlsorgans entsprechend den Mehrheitsverhältnissen im Parlament oder paritätisch zwischen Regierungs- und Oppositionsparteien führt, wenn entsprechende Minderheitsrechte zur Verhinderung einer einseitigen Einflußnahme bzw. einer „Patt-Situation" eingeräumt werden, zu keiner Lähmung des Amtes, sondern bewirkt vor allem eine Verbesserung der Informationslage der parlamentarischen Opposition. Es soll nicht geleugnet werden, daß hier eine stark an dem amerikanischen „Office of Technology Assessment" ausgerichteten Organisationsform vorgeschlagen wird. Der *organisatorisch einfache* und *praktikable* Aufbau dieser Einrichtung

---

[157] Siehe oben C I.

[158] Vgl. den Antrag der CDU/CSU-Fraktion auf Einrichtung eines „Amtes zur Bewertung technologischer Entwicklungen beim Deutschen Bundestag" vom 16. April 1973, *Deutscher Bundestag*, 7. Wahlperiode, Drucksache 7/468.

rechtfertigt aber eine dem parlamentarischen Regierungssystem in der Bundesrepublik Deutschland angemessene Abwandlung dieser Institution.

III. Die innere Ordnung eines „Amtes zur Bewertung technologischer Entwicklungen beim Deutschen Bundestag“

1. Institutionelle Alternativen eines politischen Entscheidungsorgans

a) Das politische Entscheidungsgremium in Form eines Ausschusses

Die Organisation des politischen Entscheidungsorgans eines „Amtes zur Bewertung technologischer Entwicklungen beim Deutschen Bundestag“ in Form eines Ausschusses bedingt zugleich seine Besetzung entsprechend den parlamentarischen Mehrheitsverhältnissen (§ 60 Abs. 1 Satz 2 i.V.m. § 12 GeschO BT). Eine paritätische Besetzung ist somit nicht möglich, und um wirklich zu einer Verbesserung der parlamentarischen Initiativ- und Kontrollfunktion beizutragen, bedarf diese Organisationsform der Einrichtung eines entsprechenden Minderheitsrechtes der parlamentarischen Opposition[159].

In ihrer Funktion als vorbereitende Beschlußorgane haben die Ausschüsse die Aufgabe, dem Parlament Beschlüsse zu empfehlen, die ihnen überwiesene Vorlagen und Anträge betreffen bzw. mit diesen in unmittelbarem Zusammenhang stehen (§ 60 Abs. 2 Satz 2 GeschO BT). Zudem können sie über alle anderen Fragen aus ihrem Geschäftsbereich beraten (§ 60 Abs. 2 Satz 3 GeschO BT). Gerade diese Abgrenzung des Geschäftsbereich eines Ausschusses, der als politisches Entscheidungsgremium einer wissenschaftlichen Beratungsstelle beim Deutschen Bundestag fungieren soll, führt zu Schwierigkeiten, da seine Tätigkeit — umfassende wissenschaftliche Beratung — auch das Übergreifen auf die Geschäftsbereiche anderer Ausschüsse zur Folge hat[160]. Im Ergebnis würde ein *„Überausschuß“* etabliert, dessen Geschäftsbereich umfassend ist.

Um eine kontinuierliche Beratungstätigkeit zu gewährleisten, muß das politische Entscheidungsorgan die Möglichkeit besitzen, ohne besondere Beauftragung durch den Bundestag die Durchführung von Studien veranlassen zu können. Gemäß § 60 Abs. 2 Satz 3 GeschO BT haben Ausschüsse das Recht, ohne besondere Beauftragung seitens des Bundestages über Gegenstände aus ihrem Geschäftsbereich zu beraten und Sachverständige dazu zu hören (§ 73 Abs. 3 Satz 2 GeschO BT). Sie dürften daher in *entsprechender* Anwendung des § 73 Abs. 3 Satz 2 GeschO

---

[159] Vgl. oben C II 1. b), aa), γ).

[160] *Paschen u. a.* im Gutachten zum Problemkreis Technologiefolgenabschätzung (Technology-Assessment), S. 220.

BT rechtlich dazu in der Lage sein, auch entsprechende Studien ohne Beauftragung durch den Bundestag von externen Institutionen erstellen zu lassen, da dieser in der Geschäftsordnung des Bundestages nicht geregelte Fall eines Anforderns von Gutachten zu nicht überwiesenen Gegenständen der Anhörung von Sachverständigen so ähnlich ist, daß eine entsprechende Anwendung der vorbezeichneten Norm als zulässig erscheint[161].

Darüber hinaus müssen die Fraktionen und Ausschüsse des Bundestages das Recht besitzen, bei dem politischen Entscheidungsorgan der wissenschaftlichen Beratungsstelle Anträge auf Erstellung von Gutachten einzureichen. Eine direkte Antragsbefugnis von Fraktionen und Ausschüssen an einen Ausschuß besteht nach der Geschäftsordnung des Bundestages indes nicht. Gemäß § 97 Abs. 1 GeschO BT bzw. gemäß § 74 GeschO BT können derartige Anträge aber von den Abgeordneten bzw. von Ausschüssen in ihren Berichten in den Bundestag eingebracht werden, der dann seinerseits den Antrag an den Ausschuß verweisen kann. Allerdings ist zu einer solchen Verweisung ein *Mehrheitsbeschluß des Bundestages* nötig (§ 54 Abs. 2 GeschO BT), so daß es die Mehrheitsparteien in der Hand haben, eine Überweisung von Gutachtenanträgen an den Ausschuß zu verhindern[162].

Nun kann jedoch die *Minderheit im Ausschuß selbst* die Behandlung eines Themas in einer Studie durchsetzen, über deren Ergebnis der Ausschuß aber ohne weiteres eine Empfehlung nicht abgeben kann (§ 60 Abs. 2 Satz 2 GeschO BT). Gleichwohl können mindestens soviele Abgeordnete, wie einer Fraktionsstärke entsprechen, einen Antrag auf Abgabe einer Empfehlung stellen (§ 97 Abs. 1 GeschO BT), über den wiederum im Parlament abgestimmt werden müßte. Die parlamentarische Mehrheit könnte also auch hier die Abgabe von Empfehlungen auf Grund einer von der Ausschußminderheit angestrengten Studie verhindern[163].

Dieser Umstand zeigt, daß die Organisationsform des Ausschusses die oben[164] als erwünscht und notwendig bezeichneten Minderheitsrechte der parlamentarischen Opposition, die im Ausschuß selbst durchaus praktiziert werden könnten, dennoch unwirksam macht, da die parlamentarische Mehrheit im Bundestag Empfehlungen auf Grund von Minderheitsstudien, die der Vorschrift des § 60 Abs. 2 Satz 3 GeschO BT un-

[161] So auch: *Paschen u. a.* im Gutachten zum Problemkreis Technologiefolgenabschätzung (Technology-Assessment), S. 220 f.

[162] Diese Konsequenz ziehen *Paschen u. a.* im Gutachten zum Problemkreis Technologiefolgenabschätzung (Technology-Assessment), S. 221, nicht.

[163] Diese Folge übersehen *Paschen u. a.* im Gutachten zum Problemkreis Technologiefolgenabschätzung (Technology-Assessment), S. 222, die dann auch insoweit zu einem unzutreffenden Schluß gelangen (S. 237).

[164] Siehe oben A IV, insbes. A IV 4.

terliegen, verhindern kann[165]. Eine Verbesserung der parlamentarischen Informationslage, insbesondere der parlamentarischen Opposition, wird durch die Organisationsform des Ausschusses als politisches Entscheidungsorgan einer wissenschaftlichen Beratungsstelle nicht sichergestellt.

b) Das politische Entscheidungsgremium in Form einer Kommission

Gemäß § 74 a Abs. 1 GeschO BT kann der Bundestag zur Vorbereitung von Entscheidungen über umfangreiche und bedeutsame Sachkomplexe Enquete Kommissionen einsetzen, deren Mitglieder nicht nur aus Parlamentariern, sondern auch aus Wissenschaftlern und Praktikern bestehen[166]. Eine Mitgliedschaft von parlamentsexternen Personen in dem politischen Entscheidungsorgan einer wissenschaftlichen Beratungsstelle ist indes nicht erforderlich, da das Befehlsorgan ja auf ein eigenes Sachverständigengremium zurückgreifen kann.

Im Gegensatz zur Organisationsform eines Ausschusses besteht nach dem Wortlaut des § 74 a Abs. 2 i.V.m. § 12 GeschO BT die Möglichkeit, daß Regierungsmehrheit und Opposition in einer Enquete Kommission *paritätisch* vertreten sind. Demnach müßte beiden Seiten ein bestimmter Anteil des Beratungsbudgets zur Verfügung gestellt werden, den die jeweiligen Parteien im Falle einer Nichteinigung für getrennte Studien einsetzen können[167].

Bedenken gegen die Organisationsform einer Enquete Kommission[168] als politisches Entscheidungsorgan eines „Amtes zur Bewertung tech-

---

[165] A. A. *Paschen u. a.* im Gutachten zum Problemkreis Technologiefolgenabschätzung (Technology-Assessment), S. 237.

[166] *Enquete Kommission Verfassungsreform,* Zwischenbericht, in: Zur Sache 1 (1973)/S. 30.

[167] Siehe oben C II 1. b), aa), β).

[168] In einem *Antrag* im Ausschuß für Forschung und Technologie vom 13. März 1975, S. 1, schlug die CDU/CSU-Fraktion in Anlehnung an ihren Vorschlag auf Einrichtung eines „Amtes zur Bewertung technologischer Entwicklungen beim Deutschen Bundestag" die Schaffung einer *„Kommission für Technologiefolgenabschätzung"* beim Deutschen Bundestag vor. Sachlich stellt dieser Antrag eine Präzisierung des ursprünglichen Vorschlags der CDU/CSU-Fraktion auf Einrichtung eines „Amtes zur Bewertung technologischer Entwicklungen beim Deutschen Bundestag" dar (vgl. *Deutscher Bundestag,* 7. Wahlperiode, Drucksache 7/468), indem die Etablierung eines politischen Entscheidungsorgans der letztgenannten Institution im Rahmen der rechtlichen Möglichkeiten der Geschäftsordnung des Deutschen Bundestages beabsichtigt wurde. Diese Kommission sollte sich paritätisch aus je 3 Mitgliedern der Regierungsparteien und der Opposition zusammensetzen. Sechs weitere nicht stimmberechtigte Sachverständige sollten auf Vorschlag der stimmberechtigten Mitglieder vom Präsidenten der Kommission zugeordnet werden. Auf seiner 30. Sitzung am 16. April 1975 lehnte der Ausschuß für Forschung und Technologie diesen Antrag der CDU/CSU-Fraktion ab (vgl. *Kurzprotokoll* der 30. Sitzung des Ausschusses für Forschung und Technologie am 16. April 1975, S. 19—25).

nologischer Entwicklungen beim Deutschen Bundestag" ergeben sich daraus, daß Enquete Kommissionen *keine ständigen Einrichtungen* sind, obgleich ihre Tätigkeit umfangreich ist. Zudem besteht hier nicht die Möglichkeit, nach Einsetzung weitere Einzelaufträge der Kommission zur Bearbeitung vorzulegen. Diese Tatsache gestaltet die Form der Enquete Kommission für die Aufgabe eines politischen Entscheidungsgremiums einer wissenschaftlichen Beratungsstelle beim Deutschen Bundestag unpraktikabel, da einerseits Daueraufträge an die Kommission nicht vergeben werden können und es andererseits kaum möglich ist, nach Beendigung jedes einzelnen Beratungsgegenstandes über die Wiedereinsetzung der Kommission und damit des gesamten Beratungsdienstes zu befinden[169].

Schließlich müßten Fraktionen und Ausschüsse das Recht haben, Gutachtenvorschläge in die Kommission einzubringen, da ein Initiativrecht des politischen Entscheidungsgremiums allein den parlamentarischen Interessen nicht gerecht würde. Dies könnte einmal durch ein direktes Vorschlagsrecht an die Kommission geschehen oder durch eine Überweisungsmöglichkeit von Anträgen durch den Bundestag. Ein direktes Vorschlagsrecht kommt allerdings der Lösung nahe, die für das amerikanische „Technology Assessemnt Board" des „Office of Technology Assessment" gewählt wurde[170], eine Überweisungsmöglichkeit von Anträgen durch den Bundestag enthielte die in der Ausschußlösung enthaltenen Nachteile im Hinblick auf ein Minderheitsrecht der parlamentarischen Opposition[171].

Insgesamt ist die Organisationsform einer Kommission für das politische Entscheidungsgremium einer wissenschaftlichen Beratungsstelle nicht geeignet[172].

c) Das politische Entscheidungsgremium analog dem „Technology Assessment Board"

Die vorstehenden Erörterungen haben gezeigt, daß die in der Geschäftsordnung des Bundestages vorgesehenen Organe des Bundestages die Funktion eines politischen Entscheidungsgremiums einer Technologiebewertungsinstitution zur wissenschaftlichen Beratung des Deutschen Bundestages nur unzulänglich erfüllen können. Im Ergebnis erscheint es daher zweckmäßig, ein dem *„Technology Assessment Board"*[173] des

[169] *Paschen u. a.* im Gutachten zum Problemkreis Technologiefolgenabschätzung (Technology-Assessment), S. 223 f.

[170] *Paschen u. a.* im Gutachten zum Problemkreis Technologiefolgenabschätzung (Technology-Assessment), S. 224.

[171] Im Ergebnis differenzierend: *Paschen u. a.*, ebd., S. 224.

[172] So auch: *Paschen u. a.* im Gutachten zum Problemkreis Technologiefolgenabschätzung (Technology-Asessment), S. 224, 237.

[173] Vgl. § 4, Public Law, 92—484, 92nd Congress, H. R. 10243, October 13, 1972.

amerikanischen „Office of Technology Assessment" nachgebildetes Gremium sui generis zu wählen[174]. Dieser Rat könnte entweder paritätisch oder entsprechend den parlamentarischen Mehrheitsverhältnissen besetzt werden, wenn die für eine Funktionsfähigkeit des politischen Entscheidungsorgans erforderlichen *Minderheitsrechte* der parlamentarischen Opposition zugestanden werden[175]. Bei einer derartigen Organisationsform bestünde sowohl die Möglichkeit, daß das politische Entscheidungsgremium im Bedarfsfalle von sich aus tätig wird, als auch eine Antragsbefugnis von Ausschüssen, Fraktionen und Parlamentariern unmittelbar an das Befehlsorgan. Der Funktion eines „Amtes zur Bewertung technologischer Entwicklungen beim Deutschen Bundestag" wird ein solches Gremium am besten gerecht.

2. Institutionelle Alternativen eines Verwaltungsorgans

a) Die Verwaltung des Amtes durch eine Dienststelle

Ein Alternative für die Organisation der Verwaltung eines „Amtes zur Bewertung technologischer Entwicklungen" ist die einer Dienststelle beim Deutschen Bundestag, wobei die Dienststelle des Wehrbeauftragten als Modell herangezogen werden kann[176]. Danach unterstünde der Leiter und die Mitarbeiter der Dienststelle der Dienst- und Fachaufsicht des Vorsitzenden des politischen Entscheidungsgremiums[177], auf dessen Vorschlag die Beamten vom Präsidenten des Deutschen Bundestages ernannt und entlassen würden[178]. Den Etat der Dienststelle, der ein Teil des Einzelplans des Bundestages wäre, stellte der Ältestenrat des Bundestages fest[179].

Diese Organisationsform der Verwaltung gestaltet das „Amt zur Bewertung technologischer Entwicklungen beim Deutschen Bundestag" *weitgehend unabhängig*. Die Bediensteten unterstünden nicht der Dienstaufsicht des Bundestagspräsidenten und die Dienststelle besäße einen

---

[174] A. A. *Paschen u. a.* im Gutachten zum Problemkreis Technologiefolgenabschätzung (Technology-Assessment), S. 237.

[175] Siehe dazu ausführlich oben C II 1. b), aa), β).

[176] Die Dienststelle des Wehrbeauftragten ist eine von der Bundestagsverwaltung getrennte Dienststelle beim Deutschen Bundestag und wird der besonderen Bundesverwaltung zugerechnet. Vgl. *Paschen u. a.* im Gutachten zum Problemkreis Technologiefolgenabschätzung (Technology-Assessment), S. 228 f.

[177] Zur Frage der Dienstaufsicht über den Wehrbeauftragten vgl. § 16 Abs. 1 Satz 2 des Gesetzes über den Wehrbeauftragten des Bundestages vom 26. Juni 1957, BGBl I, S. 652; *Dürig* in MDH, Art. 45 b, Rdn. 14.

[178] Vgl. § 16 Abs. 2 Satz 2 des Gesetzes über den Wehrbeauftragten des Bundestages vom 26. Juni 1957, BGBl I, S. 652.

[179] *Schäfer*, Der Bundestag, S. 190.

eigenen Etat. Damit hätte die Bundestagsverwaltung keinen Einfluß auf die personelle Besetzung und die Arbeit der Verwaltung der wissenschaftlichen Beratungsstelle[180]. Der Nachteil einer derartigen Organisationsform liegt in dem *hohen Verwaltungsaufwand*, da der Aufbau einer eigenen internen Verwaltung notwendig wäre. Einen Ausweg bietet insoweit die Übertragung der internen Verwaltungsaufgaben auf eine Dienststelle der Bundestagsverwaltung[181].

Eine Dienststelle außerhalb des Bundestages behinderte andererseits die erforderliche Zusammenarbeit einer wissenschaftlichen Beratungsstelle mit dem derzeit bestehenden Wissenschaftlichen Dienst des Deutschen Bundestages. Dieser Nachteil würde aber durch die Tatsache, daß ein gegenseitiges Interesse von Wissenschaftlichem Dienst und Beratungsstelle an einer Kooperation bestehen wird, keine allzu große Tragweite besitzen[182].

b) Die Verwaltung des Amtes durch ein Büro

Die zweite Organisationsmöglichkeit für die Verwaltung eines „Amtes zur Bewertung technologischer Entwicklungen beim Deutschen Bundestag" besteht in einem in die Bundestagsverwaltung integrierten Büro. Die *Unabhängigkeit* der Beratungsstelle ist bei dieser Organisationsform *kleiner* und die Aufsicht über die Verwaltung verteilt sich auf den Vorsitzenden des politischen Entscheidungsorgans (Fachaufsicht) und den Bundestagspräsidenten (Dienstaufsicht)[183].

---

180 *Paschen u. a.* im Gutachten zum Problemkreis Technologiefolgenabschätzung (Technology-Assessment), S. 229.

181 Vgl. dazu: *Paschen u. a.*, ebd., S. 229.

182 *Paschen u. a.* im Gutachten zum Problemkreis Technologiefolgenabschätzung (Technologie-Assessment), S. 230.

183 *Paschen u. a.* im Gutachten zum Problemkreis Technologiefolgenabschätzung (Technology-Assessment), S. 230. In diesem Sinne lautete der *Antrag* der CDU/CSU-Fraktion im Ausschuß für Forschung und Technologie vom 13. März 1975, S. 2, mit dem der ursprüngliche Vorschlag der CDU/CSU-Fraktion auf Einrichtung eines „Amtes zur Bewertung technologischer Entwicklungen beim Deutschen Bundestag" (vgl. *Deutscher Bundestag*, 7. Wahlperiode, Drucksache 7/468) hinsichtlich des Verwaltungsorgans dieser Beratungsinstitution präzisiert wurde. Sie beantragte, zur Abwicklung der von der „Kommission für Technologiebewertung" beschlossenen Aufgaben (vgl. oben C III b, FN 168) ein *„Sekretariat zur Bewertung technologischer Entwicklungen"* bei der Verwaltung des Deutschen Bundestages einzurichten und direkt dem Bundestagspräsidenten zu unterstellen. Dieses Sekretariat sollte die von der Kommission beschlossenen oder von den Vorsitzenden der Bundestagsausschüsse überwiesenen Projekte grundsätzlich durch zeitlich befristete Auftragsvergabe an Experten im In- und Ausland durchführen und den Bundestagsabgeordneten regelmäßig eine kontinuierliche Information über wissenschaftlich-technische Entwicklungen zur Verfügung stellen. Dieser Vorschlag fand auf der 30. Sitzung des Ausschusses für Forschung und Technologie am 16. April 1975 keine Zustimmung (vgl. *Kurzprotokoll* der 30. Sitzung des Ausschusses für Forschung und Technologie am 16. April 1975, S. 19—25).

Die Integrierung eines Büros in die Bundestagsverwaltung könnte einmal durch die Eingliederung entsprechend den Ausschußsekretariaten[184] vonstatten gehen. In diesem Falle umfassen die vom Büro zu erfüllenden Aufgaben sowohl „geschäftsführende Tätigkeiten", wie die Ausschreibung von Gutachten etc., als auch sehr zeitaufwendige und erhebliche Fachkenntnisse erfordernde Tätigkeiten (z. B. laufende Beobachtung von Trends in der technischen Entwicklung). Aus dieser umfangreichen Aufgabenstellung ergeben sich denn auch Bedenken gegen diese Organisationsform, da ein Büro der bei den Ausschußsekretariaten üblichen Größenordnung diese Aufgaben kaum erfüllen kann[185]. Die Integrierung des Büros in die Bundestagsverwaltung durch Einrichtung eines neuen Fachbereichs hingegen führte zur Ausstattung des Büros mit einem Sekretariat und einer Gutachtergruppe. Eine solche Organisationsform ermöglichte es der Verwaltung eines „Amtes zur Bewertung technologischer Entwicklungen beim Deutschen Bundestag" in größerem Maße, die an sie gestellten Aufgaben zu erfüllen[186].

3. Das Wissenschaftlergremium

Aus der Funktion des Wissenschaftlergremiums — nämlich der Auffindung und Präzisierung von Fragestellungen bzw. der eigenständigen Durchführung von Studien — ergibt sich, daß die Besetzung eine interdisziplinäre zu sein hat. Fachleute aus Natur-, Wirtschafts- und Gesellschaftswissenschaften (Chemiker, Physiker, Biologen, Soziologen, Ökonomen etc.) müssen darin vertreten sein[187]. Der Umfang der Besatzung und der Anteil der einzelnen wissenschaftlichen Disziplinen wird sich weitgehend nach den Bedürfnissen des jeweiligen Parlaments zu richten haben und ist darüber hinaus eine *Frage der Praktikabilität*[188]. Eine zu

---

[184] Siehe dazu: *Quaritsch*, Die wissenschaftlichen Dienste des Bundestages, in: Festschrift für Forsthoff, S. 313 f. und oben A II 1. a).

[185] So: *Paschen u. a.* im Gutachten zum Problemkreis Technologiefolgenabschätzung (Technology-Assessment), S. 232.

[186] *Paschen u. a.* im Gutachten zum Problemkreis Technologiefolgenabschätzung (Technology-Assessment), S. 233, 239.

[187] In Amerika stellen Ökonomen, Ingenieure und Physiker den Hauptanteil der Besatzung, die „Technology-Assessment" betreiben; die Beteiligung von Soziologen war dagegen relativ gering (ausgenommen bei der Erstellung von Gutachten durch Unternehmen). Vgl. *Coates*, Technology and Public Policy, S. 13 f.

[188] Die folgende Übersicht zeigt den prozentualen Anteil einzelner wissenschaftlicher Disziplinen in den amerikanischen Forschungsteams: Weite Gebiete umfassende Gutachten (Wide Scope Assessments): 55 % Ökonomen, 33 % Ingenieure, 66 % Physiker, 33 % Biologen, 55 % Soziologen. Teilgebiete umfassende Gutachten (Partial Technology Assessments): 41 % Ökonomen, 25 % Ingenieure, 25 % Physiker, 16 % Biologen, 44 % Soziologen. Problemorientierte Gutachten (Problemoriented Technlogy Assessments): 30 % Ökonomen, 20 % Ingenieure, 40 % Physiker, 10 % Biologen, 10 % Soziologen. Zukunftsforschung (Futures Research): 50 % Ökonomen, 63 % Ingenieure,

bescheidene Ausstattung wäre hier aber mit Sicherheit ebensowenig zweckmäßig wie ein ausuferndes Gremium.

Hinsichtlich der Qualifikation der Mitglieder im Wissenschaftlergremium ist die Forderung zu stellen, daß sich alle durch besondere Kenntnisse und Erfahrungen in ihrem jeweiligen Sachgebiet auszeichnen müssen. Dabei erscheint eine Differenzierung zwischen Wissenschaftlern und Praktikern ebensowenig opportun wie eine Reservierung mehrerer Plätze für Hochschullehrer[189]. Die letztgenannten zeichnen sich zwar durch ein in keiner Gruppe von abhängig Beschäftigten vorzufindendes Maß an Unabhängigkeit aus, die gepaart mit großer Sachkenntnis der Arbeit einer wissenschaftlichen Beratungsstelle zum Vorteil gereichte[190]. Jedoch sollte auch der Nutzen einer Mitarbeit von Praktikern nicht gering erachtet werden, da durch sie dem Parlament ihr unmittelbarer Kontakt mit Problemen ihres Bereiches und ihr Detailwissen zugute kommt[191]. Nur die *persönliche Qualifikation* für die Aufgabe, nicht aber die Zugehörigkeit zu einer bestimmten Berufsgruppe oder einem bestimmten Lehrkörper sollte daher die Auswahl bestimmen.

Wie bereits an anderer Stelle hervorgehoben wurde[192], können Ergebnis und Verlauf einer Studie entscheidend durch die Vorbestimmung der Bewertungsmaßstäbe und -grundsätze beeinflußt werden. Dies führt zu der Frage der Unabhängigkeit der Mitglieder im Wissenschaftlergremium, die neben der fachlichen Qualifikation für die Tätigkeit dieses Gremiums relevant sein wird. Die Unabhängigket der wissenschaftlichen Mitarbeiter eines „Amtes zur Bewertung technologischer Entwicklungen beim Deutschen Bundestag“ kann einmal durch einen geeigneten *Auswahlmodus* und einem vor Interesseneinflüssen gesicherten *Berufungsverfahren* sichergestellt werden. Darüber hinaus ist die Festlegung des Verhältnisses der wissenschaftlichen Mitarbeiter zu *Behörden* und *Organisationen* des wirtschaftlichen und sozialen Lebens sowie eine *großzügige Entschädigung* der Mitglieder, durch die sie gegebenenfalls von

13 % Physiker, 13 % Biologen, 13 % Soziologen. Vgl. *Coates*, Technology and Public Policy, S. 14.

[189] Eine derartige Unterscheidung zwischen Wissenschaftlern und Praktikern sowie eine Reservierung mehrerer Plätze für Hochschullehrer war in dem von den CDU/CSU-, FDP-Fraktionen eingebrachten Entwurf eines Gesetzes über die Bildung eines Sachverständigenrates zur Begutachtung der gesamtwirtschaftlichen Entwicklung (*Deutscher Bundestag*, 4. Wahlperiode, Drucksache IV/540) in § 1 Abs. 2 des Entwurfes vorgesehen. Diese Differenzierung wurde vom Wirtschaftsausschuß (16. Ausschuß) verworfen (vgl. *Deutscher Bundestag*, 4. Wahlperiode zu Drucksache IV/1320, Bericht des Abgeordneten Junghans, S. 1 f.) und erschien im verabschiedeten Gesetz nicht mehr.

[190] *Wilhelm*, Wissenschaftliche Beratung der Politik in der Bundesrepublik Deutschland, S. 180.

[191] *Wilhelm*, Wissenschaftliche Beratung der Politik in der Bundesrepublik Deutschland, S. 181.

[192] Siehe oben C I.

ihren sonstigen Aufgaben freigestellt werden können, ein die Unabhängigkeit gewährleistendes Mittel[193].

Da das Wissenschaftlergremium eines wissenschaftlichen Beratungsdienstes beim Deutschen Bundestag wegen der Komplexität und Kompliziertheit der Materie mehr sein muß als ein ad-hoc-Gremium mit wechselnder Zusammensetzung, ist die Mitarbeit der Mitglieder über einen längeren Zeitraum hinweg wünschenswert. Andererseits muß aber eine Abberufung der Mitglieder möglich sein, da eine Einstellung „auf Probe" kaum möglich ist, um so die Eignung eines Kandidaten zu überprüfen[194]. Am zweckmäßigsten erscheint ein *turnusmäßiger Wechsel* in der personellen Zusammenstellung des Wissenschaftlergremiums. Über eine Liste, die die für eine Mitgliedschaft im Wissenschaftlergremium in Frage kommenden Personen erfaßt, sollten die wissenschaftlichen Mitarbeiter berufen werden, die dann einen bestimmten Zeitraum (etwa fünf Jahre) dem Gremium angehören.

Der befristeten Berufung der Mitglieder ins Wissenschaftlergremium könnte man entgegenhalten, sie beeinträchtige die Produktivität dieser Einrichtung: Eine unbefristete Berufung habe einen nur geringen Wechsel in der Zusammensetzung des Wissenschaftlergremiums zur Folge, der die Kontinuität und damit den Nutzen der gemeinsamen Arbeit fördere[195]. Dieser Einwand kann jedoch insoweit entkräftet werden, als eine Reihenfolge eingeführt werden kann, nach der jedes Jahr die Amtszeit eines *bestimmten Prozentsatzes der Mitglieder* endet und ihre Wiederwahl zugelassen wird. So ließe sich dann eine weitgehende Kontinuität der Arbeit im Wissenschaftlergremium wahren[196].

Die Berufung der Mitglieder könnte in der Weise vor sich gehen, daß der Bundestagspräsident auf Vorschlag des politischen Entscheidungsorgans die wissenschaftlichen Mitarbeiter ernennt[197]. Auszuschließen ist

---

[193] Zur Bedeutung der Unabhängigkeit einer Technologiebewertungseinrichtung vgl.: *Paschen*, Technology Assessment (TA) als partizipatorischer und argumentativer Prozeß, Vortrag am 9. 11. 1973 in München, S. 4.

[194] Um die Eignung der Mitglieder beurteilen zu können, müßte diese Probezeit 5—10 Jahre dauern, was die Möglichkeit einer probeweisen Einstellung unzweckmäßig macht. Vgl.: Betriebsrat der Kernforschungsanlage Jülich GmbH in seiner *Antwort* auf das Schreiben der CDU/CSU-Fraktion des Deutschen Bundestages, Arbeitsgruppe Forschung und Technologie, vom 10. April 1973, betreffend die Einrichtung eines Amtes zur Bewertung technologischer Entwicklungen, S. 4.

[195] So: *Koch*, Der Wissenschaftliche Beirat beim Bundesminister für Wirtschaft, in: Probleme der normativen Ökonomik und der wirtschaftspolitischen Beratung, S. 405, 406.

[196] *Wilhelm*, Wissenschaftliche Beratung der Politik in der Bundesrepublik Deutschland, S. 194.

[197] Vgl. auch § 7 Abs. 1 des Gesetzes über die Bildung eines Sachverständigenrates zur Begutachtung der gesamtwirtschaftlichen Entwicklung vom 14. August 1963, BGBl I, S. 685 und: § 6 Abs. 1 des Entwurfes eines Gesetzes

demnach die Regelung des Berufungsverfahrens in Form einer *autonomen Kooptation*, indem das Wissenschaftlergremium nach erstmaliger Einsetzung in eigener Verantwortung seine Mitglieder wählt[198]. Diese Berufungsmodalität könnte dazu führen, daß sich die in das Wissenschaftlergremium berufenen Mitglieder stets aus ein und demselben Personenkreis rekrutieren und so die Unabhängigkeit der wissenschaftlichen Mitarbeiter in Frage gestellt wird.

Durch die Manifestierung von *Inkompatibilitäten* zwischen der Mitgliedschaft im Wissenschaftlergremium und der Mitgliedschaft in Regierung des Bundes oder der Länder sowie in sonstigen Behörden oder juristischen Personen des öffentlichen Rechts, mit Ausnahme von Hochschulen oder sonstigen wissenschaftlichen Institutionen, kann weiterhin zur Sicherung der Unabhängigkeit der wissenschaftlichen Mitarbeiter beigetragen werden. Angebracht wäre zudem die Erstreckung der Inkompatibilität auf die Mitgliedschaft in Arbeitgeber- und Arbeitnehmerverbänden. Ebenfalls erscheint es wenig opportun, Personen aus dem Kreis der Ratsuchenden, d. h. Angehörige des Parlaments, in das Wissenschaftlergremium aufzunehmen[199]. Die Mitgliedschaft von Parlamentariern im Wissenschaftlergremium führte hinsichtlich ihrer parteipolitischen Bindungen zu den gleichen Problemen, wie sie oben[200] bei der Zusammensetzung des politischen Entscheidungsorgans eines „Amtes zur Bewertung technologischer Entwicklungen beim Deutschen Bundestag" erörtert wurden. Gleichwohl braucht auf das Fachwissen sachkundiger Abgeordneter nicht verzichtet zu werden, da man sie, ebenso wie andere Sachverständige aus Verbänden oder der Ministerialbürokratie, bei den Beratungen fallweise hinzuziehen könnte[201].

über die Bildung eines Sachverständigenrates zur Begutachtung der gesamtwirtschaftlichen Entwicklung, *Deutscher Bundestag*, 4. Wahlperiode, Drucksache IV/540; § 7 a (1) des Gesetzes über die Einrichtung des „Office of Technology Assessment" Public Law 92—484, 92nd Congress, H. R. 10243, October 13, 1972. Vgl. auch: § 176 Abs. 1 BBG.

[198] Eine autonome Kooptation sah der Entwurf eines Gesetzes über die Bildung eines Sachverständigenrates zur Begutachtung der gesamtwirtschaftlichen Entwicklung (*Deutscher Bundestag*, 4. Wahlperiode, Drucksache IV/540) in § 6 Abs. 3 vor. Diese Berufungsmodalität wurde dann vom Wirtschaftsausschuß (16. Ausschuß) verworfen (vgl. *Deutscher Bundestag*, 4. Wahlperiode, zu Drucksache IV/1320, Bericht des Abgeordneten Junghans, S. 2).

[199] Ähnlich: *Wilhelm*, Wissenschaftliche Beratung der Politik in der Bundesrepublik Deutschland, S. 182, der in der Weisungsgebundenheit der Ministerialbeamten den entscheidenden Hinderungsgrund für eine Mitgliedschaft dieser Personengruppe in wissenschaftlichen Beiräten der Bundesministerien sieht.

[200] Vgl. oben C II 1. b), aa), β).

[201] So auch *Wilhelm*, Wissenschaftliche Beratung der Politik in der Bundesrepublik Deutschland, S. 182 für die Mitwirkung der Ministerialbürokratie in Beiräten der Bundesministerien. Im us-amerikanischen „Office of Technology Assessment" wurde auf eine Sicherung der Unabhängigkeit der Mitglieder des „Technology Assessment Advisory Council" durch bestimmte In-

Schließlich sichert eine ausreichende *Besoldung* die Unabhängigkeit der wissenschaftlichen Mitarbeiter[202]. Ein großzügiges Entgelt für die Tätigkeit im Wissenschaftlergremium sollte die Freistellung der Mitglieder von ihren sonstigen Aufgaben ermöglichen und ihre finanzielle Unabhängigkeit gewährleisten. Mit dieser Regelung zu verbinden wäre ein *Wiederaufnahmeanspruch* des einzelnen wissenschaftlichen Mitarbeiters in seine frühere Stellung nach Ablauf der Mitgliedschaft im Wissenschaftlergremium, um eine unbeeinflußte Entscheidung des Kandidaten für oder gegen eine Mitgliedschaft zu garantieren[203].

Wilhelm[204] meint hingegen, daß der Wissenschaftler durch eine entgeltliche Tätigkeit in Abhängigkeit zu seinem Auftraggeber gerate. Wie diese Abhängigkeit Relevanz erlangen kann, erläuterte Wilhelm indes nicht. Sie könnte sich nur in der Weise auswirken, daß der Wissenschaftler dem Auftraggeber allein „genehme" Beratungen liefert und unbequeme Wahrheiten verschweigt, um seine Existenz nicht zu gefährden. Berücksichtigt man aber, daß die Mitglieder im Wissenschaftlergremium einer wissenschaftlichen Beratungsstelle beim Deutschen Bundestag nur für eine bestimmte Zeit ihr Amt wahrnehmen und nicht als Lebensberuf ausüben, so besteht eine solche Abhängigkeit in Wirklichkeit nicht.

---

kompatibilitäten verzichtet (vgl. Public Law 92—484, 92nd Congress, H. R. 10243, October 13, 1972). Die im Gesetz über die Bildung eines Sachverständigenrates zur Begutachtung der gesamtwirtschaftlichen Entwicklung vom 14. August 1963, BGBl I, S. 685, vorgesehene Inkompatibilität zwischen der Mitgliedschaft in Sachverständigenrat und in Organisationen des wirtschaftlichen und sozialen Lebens (§ 1 Abs. 3) war bereits in dem Gesetzesentwurf vorgesehen (vgl. § 1 Abs. 3 des Entwurfs eines Gesetzes über die Bildung eines Sachverständigenrates zur Begutachtung der gesamtwirtschaftlichen Entwicklung, *Deutscher Bundestag*, 4. Wahlperiode, Drucksache IV/540).

[202] Die wissenschaftlichen Mitarbeiter im „Technology Assessment Advisory Council" des amerikanischen „Office of Technology Assessment" erhalten neben Reisekostenerstattung, Tagegelder etc. ebenfalls eine Vergütung für ihre Tätigkeit im Rahmen des „Office of Technology Assessment" (§ 7 e, [1], [2], Public Law 92—484, 92nd Congress, H. R. 10243, October 13, 1972. Beachte aber die Limitierung in § 7 c, [2]). Im Gesetzentwurf über die Bildung eines Sachverständigenrates zur Begutachtung der gesamtwirtschaftlichen Entwicklung (*Deutscher Bundestag*, 4. Wahlperiode, Drucksache IV/540) war ursprünglich eine monatliche Vergütung der Sachverständigen vorgesehen (vgl. § 11 Abs. 1 des Entwurfes). Der Wirtschaftsausschuß (16. Ausschuß) änderte diese Regelung in die Gewährung einer pauschal für einen größeren Zeitraum zu gewährende Entschädigung ab, vgl. *Deutscher Bundestag*, 4. Wahlperiode, zu Drucksache IV/1320, Beschlüsse des Wirtschaftsausschusse (16. Ausschuß), S. 6. Vgl. auch: *Leibholz*, Die Kontrollfunktion des Parlaments, S. 57, 77: „Jedenfalls muß ein solcher Apparat, wenn etwas gegenüber den bestehenden Ministerialbürokratien Gleichwertiges geschaffen werden soll, finanziell generös ausgestattet werden".

[203] Vgl. die entsprechende Regelung bei Wehrpflichtigen: § 6 Abs. 1, § 2 Abs. 1, § 9 Abs. 1 des Arbeitsplatzschutzgesetzes i. d. F. vom 21. 5. 1968, BGBl I, S. 551 und Art. 48 Abs. 2 GG.

[204] Wissenschaftliche Beratung der Politik in der Bundesrepublik Deutschland, S. 198.

Entscheidender ist vielmehr, daß eine verdeckte Beeinflussung des Parlaments durch außerparlamentarische Kräfte verhindert wird. Diese „Abhängigkeit im Außenverhältnis“ wird aber durch eine unentgeltliche und damit nebenberufliche Amtsausübung der Wissenschaftler mit Sicherheit eher entstehen als durch die Etablierung eines „neuen Typs besoldeter Wissenschaftsfunktionäre“[205].

4. Der rechtliche Status der nichtparlamentarischen Mitglieder eines „Amtes zur Bewertung technologischer Entwicklungen beim Deutschen Bundestag“

Mit der Befürwortung einer ausreichenden Besoldung der Mitglieder des Wissenschaftsgremiums wurde zugleich die Frage einer ehrenamtlichen Stellung[206] (negativ) präjudiziert, da ein persönliches Ehrenamt mit einer großzügigen finanziellen Entschädigung nicht vereinbar ist. Dieser ebenso gegen eine ehrenamtliche Stellung der Mitglieder des Verwaltungsorgans sprechende Grund wird hier noch durch den Umstand gestützt, daß die Mitglieder des Exekutivorgans ihre Funktion nicht nur für eine begrenzte Zeit, sondern auf Dauer ausüben. Die Frage kann somit allein sein, ob den nichtparlamentarischen Mitgliedern der Technologiebewertungsinstitution beim Deutschen Bundestag der Beamtenstatus verliehen werden sollte. Die Antwort darauf gibt eine Gegenüberstellung der personellen Besetzung von Exekutive und Legislative.

Die gegenwärtige fachliche Vormachtstellung der Exekutive gegenüber dem Parlament ergibt sich neben der Organisation dieser beiden Gewalten aus der Beschaffenheit der sie im wesenlichen tragenden Personengruppen, nämlich der Ministerialbürokratie und der Abgeordneten[207]. Art. 33 Abs. 4 GG überträgt die Ausübung hoheitsrechtlicher Befugnisse als ständige Aufgabe in der Regel Angehörigen des öffentlichen Dienstes, die in einem öffentlich-rechtlichen Treueverhältnis stehen[208]. Dem Beamten, der hoheitliche Befugnisse auszuüben hat, wird ein Amt übertragen, eine Aufgabe, für die er die Verantwortung trägt und deren Erfüllung Fachkunde und Sachlichkeit voraussetzt[209]. Ist bereits für die

---

[205] Begriff bei *Wilhelm*, Wissenschaftliche Beratung der Politik Deutschland in der Bundesrepublik Deutschland, S. 197.

[206] In § 1 Abs. 4 des Entwurfes eines Gesetzes über die Bildung eines Sachverständigenrates zur Begutachtung der gesamtwirtschaftlichen Entwicklung, *Deutscher Bundestag*, 4. Wahlperiode, Drucksache IV/540, war zunächst eine ehrenamtliche Stellung der Sachverständigenratsmitglieder vorgesehen. Dieser Punkt wurde dann vom Wirtschaftsausschuß (16. Ausschuß) verworfen (vgl. *Deutscher Bundestag*, 4. Wahlperiode, zu Drucksache IV/1320, Bericht des Abgeordneten Junghans, S. 3).

[207] *Odewald*, Parlamentarischer Hilfsdienst, S. 80.

[208] BVerfGE 9/268, 284 f.

[209] *Hesse*, Grundzüge des Verfassungsrechts, S. 216.

Ernennung zum Beamten neben anderen Voraussetzungen[210] die fachliche Qualifikation mitentscheidend (vgl. § 7 Abs. 1 Nr. 3 BBG, § 4 Abs. 1 Nr. 3 BRRG), so wird dieses durch eine Fachausbildung dem Beamten zuteil gewordene Fachwissen durch das sog. Dienstwissen ergänzt, d. h. jene nur dem Beamten durch die Mittel der Bürokratie ermöglichte Kenntnis bestimmter Tatsachen[211]. Einen weiteren sachlichen Vorteil schöpft die Exekutive aus dem Umstand, daß die der *Gehorsamspflicht*[212] unterworfenen Beamten in der Regel ihre Aufgabe als Haupt- und Lebensberuf[213] ausüben. Diese Kontinuität im Personalbestand der jeweiligen Behörde schlägt sich in einer auf die Sache bezogenen Kontinuität nieder, die mit Ursache für die fachliche Kompetenz der Exekutive ist[214], und wird weiter ergänzt durch Fach-, Verwaltungs-, Interessen- und wissenschaftliche Beiräte der verschiedenen Ministerien[215].

Demgegenüber steht der regelmäßig nur für eine oder zwei Legislaturperioden gewählte und damit nur für eine begrenzte Zeit mit einer bestimmten Sache befaßte *weisungsfreie* (vgl. Art. 38 Abs. 1 GG) Abgeordnete, der — wie *Köttgen*[216] zutreffend feststellte — schon „begrifflich (den) Gegentyp des Bediensteten" darstellt. Das freie Mandat begrenzt die Bindungen des Abgeordneten an seine Partei und Fraktion, indem diesen Bindungen rechtliche Bedeutung nicht zukommt. Der Status des Abgeordneten, den das freie Mandat begründet, ist von seiner Partei-

---

[210] Vgl. dazu: *v. Münch*, Öffentlicher Dienst, in: Bes. Verwaltungsrecht, S. 37 ff.

[211] *Weber*, Parlament und Regierung im neugeordneten Deutschland, S. 57 f.; vgl. auch: Art. 33 Abs. 2 GG.

[212] Vgl. § 55 BBG, § 37 BRRG. Zum Problemkreis allgemein: *E. Stein*, Die Grenzen des dienstlichen Weisungsrechts, Tübingen 1965; *A. Risken*, Grenzen amtlicher und dienstlicher Weisungen, Berlin 1969.

[213] *Fischbach*, BBG I, S. 13; ausgenommen sind die Beamten auf Zeit (§ 5 Abs. 4 BBG, §§ 3 Abs. 1 Nr. 2, 95 BRRG) und die Beamten auf Widerruf (§ 5 Abs. 2 BBG, § 3 Abs. 1 Nr. 4 BRRG).

[214] *Odewald*, Parlamentarischer Hilfsdienst, S. 80.

[215] Über den Umstand hinaus, daß die Verwaltung in wesentlichen Bereichen ihr eigener Informant ist (*Ellwein*, Einführung in die Regierungs- und Verwaltungslehre, S. 104), verfügt die Regierung über folgende Informationsquellen: Beraterstäbe: Sonderabteilungen aus Beamten der Ministerien für besondere Aufgaben. Expertengremien: Jedes Ministerium läßt sich in wichtigen Fragen von Expertengremien und Sachverständigenkommissionen beraten. Wissenschaft: Für wichtige und neuartige Fragen werden Gutachten in großer Zahl vergeben. Eigene Forschungsinstitute: Beispiel ist die Gesellschaft für Mathematik und Datenverarbeitung (GMD) in Birlinghoven. Aufträge an Expertengremien: So wurde z. B. das Justizdatenbankprojekt in Zusammenarbeit mit der Frankfurter Beratungsfirma C-E-I-R abgewickelt. Vielfältige Kontakte mit Verbänden: Vgl. *Keller/Raupach*, Informationslücke des Parlaments, S. 69 f. Diese Übersicht wurde entnommen aus: *Deutscher Bundestag*, 6. Wahlperiode, Drucksache IV/3826, S. 174. Vgl. auch: *Dreitzel*, Das Institut des wissenschaftlichen Beirates auf Bundesebene, in: Loccumer Protokolle Nr. 21, S. 53 ff.

[216] Abgeordnete und Minister als Statusinhaber, in: Gedächtnisschrift für Jellinek, S. 195, 213.

und Fraktionszugehörigkeit unabhängig[217]. Art. 38 Abs. 1 GG schließt lediglich die Verpflichtung ein, daß der Abgeordnete nach bestem Wissen und Gewissen und mit allen seinen Kräften sich zum Wohle des Ganzen einsetzt. Dieser Umstand bedeutet aber nichts anderes, als daß die fachliche Qualifikation gerade nicht Voraussetzung für die Erlangung des Status' eines Abgeordneten ist.

Ein wesentlicher Grund für die derzeitige Vormachtstellung der Exekutive liegt somit auch in der *Ausübung exekutivischer Tätigkeiten* durch *Beamte*. Will nun der Deutsche Bundestag seine Position gegenüber der Exekutive stärken, muß er sich der Mittel bedienen, die die Stärke der Exekutive ausmachen[218]. Dazu gehört auch die Beamtenschaft. Die über eine parlamentarische Besetzung des „Amtes zur Bewertung technologischer Entwicklungen beim Deutschen Bundestag" hinausgehende personelle Ausrüstung ist daher von Beamten zu stellen, die durch entsprechende Qualifikationen die nötige Sachkenntnis zur Mitarbeit in einer wissenschaftlichen Beratungsstelle des Parlaments besitzen. Auf diese als Bundestagsbeamte gemäß § 176 BBG einzustufenden Mitarbeiter fände dann das allgemeine Beamtenrecht Anwendung.

5. Die Bindung von Haushaltsmitteln für die wissenschaftliche Beratung des Deutschen Bundestages

Die Institutionalisierung der wissenschaftlichen Beratung des Deutschen Bundestages in Form eines „Amtes zur Bewertung technologischer Entwicklungen" bedarf der Finanzierung sowohl des eigenen Personals als auch der Gutachtenaufträge, die an externe Institutionen vergeben werden. Da nun die institutionalisierte wissenschaftliche Beratung des Deutschen Bundestages ein Novum ist und man insoweit auf bestehende Lösungen nicht ohne weiteres zurückgreifen kann, ist es problematisch, wie die für die Tätigkeit einer parlamentarischen Beratungsstelle erforderlichen Mittel zu veranschlagen sind.

Der Etat für die Ausschußarbeit wurde bisher für alle Ausschüsse gemeinsam unter einem Titel im Einzelhaushalt des Deutschen Bundestages veranschlagt. Damit die Ausgabenwünsche der einzelnen Bundestagsausschüsse mit dem verfügbaren Etat in Übereinstimmung gebracht

[217] *Hesse*, Grundzüge des Verfassungsrechts, S. 239.

[218] Daß dies eine allgemeine Tendenz ist, zeigt die Diskussion um die Stärkung des Deutschen Bundestages durch die Etablierung entsprechender Beratungsdienste und Hilfsgremien. Vgl. auch: *Lompe*, Die Rolle von Sachverständigengremien im Prozeß der politischen Willensbildung, in: ZfPol 1969/223, 236; *Mayntz*, Soziologie der Organisation, S. 21: „Überhaupt neigen Organisationen, die zur Erfüllung ihrer Ziele mit bestimmten anderen Organisationen in regelmäßiger Wechselbeziehung stehen müssen, dazu, sich in der eigenen Struktur derjenigen ihrer Partner oder Gegenspieler anzugleichen".

werden können, ist daher die Zustimmung des Bundestagspräsidenten für die Freigabe von Mitteln erforderlich[219]. Die Mittel für die derzeit bestehenden Enquete Kommissionen werden ebenfalls zusammen unter einem Titel im Einzelhaushalt des Deutschen Bundestages veranschlagt. Hier kann man zwar aus den Erläuterungen ersehen, in welchem Umfang Mittel von den Kommissionsmitgliedern in Anspruch genommen wurden, gleichwohl sind die Kosten für Aufträge an externe Institutionen nicht aufgeschlüsselt[220].

Damit nun ein „Amt zur Bewertung technologischer Entwicklungen beim Deutschen Bundestag“ eine permanente und kontinuierliche Beratung der Parlamentarier durchführen kann, ist eine unter Umständen sogar über ein Haushaltsjahr hinausgehende Planung erforderlich. Eine solche Planung ist dem politischen Entscheidungsgremium des Amtes aber nicht möglich, wenn der Studienetat *zusammen* veranschlagt wird, da man bei diesem Verfahren eine Übersicht über die Gesamthöhe der für Studien verfügbaren Mittel nicht erhielte. Bei einem Verzicht auf Planung der Studienaktivität ist daher die Gefahr nicht auszuschließen, daß am Ende eines Haushaltsjahres Mittel für relevante Studien fehlen[221].

Bei der somit erforderlichen *gesonderten Veranschlagung* des Beratungsetats könnte man sich einmal an dem Haushalt der Dienststelle des Wehrbeauftragten ausrichten. In diesem Falle würde der gesamte Beratungsetat einschließlich der Personalkosten in einem gesonderten Titel veranschlagt. Ein zweiter Weg wäre die Veranschlagung eines Etats für die Durchführung von Studien unter einem gesonderten Titel im Haushalt des Bundestages, der dem politischen Entscheidungsgremium zur Vergabe von Gutachtenaufträgen an externe Institutionen zur Verfügung steht[222].

6. Die Beauftragung des „Amtes zur Bewertung technologischer Entwicklungen“ durch den Deutschen Bundestag

Um eine kontinuierliche Beratung der Parlamentarier zu ermöglichen, ist es erforderlich, daß der wissenschaftliche Beratungsdienst stets über politisch relevante wissenschaftliche Fragestellungen informiert ist und darüber Auskunft geben kann. Zu diesem Zwecke wird das politische Entscheidungsgremium in der Weise tätig, daß dann, wenn es die Erstel-

---

[219] *Paschen u. a.* im Gutachten zum Problemkreis Technologiefolgenabschätzung (Technology-Assessment), S. 218.

[220] *Paschen u. a.* im Gutachten zum Problemkreis Technologiefolgenabschätzung (Technology-Assessment), S. 219.

[221] Ebd., S. 219.

[222] Ebd., S. 219.

lung einer Studie über ein bestimmtes Problem für tunlich hält, *ohne weitere Beauftragung* seitens des Parlaments die Erstellung eines entsprechenden Gutachtens anordnet[223].

Neben der durch das politische Entscheidungsgremium des wissenschaftlichen Beratungsdienstes veranlaßten Tätigkeit muß zudem das Parlament unmittelbar die Möglichkeit haben, bestimmte Fragen untersuchen zu lassen. Eine Antragsbefugnis des einzelnen Abgeordneten führte freilich zu einer Überlastung und damit Lähmung des Beratungsdienstes. Freilich kann sich der einzelne Abgeordnete mit seinem Anliegen an das Befehlsorgan des Beratungsdienstes wenden, das dann seinerseits eine Entscheidung über die Anfertigung einer Studie treffen kann. Insofern kommt jedem Parlamentarier die Funktion eines Informanten zu.

Das Parlament kann sich daher nur durch das Votum einer *Anzahl von Abgeordneten* sowie durch die *Ausschüsse* und *Fraktionen* unmittelbar an das „Amt zur Bewertung technologischer Entwicklungen" wenden und um die Anfertigung einer Studie nachsuchen. Wieviele Abgeordnete sich einem Votum der Parlamentarier anzuschließen haben, ist wiederum eine Frage der tatsächlichen Leistungsfähigkeit des Beratungsdienstes[224].

7. Aufgaben und Arbeitsweise eines „Amtes zur Bewertung technologischer Entwicklungen beim Deutschen Bundestag"

Der Erörterung von Aufgaben und Arbeitsweise eines „Amtes zur Bewertung technologischer Entwicklungen beim Deutschen Bundestag" sind insoweit Grenzen gesetzt, als die Funktion einer parlamentarischen Hilfsstelle sich nach den Bedürfnissen des jeweiligen Parlaments zu richten hat. Es können hier daher nur die funktionellen Grundzüge eines Beratungsdienstes dargelegt werden.

Die Aufgabe eines wissenschaftlichen Beratungsdienstes beim Deutschen Bundestag wird weitgehend in einer gutachterlichen Funktion[225]

[223] Vgl. § 6 a des Gesetzes über die Einrichtung des „Office of Technology Assessment", Public Law 92—484, 92nd Congress, H. R. 10243, October 13, 1972; vgl. auch: § 6 Abs. 1 Satz 2 des Gesetzes über die Bildung eines Sachverständigenrates zur Begutachtung der gesamtwirtschaftlichen Entwicklung vom 14. August 1963, BGBl I, S. 685.

[224] Anhaltspunkt für einen Verfahrensmodus könnte Art. 44 Abs. 1 GG sein, so daß auf Grund des Votums von einem Viertel der Mitglieder des Bundestages eine Studie durch den wissenschaftlichen Beratungsdienst zu erstellen wäre. Man könnte sich auch an § 97 Abs. 1 GeschO BT ausrichten, so daß soviel Abgeordnete des Bundestages, wie einer Fraktionsstärke entspricht, eine Studie anfertigen lassen können.

[225] Diese Tätigkeit wird im Laufe der Zeit dazu führen, daß ohne besondere Einrichtung dem Parlament mittels des wissenschaftlichen Beratungsdienstes

gegenüber dem Parlament bestehen, die sowohl durch *Heimgutachten* als auch durch die Vermittlung von *parlamentsextern* erstellten Studien erfüllt werden kann.

Bei den Heimstudien handelt es sich um Gutachten, die der Beratungsdienst mit eigenen Mitteln, d. h. mit seiner eigenen Besatzung und ohne Zuhilfenahme parlamentsexterner Institutionen, erstellen kann[226]. Der Vorteil dieser Studien liegt darin, daß sie insgesamt eine größere Glaubwürdigkeit für die Parlamentarier besitzen und demzufolge eher Wirkungen zeitigen. Einflüsse von Interessengruppen werden weitgehend ausgeschaltet oder zumindest überprüft, und die Gutachteraktivität kann hinsichtlich der Zeit, der Quellen und der Arbeitslast flexibel festgesetzt werden. Zu diesen Gesichtspunkten tritt der weitere Voreil, daß die *Datenbasis* dem Parlament weitgehend verfügbar bleibt[227].

Nicht zu übersehen ist indes, daß die Kapazität eines „Amtes zur Bewertung technologischer Entwicklungen beim Deutschen Bundestag" dem Umfang dieser Tätigkeitsart Grenzen setzt, so daß nur ein relativ geringer Anteil an Heimstudien wird erstellt werden können. Hinzu tritt der Umstand, daß Heimstudien zwar parlamentsintern mehr Glaubwürdigkeit besitzen, diese Authenzität aber im parlamentsexternen Bereich abnimmt, da der Eindruck des alleinigen Abstellens des jeweiligen Gutachtens auf parlamentarische Bedürfnisse kaum auszuräumen sein dürfte[228].

Externe Glaubwürdigkeit wird bei parlamentsextern durchgeführten Studien, bei denen die wissenschaftliche Beratungsstelle lediglich die Funktion eines Auftraggebers und Koordinators ausübt, eher zu finden sein, was aber aller Voraussicht nach wiederum auf Kosten der parlamentsinternen Glaubwürdigkeit geht. Gleichwohl liegen entscheidende Vorteile parlamentsextern erstellter Studien in jedem Fall darin, daß bei diesen Gutachten mehr Teilgebiete berührt werden können, als die Kapazität der wissenschaftlichen Beratungsstelle selbst zuließe[229].

---

eine Art Datenbank zur Verfügung steht, die für die Parlamentarier jederzeit abrufbare Fakten speichert. Zu den parlamentarischen Informationssystemen vgl. *Deutscher Bundestag*, 6. Wahlperiode, Drucksache IV/3826, S. 192 f.

[226] In den USA liegt der Anteil der Heimstudien (in-house-Assessments) bei 38 %. Vgl. *Coates*, Technology and Public Policy, S. 9. Hier ist allerdings zu berücksichtigen, daß Coates unter Heimstudien insoweit etwas anderes versteht, als die Gutachten zwar nicht kongreßintern erstellt werden — dem „Office of Technology Assessment" ist es untersagt, eigene Laboratorien zu betreiben. Vgl. *Paschen u. a.* im Anhang I des Gutachtens zum Problemkreis Technologiefolgenabschätzung (Technology-Assessment), S. 7 —, aber doch im Bereich der öffentlichen Hand.

[227] Über die Vorteile von Heimstudien, vgl. *Coates*, Technology and Public Policy, S. 10.

[228] *Coates*, Technology and Public Policy, S. 11.

[229] Ebd., S. 11.

Demgegenüber können aber Koordinierungsschwierigkeiten auftreten, wenn Beratungsdienst und die eine Studie erstellende Institution geographisch voneinander getrennt sind[230]. Einflüsse von Interessengruppen auf die Gutachten werden kaum sichtbar und die Möglichkeit, daß die eine Studie erstellende Institution allzu sehr auf parlamentarische Belange Rücksicht nimmt, indem nur dem Auftraggeber *„genehme"* Ergebnisse erzielt werden[231] (soweit diese Ziele bekannt sind), ist nicht auszuschließen. Auf der anderen Seite wird ein in der Regel nur für die Exekutive tätiges Institut, das im Einzelfall einmal für den Deutschen Bundestag aktiv wird, kaum seinen vornehmlichen Auftraggeber durch unbequeme Ergebnisse *„verägern"* wollen[232]. Dieser Opportunismus wird zwar bei universitären Gruppen geringer sein, wenngleich man hier den Nachteil des fehlenden „Management Know-How" für die Durchführung größerer Projekte in Kauf nehmen muß[233].

Ob nun diese Mängel teilweise vermieden werden können, indem sich das „Amt zur Bewertung technologischer Entwicklungen" personell an den externen Analyseteams beteiligt[234], ist zweifelhaft. Sicher muß der Auftraggeber die Durchführung der Studien kritisch begleiten und durch enge Kontakte unerwünschte Einflüsse auszuschalten versuchen[235]. Die aktive Teilnahme des Beratungsdienstes an der Erstellung externer Studien überstiege aber wohl die personellen Kapazitäten einer wissenschaftlichen Beratungsstelle des Deutschen Bundestages.

Die Nachteile der einen oder anderen Weise einer Erfüllung der Beratungsaufgabe werden sich kaum vermeiden lassen. Die Erstellung eines neutralen, alle Gesichtspunkte ausschöpfenden und weitgehend objektiven Gutachtens wird schon dadurch gehindert, daß selbst der unabhängige Gutachter zwangsläufig subjektive Momente in seiner Arbeit einfließen läßt, was Objektivität und Neutralität seiner Stellungnahme verringert. Letzthin dürfen die Mängel der einen oder anderen Tätigkeitsart einer wissenschaftlichen Beratungsstelle auch nicht überbewertet werden, da das Parlament auch aus interessenmäßig gebundenen und an Objektivität armen Gutachten Kenntnisse schöpfen kann, selbst wenn diese Kenntnisse nur in dem Erkennen von Interessen und Ansichten bestehen[236].

---

[230] Ebd., S. 11.

[231] Ebd., S. 11.

[232] *Paschen u. a.* im Gutachten zum Problemkreis Technologiefolgenabschätzung (Technology-Assessment), S. 87.

[233] *Coates*, Technology and Public Policy, S. 11.

[234] So *Paschen u. a.* im Gutachten zum Problemkreis Technologiefolgenabschätzung (Technology-Assessment), S. 86.

[235] Ebenso: *Paschen u. a.* im Gutachten zum Problemkreis Technologiefolgenabschätzung (Technology-Assessment), S. 86 und passim.

[236] Daß unter Umständen in der Offenlegung von Interessen und Ansichten eine Funktion der wissenschaflichen Beratungsstelle liegen kann, legte der

8. Der Zugang des „Amtes zur Bewertung technologischer Entwicklungen beim Deutschen Bundestag" zu Datenbanken der Bundesregierung

Die Güte der Aufgabenbewältigung eines „Amtes zur Bewertung technologischer Entwicklungen beim Deutschen Bundestag" wird entscheidend von seinen Informationsmöglichkeiten abhängen. Der Zweck des Amtes — nämlich die Unterstützung des Parlaments bei der Ausübung seiner parlamentarischen Funktionen — indiziert zugleich, daß dem Beratungsdienst neben dem Einblick in allgemein verfügbare Quellen auch die Möglichkeit eingeräumt werden muß, nur der Regierung zugängliche Informationen zu erhalten. Hier stellt sich nun weniger die Frage nach einem parlamentarischen Akteneinsichtsrecht der Regierung gegenüber[237], als vielmehr die des parlamentarischen *Direktzuganges* zu den exekutiven EDV-gestützten Informationssystemen, die wegen ihrer nach Umfang und Schnelligkeit höheren Zugriffs- und Verarbeitungskapazität für die Unterstützung des Parlaments durch einen parlamentarischen Hilfsdienst von besonderem Wert sind.

Als verfassungsrechtlicher Ansatz für einen parlamentarischen Direktzugang zu Datenbanken der Regierung bietet sich Art. 43 Abs. 1 GG an, der nach einhelliger Ansicht in Rechtsprechung[238] und Lehre[239] nicht allein die Pflicht der jeweiligen Regierungsmitglieder festlegt, vor dem Bundestag bzw. seinen Ausschüssen zu erscheinen, sondern auch Auskunft zu geben. Nun wird man allerdings aus Art. 43 Abs. 1 GG kaum ein unmittelbares Zugangsrecht des Parlaments zu Datenbanken der Regierung herleiten können, da zwischen einem Befragungsrecht und einer generellen Zugriffsmöglichkeit erhebliche Unterschiede bestehen. Zu überlegen ist aber, ob eine Auslegung des Art. 43 Abs. 1 GG möglich

---

Betriebsrat der Kernforschungsanlage Jülich GmbH in seiner *Antwort* auf das Schreiben der CDU/CSU-Fraktion des Deutschen Bundestages, Arbeitsgruppe Forschung und Technologie, vom 10. April 1973, betreffend die Einrichtung eines Amtes zur Bewertung technologischer Entwicklungen dar (S. 3). Auf dieser Basis beruht auch das sog. „Advokatenmodell", das *Paschen u. a.* im Gutachten zum Problemkreis Technologiefolgenabschätzung (Technology-Assessment), S. 209 ff., als „Minimallösung" für eine Technologiebewertungsinstitution beim Deutschen Bundestag vorschlugen. Vgl. auch: *Paschen* in seiner schriftlichen Stellungnahme zu den Fragen an die deutschen Sachverständigen, öffentliche Informationssitzung des Ausschusses für Forschung und Technologie und für das Post- und Fernmeldewesen am 5. 12. 1973, S. 27: Nach dem „Advokatenmodell" erstellen verschiedene Gruppen zu einem gegebenen Problem Gutachten. Dadurch werden die gegensätzlichen Ansichten und Standpunkte verdeutlicht. Die öffentliche Diskussion der Resultate kann dann gegebenenfalls die Berücksichtigung bestimmter Argumente erzwingen.

[237] Vgl. dazu: *Deutscher Bundestag*, 6. Wahlperiode, Drucksache VI/3826, S. 191.

[238] Z. B. BVerfGE 13/123, 125.

[239] *Maunz* in MDH, Art. 43, Rdn. 8.

ist, die einen Direktzugang des Parlaments zu exekutiven Datenspeichern zumindest nicht ausschließt[240].

Das parlamentarische Informationsrecht ist für sich gesehen ohne zentrale Bedeutung. Relevanz gewinnt es erst im Hinblick auf die Erfüllung parlamentarischer Funktionen: Das Informationsrecht des Art. 43 Abs. 1 GG soll es dem Bundestag ermöglichen, seine parlamentarischen Aufgaben, vornehmlich die der Kontrolle, wahrnehmen zu können. Wird in dieser Überlegung ein *funktionaler Zusammenhang* zwischen parlamentarischem Informationsrecht und parlamentarischen Funktionen erkennbar[241], so folgt daraus, daß eine starre Interpretation des Art. 43 Abs. 1 GG der Verfassung nicht entspricht und Inhalt und Umfang des Informationsrechtes sich vielmehr danach zu richten haben, ob dieses Recht in seiner besonderen Ausgestaltung die Ausübung parlamentarischer Funktionen gewährleistet[242]. Falls dem nicht so ist, müßte die bisherige Ausübung dieses Rechtes derart abgewandelt werden, daß die dem Informationsrecht von der Verfassung zugedachte Funktion auch weiter erfüllt werden kann.

Solange die Regierung die Informationsspeicherung in Akten tätigte, die die Verwertbarkeit der gespeicherten Daten für Regierung und Parlament gleichsam schwierig gestaltete, mochte ein Befragungsrecht des Parlaments, wie es der Art. 43 Abs. 1 GG bestimmt, trotz ernster Bedenken angemessen sein, da im Hinblick auf Informationsbeschaffung und -verarbeitung zwischen Parlament und Regierung kein Unterschied bestand. Mit der Verwendung von EDV-Systemen auf seiten der Exekutive erlangte die Regierung indes einen *Vorsprung* hinsichtlich der Verwertbarkeit der gespeicherten Daten, der das überkommene parlamentarische Befragungsrecht als völlig *untaugliches* Mittel aufweist, um die Ausübung der parlamentarischen Funktionen auch weiter sicherzustellen[243].

---

[240] Der unmittelbare Zugang des Parlaments zu Datenbanken der Regierung wurde von der Wissenschaft (vgl. *Kamlah*, Der Informationsanspruch des Parlaments im Computerzeitalter, in: ÖVD 1971/35, 60; *Simitis*, Chancen und Gefahren der elektronischen Datenverarbeitung, in: NJW 1971, 672, 674) und der politischen Praxis (vgl. *Kurzprotokoll* der 9. Sitzung des Ausschusses für Forschung und Technologie und für das Post- und Fernmeldewesen am 19. September 1973, S. 9/14) wiederholt gefordert und von der Regierung „im Rahmen der verfassungsrechtlichen Möglichkeiten" auch zugesichert (vgl. *Zweiter Bericht* der Bundesregierung über die Anwendung der elektronischen Datenverarbeitung in der Bundesverwaltung, vom 17. 4. 1970, Deutscher Bundestag, 6. Wahlperiode, Drucksache VI/648, S. 13; *Antwort* der Bundesregierung auf die Kleine Anfrage der Fraktionen der SPD und FDP vom 15. 5. 1970, Deutscher Bundestag, 6. Wahlperiode, Drucksache VI/801, S. 3), ohne daß diese Zusicherungen bisher praktische Auswirkungen zeitigten.

[241] *Dobiey*, Zur Frage eines unmittelbaren Zugangs des Parlaments zu Datenbanken der Regierung, S. 4.

[242] Ebd., S. 4.

Am naheliegendsten dürfte nun der Gedanke sein, das Parlament bzw. seine Hilfsgremien mögen sich ebenfalls moderner EDV-Verfahren bedienen, um so die instrumentale Untauglichkeit des Art. 43 Abs. 1 GG auszugleichen. Indes würden auch bei Befürwortung dieser Lösungsmöglichkeiten — abgesehen von den organisatorischen Schwierigkeiten[244] — die Informationen fehlen, die der Deutsche Bundestag mit Hilfe des untauglichen Art. 43 Abs. 1 GG nicht erfragen kann[245]. Im Ergebnis ist also festzustellen, daß als einziger Ausweg eine *unmittelbare* Zugangsmöglichkeit des Parlaments bzw. einer wissenschaftlichen Beratungsstelle des Parlaments zu den exekutiven Informationsspeichern offensteht[246] und eine im Hinblick auf die Erfüllung parlamentarischer Funktionen flexible Auslegung des Art. 43 Abs. 1 GG einen solchen Direktzugang nicht ausschließt.

9. Die Veröffentlichung von Untersuchungen

Die Eigenschaft von Interessen, miteinander in Wettbewerb und Widerstreit zu geraten, bedingt, daß einem Geheimhaltungsinteresse im allgemeinen auch ein Informationsinteresse gegenübersteht[247]. Die Furcht vor den Konsequenzen einer Preisgabe steht im Widerstreit mit den Chancen, die eine Information bietet. Praktische Auswirkungen gewinnt dieser Umstand im Rahmen der Tätigkeit eines „Amtes zur Bewertung technologischer Entwicklungen beim Deutschen Bundestag“ dadurch, daß die Parlamentarier durchaus ein vitales Interesse an einer Geheimhaltung der Beratungsgegenstände haben können und eine Veröffentlichungspflicht möglicherweise eine Abneigung der Abgeordneten gegen die Inanspruchnahme des Amtes bewirkte[248]. Ebenso könnte eine gene-

---

[243] *Dobiey,* Zur Frage eines unmittelbaren Zugangs des Parlaments zu Datenbanken der Regierung, S. 7.

[244] Vgl. auch: *Quaritsch,* Die wissenschaftlichen Dienste des Bundestages, in: Festschrift für Forsthoff, S. 303, 321: „Ein Gesetzgebungshilfsdienst schließlich, der die Ministerialbürokratie aufwiegen sollte, wäre als Parlamentsdienst systemwidrig ... Ein Gesetzgebungshilfsdienst müßte (entweder) klüger sein als die Ministerialbürokratie und Sachverständige zusammen ...“; *Kamlah,* Der Informationsanspruch des Parlaments im Computerzeitalter, in: ÖVD 1971/35 f.

[245] *Dobiey,* Zur Frage eines unmittelbaren Zugangs des Parlaments zu Datenbanken der Regierung, S. 8.

[246] *Dobiey,* Zur Frage eines unmittelbaren Zugangs des Parlaments zu Datenbanken der Regierung, S. 9; *Kamlah,* Der Informationsanspruch des Parlaments im Computerzeitalter, in: ÖVD 1971/35, 60 leitet aus dem Gewaltenteilungsprinzip einen Anspruch auf Zugang des Parlaments zu Datenspeichern u. a. der Regierung her.

[247] *Düwel,* Das Amtsgeheimnis, S. 111.

[248] Wie stark bei der Veröffentlichung von Gutachten das Interesse der Politiker sein kann, nicht durch die Information der Öffentlichkeit bei der Willensbildung gestört zu werden, zeigen die Beratungen im Bundestag über

relle Veröffentlichung der Studien im freien Wirtschaftsleben stehende Institute, die nicht ausschließlich für den Deutschen Bundestag tätig werden, dazu verleiten, bei der Erledigung parlamentarischer Studienaufträge Rücksicht auf ihre sonstigen Auftraggeber zu nehmen. Demgegenüber steht das Interesse der Öffentlichkeit an Informationen aus dem innerparlamentarischen Bereich, zumal es gerade in einer Demokratie darauf ankommt, das Interesse des Einzelnen am Staat zu wecken und zu fördern[249] und das Bewußtsein, von der Allgemeinheit ständig beobachtet und kontrolliert zu werden, sich günstig auf die Integrität staatlicher Einrichtungen auswirkt[250]. Auch hat die Wissenschaft an sich ein Interesse an Publizität, denn nur wenn sie ihre Ergebnisse veröffentlicht, können diese wissenschaftlich kritisiert und diskutiert werden[251].

Die Lösung dieses Interessenwiderstreites ist auf zwei Wegen möglich: Entweder publiziert der wissenschaftliche Beratungsdienst seine Studien mit Ausnahme derjenigen, deren Geheimhaltung das öffentliche Interesse gebietet („*Öffentlichkeitsprinzip mit Geheimhaltungsvorbehalt*")[252], oder die generelle Geheimhaltung der Studien wird nur im Einzelfall bei einem entsprechenden öffentlichen Informationsinteresse durchbrochen („*Geheimhaltungsprinzip mit Öffentlichkeitsvorbehalt*")[253].

In der Bundesrepublik Deutschland gilt ebenso wie in den übrigen kontinentaleuropäischen Ländern und in England das Geheimhaltungsprinzip[254]. Diese Tatsache spricht für die Statuierung einer Geheimhal-

---

die Einrichtung eines „Sachverständigenrates zur Begutachtung der gesamtwirtschaftlichen Entwicklung". Strittig war hier, ob die Gutachten des Sachverständigenrates vier oder acht Wochen unveröffentlicht bleiben sollten. Die Regierung führte an, daß sie einem zu starken Interessendruck ausgesetzt würde, hätte sie keine ausreichende Zeit für eine ungestörte Stellungnahme. Vgl. *Deutscher Bundestag*, Stenografische Berichte, 4. Wahlperiode, 81. Sitzung, 26. 3. 1963, S. 3963 (c) ff.; *Schriftlicher Bericht* des (16.) Wirtschaftsausschusses, Deutscher Bundestag, 4. Wahlperiode, zu Drucksache IV/1320, S. 4; *Deutscher Bundestag*, 4. Wahlperiode zu Drucksache IV/1320 (Bericht des Abgeordneten Junghans), S. 2.

[249] *Friedrich*, Demokratie als Herrschafts- und Lebensform, S. 83 f.; *Jahn*, Lebendige Demokratie, S. 84 f.

[250] *Rourke*, Secrecy and Publicity, S. 101: „Nothing could be more axiomatic for a democracy than the principle of exposing the processes of government to relentless public criticism and scrunity" *Wilhelm*, Wissenschaftliche Beratung der Politik in der Bundesrepublik Deutschland, S. 205.

[251] *Schelsky*, Diskussionsbeitrag, in: Wissenschaftliche Experten und politische Praxis, S. 9, 25; *Wilhelm*, Wissenschaftliche Beratung der Politik in der Bundesrepublik Deutschland, S. 204 f.

[252] *Düwel*, Das Amtsgeheimnis, S. 113.

[253] Düwel, Das Amtsgeheimnis, S. 113.

[254] *Düwel*, Das Amtsgeheimnis, S. 114, FN 13, weist unter Berufung auf *Kern*, Institutionen des Berufsbeamtentums, S. 72 und *Morstein/Marx*, Einführung in die Bürokratie, S. 105, darauf hin, daß das Geheimhaltungsprinzip „Teilausdruck der auf einer gemeinsamen staatsrechtlichen Tradition beru-

tungspflicht im Rahmen der Tätigkeit einer wissenschaftlichen Beratungsstelle des Deutschen Bundestages bei der Möglichkeit einer Veröffentlichung von Studien im Einzelfall, zumal die Ausnahme das Prinzip in der praktischen Anwendung hinterher überwiegen könnte. Zwar beeinflußt die Wahl des Prinzips — worauf *Düwel*[255] unter Berufung auf *Rourke*[256] hinweist — das Quantitätsverhältnis von Öffentlichkeit und Geheimhaltung derart, daß das Prinzip sich gegenüber der Ausnahme als die Norm in das Bewußtsein von Anwender und Betroffenem eingräbt und die Ausnahme sich dem Prinzip gegenüber stets neu durchsetzen muß. Indes, ein allgemeiner staatsbürgerlicher Informationsanspruch besteht nicht[257], und über die publizitätshindernde Wirkung einer allgemeinen Geheimhaltungspflicht mit Öffentlichkeitsvorbehalt darf man nicht übersehen, daß „die Idee der Demokratie auch Gesichtspunkte enthält, die für eine Einschränkung der Öffentlichkeit sprechen“[258]:

Die Öffentlichkeit ist nicht nur eine wissenschaftliche, sondern gleichzeitig eine politische Öffentlichkeit. Publizierte wissenschaftliche Gutachten über politisch relevante Themen gelangen daher nicht nur in die wissenschaftliche, sondern auch in die politische Öffentlichkeit und erlangen so einen selbständigen politischen Rang[259]. Will der Beratene dann von den Ergebnissen eines Gutachtens abweichen, muß er zwangsläufig *öffentlich* seinem Berater widersprechen, der dann seinerseits gehalten ist, seine Arbeit im politischen Raum zu verteidigen[260]. Damit beschränkt aber eine Veröffentlichungspflicht hinsichtlich der Gutachten einerseits dem Politiker die Freiheit der Wahl, andererseits weist man der Wissenschaft eine *unmittelbare politische Rolle* zu, für die sie eine politische Legitimation nicht besitzt[261].

Im Interesse einer größtmöglichen Wirkung des „Amtes zur Bewertung technologischer Entwicklungen beim Deutschen Bundestag“, wel-

---

henden Übereinstimmung der europäischen Beamtenrechtsregelung (ist)“. Vgl. auch die Geheimhaltungsregelung bei der britischen PAU, *The Programmes Analysis Unit 1967—1971*, Sponsorship of Evaluations and Reporting Procedures, S. 5. Die Geheimhaltungspflicht beruht in Großbritannien auf den Official Secret Acts von 1911 und 1920, vgl. *Düwel* a.a.O., FN 14. Über Einzelheiten vgl. *Mustoe*, The Law and Organization of the British Civil Services, S. 113 f.

[255] Das Amtsgeheimnis, S. 116 f.

[256] Secrecy and Publicity, S. 21 f.

[257] *Düwel*, Das Amtsgeheimnis, S. 123.

[258] Ebd., S. 123.

[259] *Schelsky*, Diskussionsbeitrag in: Wissenschaftliche Experten und politische Praxis, S. 9, 25 f.

[260] *Schelsky*, Diskussionsbeitrag in: Wissenschaftliche Experten und politische Praxis, S. 9, 26: „Echte Beratung war nicht ohne Grund als ‚Geheimer Rat‘ traditionell anerkannt“. Ähnlich auch: *Wilhelm*, Wissenschaftliche Beratung der Politik in der Bundesrepublik Deutschland, S. 206.

[261] *Schelsky*, Diskussionsbeitrag, in: Wissenschaftliche Experten und politische Praxis, S. 9, 26.

ches das Parlament und so die Demokratie stärken soll, ist daher eine allgemeine Veröffentlichung der Beratungsgegenstände nicht zweckmäßig[262]. Eine Publizierung der Studien bzw. ihrer Ergebnisse im Einzelfall, die im Benehmen mit dem Auftraggeber erfolgen sollte, wird dem öffentlichen Informationsinteresse genüge tun.

[262] A. A.: *Paschen*, Technology Assessment (TA) als partizipatorischer und argumentativer Prozeß, Vortrag am 9. 11. 1973 in München, S. 7 f.; *ders.*, in seiner schriftlichen Stellungnahme zu den Fragen an die deutschen Sachverständigen, öffentliche Informationssitzung des Ausschusses für Forschung und Technologie und für das Post- und Fernmeldewesen am 5. 12. 1973, S. 16; *Institut für Systemtechnik und Innovationsforschung* in seiner schriftlichen Stellungnahme zu den Fragen an die deutschen Sachverständigen, öffentliche Informationssitzung des Ausschusses für Forschung und Technologie und für das Post- und Fernmeldewesen am 5. 12. 1973, S. 6 f.; wohl auch: *Wilhelm*, Wissenschaftliche Beratung der Politik in der Bundesrepublik Deutschland, S. 205 f., 208; wie hier: *Schelsky*, Diskussionsbeitrag in: Wissenschaftliche Experten und politische Praxis, S. 9, 25 f.

D. Das „Amt zur Bewertung technologischer Entwicklungen beim Deutschen Bundestag" im Ordnungsgefüge des Bonner Grundgesetzes

I. Die Bindung des Abgeordneten gemäß Art. 38 Abs. 1 Satz 2 GG

Art. 38 Abs. 1 Satz 2 GG bestimmt, daß der Abgeordnete des Deutschen Bundestages an Aufträge und Weisungen nicht gebunden und nur seinem Gewissen unterworfen ist. Er hat die von ihm zu treffende Entscheidung am Maßstab allgemein anerkannter sittlicher Grundsätze zu beurteilen und sich dabei der eigenen Verantwortung bewußt zu sein, die er mit seiner Entscheidung übernimmt[1]. Der Abgeordnete des Deutschen Bundestages ist somit gehalten, sich nicht von außen beeinflussen zu lassen[2]. Gerade dieses Postulat könnte die Institutionalisierung einer wissenschaftlichen Beratungsstelle beim Deutschen Bundestag in Form eines „Amtes zur Bewertung technologischer Entwicklungen" in Frage stellen, ist es doch gerade die Aufgabe des Amtes, seinen Sachverstand dem Abgeordneten zur Verfügung zu stellen und so Einfluß auf ihn zu nehmen.

In diesem Sinne erhoben sich eine Anzahl von Stimmen gegen die Einrichtung eines wissenschaftlichen Beratungsdienstes beim Deutschen Bundestag, und sowohl Parlamentarier[3] als auch Vertreter der Literatur[4] wiesen auf die Gefahr einer unzulässigen Beeinflussung der Willensbildung des Abgeordneten durch einen wissenschaftlichen Beratungsdienst hin.

Odewald[5] versuchte nun unter Berufung auf *Leibholz*[6] dieses Bedenken auszuräumen, indem er die Funktion parlamentseigener Sachver-

---

[1] *Maunz* in MDH, Art. 38, Rdn. 17.

[2] *Maunz*, ebd.

[3] Siehe die Darstellung bei *Odewald*, Parlamentarischer Hilfsdienst, S. 138.

[4] *Dechamps*, Macht und Arbeit der Ausschüsse, S. 160; auch der grundsätzlich einen parlamentarischen Hilfsdienst befürwortende *Leibholz*, Die Kontrollfunktion des Parlaments, S. 57, 77, hält eine unzulässige Beeinflussung der Abgeordneten durch einen wissenschaftlichen Hilfsdienst für nicht ausgeschlossen, stellt aber zugleich fest, daß es „letzten Endes die Persönlichkeit des einzelnen Abgeordneten (entscheidet), ob er den Apparat oder der Apparat ihn beherrscht".

[5] Parlamentarischer Hilfsdienst, S. 139, 141.

[6] Die Kontrollfunktion des Parlaments, S. 57, 75.

ständiger in dem Anbieten von Entscheidungsalternativen und nicht darin sieht, daß der objektive Sachverstand ausschließlich die Entscheidung bestimmt und so den Abgeordneten als den verfassungsmäßig zur Entscheidung Berufenen verdrängt. Diese Gefahr sieht Odewald[7] nur bei besonders schwierigen Materien. Gleichwohl hält er es hier für das geringere Übel, einen zusätzlichen zur Auswahl stehenden parlamentseigenen Sachverstand zur Verfügung stehen zu haben, als allein z. B. auf den Sachverstand der Exekutive angewiesen zu sein[8]. *Kaiser*[9] schließlich räumt die Gefahr einer Beeinflussung der Entscheidung der Abgeordneten mit dem Argument aus, der parlamentarische Hilfsdienst solle durch die Vermittlung von Sachverstand Fakten und Entscheidungsmotive anbieten, deren Übernahme jedoch von der Entscheidung des einzelnen Abgeordneten abhinge.

In der Diskussion um die Gefahr einer Beeinträchtigung der eigenständigen Willensbildung des Abgeordneten durch einen wissenschaftlichen Beratungsdienst wird stets die Beeinflussung des Abgeordneten durch den Sachverstand in den Vordergrund gestellt. Übersehen wird dabei, daß es eine unbeeinflußte Willensbildung kaum geben kann: Wenn ein Abgeordneter sich über ein bestimmtes Problem eine Meinung bilden will, so bedarf es für diese Meinungsbildung bestimmter Daten, Fakten und Materialien, an denen er sich ausrichtet. Diese Materialien gewinnt er aus eigener, wiederum durch äußere Einflüsse gebildeter Erfahrung oder durch die Konsultation von Literatur, Expertenmeinungen etc.[10]. In jedem Fall ist seine Ansicht durch irgendwelche Umstände beeinflußt, die in irgendeinem Zusammenhang mit der zu treffenden Entscheidung stehen. Ob nun der Abgeordnete sich einer bestimmten Meinung anschließt oder ob er die Umstände eines bestimmten Falles für so zwingend hält, daß er ein anderes Urteil für nicht vertretbar erachtet, ist dann die Entscheidung, die der Abgeordnete nach seinem Gewissen zu treffen hat und die im Ergebnis sogar sachlich falsch sein darf, sofern er sie aus anderen politischen Gründen mit seinem Gewissen für vereinbar hält[11].

---

[7] Parlamentarischer Hilfsdienst, S. 140.

[8] *Odewald*, Parlamentarischer Hilfsdienst, S. 141.

[9] Sachverstand und Politik, in: Sachverstand und Politik in der Demokratie, S. 59, 72.

[10] Daß in diesen Informationsmöglichkeiten eine Beeinflussung des Abgeordneten liegt, bestätigt auch *Odewald*, Parlamentarischer Hilfsdienst, S. 141, ohne jedoch die weitere Konsequenz zu sehen, daß ohne äußere Einflüsse eine Meinungsbildung nicht möglich ist.

[11] Vgl. auch: *Habermas*, Verwissenschaftlichte Politik und öffentliche Meinung, in: Festschrift für Hans Barth, S. 54 f.: „In letzter Instanz kann sich das politische Handeln nicht rational begründen, es realisiert vielmehr eine Entscheidung zwischen konkurrierenden Wertordnungen und Glaubensmächten, die zwingender Argumente entraten und einer verbindlichen Diskussion unzugänglich bleiben". *Withalm*, Das Gespräch zwischen Politik und Wissenschaft,

Gerade in diesem Urteil liegt die Entscheidungsfreiheit des Abgeordneten, indem er ohne Zwang sich einer bestimmten Meinung anschließen oder sie als nicht überzeugend ablehnen kann. Die Vermehrung parlamentarischen Sachverstandes stellt daher keine Gefahr für die Willensbildung des Abgeordneten dar. Vielmehr vergrößert ein wissenschaftlicher Beratungsdienst beim Deutschen Bundestag durch das Anbieten von *Sachverstand* und zusätzlichen *Entscheidungsalternativen,* die der Abgeordnete miteinander vergleichen und so in seinen Entscheidungsbildungsprozeß einbeziehen kann, seine Entscheidungsbasis und damit seine politische Entscheidungsfreiheit. Die Beeinträchtigung der freien Willensbildung des Abgeordneten ist umso größer, je geringer die Auswahlmöglichkeit zwischen Entscheidungsalternativen ist. Ein „Amt zur Bewertung technologischer Entwicklungen" zur wissenschaftlichen Beratung des Deutschen Bundestages erweitert daher durch das Zur-Verfügung-Stellen von Sachverstand und zusätzlichen Alternativen die Entscheidungsfreiheit des Abgeordneten und stellt somit gerade das Gegenteil einer Beeinträchtigung des zur Entscheidung berufenen Abgeordneten dar[12].

II. Der Grundsatz der Alleinverantwortlichkeit der Regierung

Der Grundsatz der Alleinverantwortlichkeit der Regierung bedeutet, daß nur die Regierung und nicht die Verwaltung dem Parlament politisch verantwortlich ist[13]. Der Verantwortlichkeitsbegriff beinhaltet hier nicht ein Verhalten, das pflichtgemäß oder moralisch zu rechtfertigen ist oder die Tatsache, daß der Verantwortliche für seine Handlungen ohne Sanktion einstehen muß[14]. Verantwortlichkeit der Regierung heißt vielmehr, daß die Regierung für ihre Handlungen mit ihrem Amt einzu-

in: Symbiose von Politik und Wissenschaft, S. 10, 13: „Politik beginnt erst dort, wo die Optimalität eines bestimmten Handelns umstritten ist, weil die Frage nach der Optimalität nicht nur von der Sache her, sondern auch von verschiedenen Interessen gestellt werden kann".

[12] Im Ergebnis auch: *Odewald,* Parlamentarischer Hilfsdienst, S. 141; *Kaiser,* Sachverstand und Politik, in: Sachverstand und Politik in der Demokratie, S. 59, 72; a. A. wohl *Böckenförde,* Die Organisationsgewalt im Bereich der Regierung, S. 258 f., der die Einrichtung unabhängiger wissenschaftlicher Beratungsgremien bei Bundesorganen deshalb als verfassungsinkonform ansieht, weil mit einem solchen Gremium Einflußmöglichkeiten geschaffen werden, die keiner demokratischen Kontrolle unterliegen. Böckenförde übersieht dabei, daß es sich bei diesen Einrichtungen nur um beratende, nicht um Beschlußgremien handelt und insoweit eine demokratische Kontrolle überflüssig ist. So auch: *Wilhelm,* Wissenschaftliche Beratung in der Bundesrepublik Deutschland, S. 177, FN 1.

[13] *Frenkel,* Institutionen der Verwaltungskontrolle, Nr. 430, 439.

[14] Zu den Bedeutungen von Veranwortlichkeit vgl. *Frenkel,* Institutionen der Verwaltungskontrolle, Nr. 428, 429.

stehen hat[15]. Das bedeutet zugleich, daß die politische Verantwortlichkeit der Regierung nicht an juristischen, sondern an vom *Willen* des jeweiligen Parlaments abhängigen Maßstäben gemessen wird[16]. Auf der anderen Seite steht der politischen Verantwortlichkeit der Regierung das Recht dieses Bundesorgans gegenüber, eine dem Maß der Verantwortlichkeit entsprechende *Unabhängigkeit* und *Eigenständigkeit* zu besitzen, die durch einen gegen Einblicke von außen geschützten Beratungs- und Entscheidungsbereich garantiert werden[17].

Dieser Grundsatz der Alleinverantwortlichkeit der Regierung könnte nun durch eine wissenschaftliche Beratungsstelle des Parlaments in zweierlei Hinsicht tangiert sein, nämlich sowohl hinsichtlich des der Beratungsstelle einzuräumenden Informationsrechtes der Bundesregierung gegenüber[18] als auch hinsichtlich der generellen Funktion der Beratungsstelle, den Bundestag gegenüber der Bundesregierung zu stärken.

Gegenüber der Forderung nach einem unmittelbaren Zugangsrecht der wissenschaftlichen Beratungsstelle zu Datenbanken der Regierung könnte man einmal argumentieren, daß dieses Recht nichts anderes als eine *direkte Ermittlungstätigkeit* bei der Exekutive darstelle, die ausdrücklich nur im Falle der Art. 44, 45 a Abs. 2 GG zulässig sei[19]. Dieser formelle Einwand wiegt indes nicht schwer, und eine ebenso formale Argumentation vermag ihn zu widerlegen: Information bedeutet nicht Kontrolle, sondern soll nur eine sinnvolle Ausübung parlamentarischer Kontrolle ermöglichen[20].

Der zweite Einwand, der durch einen parlamentarischen Direktzugang zu exekutiven Datenbanken den Grundsatz der Alleinverantwortlichkeit der Regierung tangiert sehen will, besitzt demgegenüber größeres Gewicht: Durch einen parlamentarischen Direktzugang werde der Grundsatz der Alleinverantwortlichkeit der Regierung insoweit verletzt, als die Eigenverantwortlichkeit als wesentliches Element des selbständigen Bundesorgans Regierung deren Unabhängigkeit garantiere,

---

[15] *Frenkel*, Institutionen der Verwaltungskontrolle, Nr. 430, der weiter darauf hinweist, daß die politische Verantwortlichkeit der Regierung keine notwendige Folge des Gewaltenteilungsprinzips ist (a.a.O., Nr. 928).

[16] *Frenkel*, Institutionen der Verwaltungskontrolle, Nr. 431.

[17] Hamb. VerfG in DVBl 1973/885, 886.

[18] Siehe oben C III 8.

[19] Diesen Einwand deutet auch *Frenkel*, Institutionen der Verwaltungskontrolle, Nr. 928 an. Vgl. auch: *Deutscher Bundestag*, 6. Wahlperiode, Drucksache VI/3826, S. 191; *Dobiey*, Zur Frage eines unmittelbaren Zugangs des Parlaments zu Datenbanken der Regierung, S. 10.

[20] *Dobiey*, ebd., S. 10; vgl. auch: *Deutscher Bundestag*, 6. Wahlperiode, Drucksache VI/3826, S. 191: „Diese Auffassung übersieht einmal, daß der Verfassungsgeber die neuen durch Informationssysteme geschaffenen Informationssysteme weder hat vergessen können, noch ausdrücklich ausschließen wollen. Insoweit könnte auch eine subjektive Verfassungsauslegung nicht weiterhelfen". A. A. BVerfGE 1/299, 312.

die durch unkontrollierte Übergriffe einer anderen Gewalt eingeschränkt werde[21].

Das Bonner Grundgesetz geht in den Art. 62 ff. GG davon aus, daß die Bundesregierung ein gegenüber dem Bundestag selbständiges Staatsorgan ist, was sich auch in der Eigenverantwortlichkeit der Regierung manifestiert. Diese politische Verantwortlichkeit der Bundesregierung verliert aber dann an Substanz, wenn diese Verantwortung nicht mehr *effektiv* festgestellt werden kann, wie es zur Zeit der Fall ist[22]. Der Deutsche Bundestag bedarf daher zu einer Geltendmachung der Verantwortlichkeit der Regierung der Fakten, die eine solche Feststellung überhaupt ermöglichen. *Frenkel*[23] wies in diesem Zusammenhang zutreffend darauf hin, daß „Alleinverantwortlichkeit der Regierung vernünftigerweise nicht bedeuten (kann), daß (die Regierung) auch allein Herr sein solle". Ein Berufen der Regierung auf ihre unbestrittene Eigenverantwortlichkeit muß daher dann unerheblich sein, wenn diese Verantwortung nicht mehr wirksam geltend gemacht werden kann.

Gleichwohl ist nicht zu leugnen, daß durch einen Direktzugang einer parlamentarischen Hilfsstelle zu exekutiven Datenspeichern der Grundsatz der Alleinverantwortlichkeit der Regierung verletzt werden könnte. Dies kann aber immer nur insoweit der Fall sein, als in den politischen Bereich der Regierung eingegriffen wird, denn Alleinverantwortlichkeit der Regierung bedeutet politische Verantwortung für die von der Regierung getragenen politischen Entscheidungen. Im Rahmen einer parlamentarischen Informationsbeschaffung durch einen Direktzugang zu exekutiven Datenspeichern bedeutet das, daß die politische Alleinverantwortlichkeit nur durch einen Zugriff des Parlaments auf *politisch verarbeitete* bzw. *noch zu verarbeitende* Regierungsinformationen tangiert werden könnte[24], was sich aber unschwer durch organisatorische Maßnahmen verhindern ließe.

---

[21] *Dobiey*, Zur Frage eines unmittelbaren Zugangs des Parlaments zu Datenbanken der Regierung, S. 10.

[22] *Dobiey*, Zur Frage eines unmittelbaren Zugangs des Parlaments zu Datenbanken der Regierung, S. 11 f.

[23] Institutionen der Verwaltungskontrolle, Nr. 928.

[24] *Dobiey*, Zur Frage eines unmittelbaren Zugangs des Parlaments zu Datenbanken der Regierung, S. 11 f. differenziert folgendermaßen: „Das Parlament kann auf Daten zugreifen, die überhaupt nicht in den Verantwortungsbereich fallen, d. h. Basisdaten, die im Prinzip allgemein zugänglich sind, auch wenn sie von der Exekutive gesammelt, aufbereitet und zusammengestellt worden sind, ohne daß eine politisch wertende Verarbeitung stattgefunden hat." ... „Privilegiert, d. h. einem parlamentarischen Zugriff entzogen sind hingegen jene Daten, die das Resultat einer politischen Willensbildung der Regierung darstellen." ... „Privilegiert sind ferner auch solche Informationen, für die die Regierung noch nicht verantwortlich gemacht werden kann, weil sie sich hierüber bisher überhaupt noch keine Meinung hat bilden können oder wollen. Dabei handelt es sich um Daten oder Informationen, die von der politischen Führung (oder auf ihre Veranlassung hin) probe-

Ein anderer Einwand beruht auf der Intention der wissenschaftlichen Beratungsstelle, die Fachkompetenz des Parlaments zu stärken: Der Deutsche Bundestag könnte durch eine wissenschaftliche Beratungsstelle in die Lage versetzt werden, durch ständige Untersuchungstätigkeit die Exekutive zu gängeln versuchen oder sein Initiativrecht in einer Weise gebrauchen, die die Regierung von der materiellen oder formellen Urheberschaft der Gesetze bzw. anderer Maßnahmen ausschließt[25]. Damit würde zugleich die Regierung aus der ihr in den Art. 65—67 GG auferlegten politischen Verantwortung entlassen.

Die zur Regelung gesellschaftlicher Entwicklungen bessere Ausstattung der Exekutive führte zu einer fachlichen Vormachtstellung der Regierung sowie einer verminderten Bedeutung des Parlaments. Daß ein „Amt zur Bewertung technologischer Entwicklungen" die Fachkompetenz des Deutschen Bundestages in einem Umfang vermehrt, der diese fachlichen Überlegenheit der Bundesregierung wenigstens *egalisiert*, ist zwar wünschenswert[26], dürfte aber gleichwohl der Realität widersprechen. Die Gefahr, die wissenschaftliche Beratungsstelle könnte ein Mittel zur Entlassung der Regierung aus ihrer politischen Verantwortung werden, besteht daher in Wirklichkeit nicht. Die bislang nur geringe Neigung eines Großteils der Abgeordneten, das Gesetzesinitiativrecht und die parlamentarischen Kontrollrechte verstärkt in Anspruch zu nehmen — ein Umstand, der den Ausbau des gegenwärtigen Hilfsdienstes hinderte[27] — stellt ein zusätzliches, die Gefahr einer Entlassung der Regierung aus ihrer politischen Verantwortung ausräumendes Indiz dar. Darüber hinaus kann die Ursurpation exekutivischer Rechte bzw. die Durchsetzung im Gegensatz zur Regierungsmeinung stehender Programme allein durch ein Mehrheitsvotum des Parlaments geschehen. Regierung und Regierungsmehrheit hätten es damit in der Hand, ein „Gängeln" der Regierung und so ein Entlassen der Regierung aus ihrer politischen Verantwortlichkeit zu verhindern.

Abschließend ist festzustellen, daß ein „Amt zur Bewertung technologischer Entwicklungen beim Deutschen Bundestag" und das ihm einzuräumende Informationsrecht der Regierung gegenüber den Grundsatz der politischen Alleinverantwortlichkeit der Regierung nicht tangiert, sondern vielmehr dazu dient, die Verantwortung der Regierung im Einzelfall festzustellen.

---

weise gesetzt oder verändert werden, weil man sich unter verschiedenen Prämissen durch Planspiele Klarheit über das zukünftige Handeln verschaffen will." ...

[25] Beispiele bei *Odewald*, Parlamentarischer Hilfsdienst, S. 144; vgl. auch: Hess. StGH in DÖV 1967/41, 55 f.

[26] A. A. wohl *Quaritsch*, Die wissenschaftlichen Dienste des Bundestages, in: Festschrift für Forsthoff, S. 303, 321.

[27] *Odewald*, Parlamentarischer Hilfsdienst, S. 145.

III. Die Parlamentsautonomie und ihre Grenzen

Der Grundsatz der Parlamentsautonomie resultiert aus dem konstitutionellen Staat und erklärt sich aus der dualistischen Stellung von Parlament und Monarch[28]. Die Etablierung eines parlamentarischen Regierungssystems blieb daher auch auf den Begriff der Parlamentsautonomie nicht ohne Einfluß mit der Folge, daß die Grenze der Parlamentsautonomie nicht eindeutig bestimmbar ist[29], sondern davon abhängt, wie stark die Verfassung einer parlamentarischen Demokratie die Regierung ausgestaltet[30].

Als verfassungsrechtlicher Terminus erhält der Begriff der Parlamentsautonomie seine Bedeutung erst aus dem Begriff der Organisationsgewalt, indem er einen bestimmten staatlichen Funktionsbereich beschreibt. *Böckenförde*[31] legt den Begriff der Organisationsgewalt u. a. als Befugnis zur „inneren Gliederung und Geschäftsregelung öffentlicher Funktionsträger auf dem Boden der in der Verfassung getroffenen Grundorganisation" aus. Im Bereich der Legislative erscheint diese Organisationsgewalt dann in der besonderen Ausgestaltung der Parlamentsautonomie, die die Organisation des Gesetzgebungsorgans und der ihm zugehörigen Verwaltung betrifft, um die die Tätigkeit des Gesetzgebungsorgans ermöglichenden technischen und institutionellen Voraussetzungen zu schaffen[32].

Der Eigenbereich der Exekutive ist nun zur gesetzgebenden Gewalt hin allgemein *offen*[33], d. h. der Gesetzgeber kann auf ihn zurückgreifen[34]. Böckenförde[35] unterscheidet hier weiter zwischen einem dem legis-

---

[28] *Maunz* in MDH, Art. 40, Rdn. 1.

[29] *Loewenstein*, Verfassungslehre, S. 179.

[30] *Maunz* in MDH, Art. 40, Rdn. 1.

[31] Organisationsgewalt im Bereich der Regierung, S. 38.

[32] *Böckenförde*, Organisationsgewalt im Bereich der Regierung, S. 39, FN 4; *Maunz* in MDH, Art. 40, Rdn. 2.

[33] Das ist nicht unstrittig (vgl. *Rothenbücher*, Die Stellung des Ministeriums nach bayerischem Verfassungsrechte, S. 21—24; *Thoma*, Grundbegriffe und Grundsätze, in: HDStR II, S. 108, 149). In der konstitutionellen Monarchie konnte ein Gesetz nicht gegen den Willen des Monarchen zustandekommen (*Meyer/Anschütz*, Lehrbuch II, S. 651 f.). Ein einseitiger Zugriff der Legislative und damit ein unfreiwilliger Kompetenzverlust der Exekutive war damit ausgeschlossen. Im parlamentarischen Regierungssystem hingegen ist allein das Parlament Inhaber der gesetzgebenden Gewalt und demnach alleiniger Inhaber des Zugriffsrechts. *H. Krüger* (Diskussionsbeitrag, in: VVDStRL 16/253 f.) wies deshalb darauf hin, daß eine Durchbrechung der Gewaltenteilung vorliege, wenn man der gesetzgebenden Gewalt „eine unbegrenzte Option auf die Organisationsgewalt zuspricht und die Exekutive auf das verweist, was nach Ausübung der Option noch übriggeblieben ist". Vgl. zu dieser Streitfrage: *Böckenförde*, Organisationsgewalt im Bereich der Regierung, S. 104 f.

[34] *Böckenförde*, Organisationsgewalt im Bereich der Regierung, S. 84.

[35] Ebd., S. 84.

lativen Zugriff verschlossenen gesetzesfesten Kernbereich[36] und einem gesetzesoffenen übrigen Eigeninteresse, in dem die Exekutive in einem offenen Konkurrenzverhältnis zur Legislative steht. Die Verbindung dieses Zugriffsrechts der Legislative mit dem Gesetzesvorrang bewirkt, daß nach Ausübung des Zugriffsrechts durch die Legislative das Konkurrenzverhältnis entfällt und kraft des Gesetzesvorbehalts nun ein neuer Vorbehaltsbereich der Legislative entsteht[37]. Böckenförde[38] sieht in dieser Überlegenheit der Legislative ein notwendiges Äquivalent für die Vormachtstellung der Exekutive. Da nun auf diesem Wege der Kompetenzbereich der Exekutive zunehmend geschmälert werden könnte, bedeutet das aber auf der anderen Seite, daß die gesetzgebende Gewalt nur in beschränktem Maße übergreifen kann[39]. Die Legislative kann nicht durch Gesetz die Exekutive von bestimmten Bereichen der Organisationsgewalt ausschließen, sondern nur im Einzelfall konkrete Organisationsregelungen treffen[40]. Weiterhin können kraft des Zugriffsrechts nicht organisatorische Einrichtungen oder Veränderungen geschaffen werden, die die Verfassungsstruktur unterlaufen[41]. Schließlich ist der Kernbereich der Exekutivkompetenzen dem Zugriffsrecht des Parlaments verschlossen[42].

Das parlamentarische Regierungssystem führte mit seiner engen Verflechtung von Parlament und Regierung zu einer Vormachtstellung der Exekutive, eine Tendenz, die in der Verfassungswirklichkeit sich eher auszuweiten scheint[43]. Eine Überschreitung der oben aufgezeigten Schranken und damit eine Beeinträchtigung exekutivischer Kompetenzen wird der Deutsche Bundestag auch mit Hilfe eines „Amtes zur Bewertung technologischer Entwicklungen" kaum vollbringen können. Im gegenwärtigen Zeitpunkt geht es allein darum, das Parlament mit den Hilfsmitteln auszustatten, die eine weitere Verschiebung der verfassungsmäßig begründeten Rechte und Pflichten zuungunsten der Legislative verhindern, d. h. eine Situation zu vermeiden, die gemeinhin mit

---

[36] BVerfGE 9/268, 280 f.; *Bullinger*, Vertrag und Verwaltungsakt, S. 94.

[37] *Böckenförde*, Organisationsgewalt im Bereich der Regierung, S. 104.

[38] Organisationsgewalt im Bereich der Regierung, S. 105.

[39] *Böckenförde*, Organisationsgewalt im Bereich der Regierung, S. 88; *Carl Schmitt*, Verfassungslehre, S. 102.

[40] *Böckenförde*, Organisationsgewalt im Bereich der Regierung, S. 106; *Köttgen*, Die Organisationsgewalt, in: VVDStRL 16/154, 171; *ders.*, Der Einfluß des Bundes auf die deutsche Verwaltung und die Organisation der bundeseigenen Verwaltung, in: JÖR 11/173, 206; a. A. *Friesenhahn*, Parlament und Regierung im modernen Staat, in: VVDStRL 16/1, 70.

[41] *Böckenförde*, Organisationsgewalt im Bereich der Regierung, S. 106; *Loening*, Der ministerialfreie Raum in der Staatsverwaltung, in: DVBl 1954/173, 176 f.; *Ermacora*, Die Organisationsgewalt, in: VVDStRL 16/191, 225 f.

[42] BVerfGE 9/268, 280 f.; *Böckenförde*, Organisationsgewalt im Bereich der Regierung, S. 107.

[43] *Odewald*, Parlamentarischer Hilfsdienst, S. 145.

„Entmachtung des Parlaments“[44] umschrieben wird. Eine wissenschaftliche Beratungsstelle unterstützt und bewahrt daher die funktionelle Unabhängigkeit des Deutschen Bundestages und stellt kein Mittel zur unzulässigen Ursurpation exekutivischer Rechte dar[45].

IV. Die Verfassungswandlung

Der Ausschluß einer Beeinträchtigung exekutivischer Kompetenzen seitens des Deutschen Bundestages mit Hilfe eines „Amtes zur Bewertung technologischer Entwicklungen“ präjudiziert zugleich die von *Schramm*[46] und *Odewald*[47] aufgegriffene Frage einer Verfassungswandlung durch Stärkung des Parlaments, so daß eine ausführliche Erörterung entbehrlich ist.

Die allgemein als Verschiebung in der Wirklichkeit der politischen Machtlage, der Sozialstruktur oder des Interessenausgleichs ohne Verlautbarung in der Verfassungsurkunde beschriebene Verfassungswandlung[48] umfaßt nicht jede Veränderung in der Verfassungslage, sondern nur den eine Inkongruenz von Verfassungsnorm und Verfassungswirklichkeit bewirkenden Prozeß[49]. Dieser kann zum einen durch eine Rangverschiebung und Gewichtsverlagerung der verfassungsmäßigen Institutionen geschehen[50]. *Hsü Dau-Lin*[51] differenziert die Verfassungswandlung danach, ob sie durch formal die Verfassung verletztende bzw. nicht verletzende Staatspraxis, durch Unmöglichkeit der Ausübung verfassungsmäßiger Rechte oder durch Verfassungsauslegung in Gang gesetzt wird. Das Werteinmalige im Verfassungsrecht, das politisch Notwendige sowie die Vitalitätsforderungen und -äußerungen des sich entwickelnden Staates rechtfertigen dann diesen Vorgang[52]. Restriktiver als Hsü Dau-Lin will auf der anderen Seite *Ehmke*[53] die Verfassungswandlung nur dann als legitim ansehen, wenn dieses Ereignis den Grundprinzipien der Verfassung entspricht. Andernfalls liegt nach Ehmke keine Verfassungswandlung vor, sondern die Verfassung ist beseitigt[54].

---

[44] *Kleinrahm*, Gesetzgebungshilfsdienst für deutsche Parlamente, in: AÖR 79/137, 142.

[45] So auch: *Odewald*, Parlamentarischer Hilfsdienst, S. 145.

[46] Parlamentsinterne Gesetzgebungshilfe, S. 178 ff.

[47] Parlamentarischer Hilfsdienst, S. 145 f.

[48] *Loewenstein*, Über Wesen, Technik und Grenzen der Verfassungsänderung, S. 15.

[49] *Hsü Dau-Lin*, Die Verfassungswandlung, S. 17.

[50] *Smend*, Verfassung und Verfassungsrecht, S. 137; *Loewenstein*, Über Wesen, Technik und Grenzen der Verfassungsänderung, S. 15.

[51] Die Verfassungswandlung, S. 19.

[52] *Hsü Dau-Lin*, Die Verfassungswandlung, S. 164.

[53] Grenzen der Verfassungsänderung, S. 64.

[54] Ebd., S. 64.

Die Einrichtung eines „Amtes zur Bewertung technologischer Entwicklungen" zur wissenschaftlichen Beratung des Deutschen Bundestages wird — wie oben bereits festgestellt wurde — die Exekutive in ihren verfassungsmäßigen Kompetenzen nicht beeinträchtigen. Demzufolge kann sich auch mit Hilfe dieser wissenschaftlichen Beratungsstelle keine Verschiebung im Rangverhältnis der verfassungsmäßigen Institutionen ergeben, und der Exekutive wird es auch weiterhin möglich sein, ihre verfassungsmäßig begründeten Rechte wahrzunehmen. Vielmehr dient ein „Amt zur Bewertung technologischer Entwicklungen beim Deutschen Bundestag" nur dazu, dem Parlament bei der Erfüllung seiner Aufgaben zu helfen. Das Amt steht damit in Übereinstimmung mit den im Grundgesetz vorgesehenen Grundprinzipien und ist legitim. Im Ergebnis ist daher Schramm[55] und Odewald[56] zuzustimmen, die in der Einrichtung einer wissenschaftlichen Beratungsstelle gerade das Gegenteil einer Verfassungswandlung sehen, nämlich das Bemühen des Parlaments um eine bestmögliche Wahrnehmung seiner verfassungsmäßig statuierten Rechte.

---

[55] Parlamentsinterne Gesetzgebungshilfe, S. 181.

[56] Parlamentarischer Hilfsdienst, S. 146.

Zusammenfassung

Der Deutsche Bundestag bedarf zur Ausübung parlamentarischer Funktionen der wissenschaftlichen Beratung, die von den gegenwärtigen parlamentarischen Informationsquellen nicht oder nicht in genügendem Umfang geleistet werden kann. Die Erfordernisse einer Planung, die im Hinblick auf eine Kontrolle und Initiative auch im parlamentarischen Bereich erforderlich ist, indizieren die Notwendigkeit einer *wissenschaftlichen Zentralstelle* beim Deutschen Bundestag, die der Legislative zu der Erarbeitung eines Planungsrahmens verhilft. Weiterhin erfordert die durch das parlamentarische System bewirkte materielle Verlagerung parlamentarischer Aufgaben auf die parlamentarische Opposition die Schaffung von *(oppositionellen) Minderheitsrechten* bei der Informationsbeschaffung.

Im Rahmen einer wissenschaftlichen Beratung des Parlaments kommt der in jüngster Zeit in den Mittelpunkt der Diskussion gerückten Technologiefolgenabschätzung eine besondere Bedeutung zu, da sie zu einer Verobjektivierung und Verbesserung politischer Entscheidungsprozesse beiträgt, indem widerstreitende Interessen und Argumente sowie Vor- und Nachteile einer Entscheidung aufgedeckt werden können. Die Technologiefolgenabschätzung wurde bereits in mehreren Ländern institutionalisiert, wobei teils parlamentarische, teils exekutive Organisationsmodelle verwandt wurden. Auch in zwischenstaatlichen Organisationen wird die Realisierung dieses Beratungsmodells diskutiert.

In einer Technologiebewertungseinrichtung beim Deutschen Bundestag muß das Parlament seine Interessen angemessen zur Geltung bringen können. Dies kann nur dann geschehen, wenn die wissenschaftliche Beratungsstelle in den Bundestag *integriert* wird. Eine ausreichende Berücksichtigung parlamentarischer Interessen bei der Tätigkeit einer Technologiebewertungseinrichtung bedeutet zudem die Einräumung eines Minderheitsrechtes zugunsten der parlamentarischen Opposition.

Der Einfluß des Parlaments kann in einem *„Amt zur Bewertung technologischer Entwicklungen“*, das dem „Office of Technology Assessment“ beim amerikanischen Kongreß nachgebildet ist, am besten sichergestellt werden. Dieses Organisationsmodell enthält ein mit Parlamentariern besetztes Entscheidungsgremium, ein Verwaltungsorgan und ein Wissenschaftlergremium.

Im Rahmen der rechtlichen und organisatorischen Gegebenheiten des Bundestages kann eine Organisationsform für ein politisches Entscheidungsorgan, die eine Realisierung der geforderten Minderheitsrechte der parlamentarischen Opposition sicherstellt, nicht gefunden werden, so daß auf ein *Gremium sui generis* zurückgegriffen werden muß. Dieses kann paritätisch mit Parlamentariern aus Opposition und Regierungsmehrheit oder auch entsprechend den parlamentarischen Mehrheitsverhältnissen besetzt sein, soweit der Opposition Minderheitsrechte eingeräumt werden. Zur Sicherstellung der oppositionellen Minderheitsrechte ist der parlamentarischen Opposition ein bestimmter Anteil des Beratungsbudgets zur freien Verfügung zu stellen, damit sie auch gegen den Willen der Regierungsparteien ein Tätig-Werden der Beratungsstelle veranlassen kann.

Als Exekutivorgan eignet sich ein in die Bundestagsverwaltung integriertes *Büro*, das an bestehende bundestagsinterne Einrichtungen (Ausschußsekretariat oder Fachbereich) angeschlossen werden kann. Dem Leiter des Exekutivorgans ist das Recht einzuräumen, vor Entscheidungen des politischen Entscheidungsgremiums gehört zu werden. Ob er nicht-stimmberechtigtes Mitglied des Befehlsorgans wird, ist demgegenüber irrelevant.

Im Rahmen des interdisziplinär zu besetzenden Wissenschaftlergremiums muß ein *turnusmäßiger Wechsel* der Mitglieder möglich sein. Ihre *Unabhängigkeit* ist durch Inkompatibiltäten, ein gegen Interesseneinflüsse gesichertes Berufungsverfahren, eine ausreichende Besoldung sowie einen Wiederaufnahmeanspruch in ihre früheren Arbeitsverhältnisse nach Ablauf der Tätigkeit im Wissenschaftlergremium zu gewährleisten. Den Mitgliedern des Exekutivorgans und des Wissenschaftlergremiums ist der Beamtenstatus einzuräumen.

Das „Amt zur Bewertung technologischer Entwicklungen beim Deutschen Bundestag" erfüllt die Beratungstätigkeit gegenüber dem Parlament durch die Erstellung von Gutachten, die sowohl *vom Amt selber* als auch von *parlamentsexternen Institutionen* angefertigt werden können. Um eine sinnvolle Planung und Ausübung dieser Tätigkeit zu ermöglichen, ist der Beratungsetat gesondert zu veranschlagen und dem Amt der *Zugang zu exekutiven* Datenspeichern zu eröffnen.

Die Erstellung einer Studie kann auf Grund einer Weisung des politischen Entscheidungsgremiums, der Fraktionen und Ausschüsse oder durch eine Anzahl Abgeordneter veranlaßt werden. Die Studien sind dem Auftraggeber gegenüber *vertraulich* zu behandeln, es sei denn, der Auftraggeber billigt eine Publikation.

Ein „Amt zur Bewertung technologischer Entwicklungen beim Deutschen Bundestag" entspricht dem Ordnungsgefüge des *Bonner Grundge-*

setzes. Die Möglichkeit einer freien Willensbildung der Abgeordneten vergrößert sich durch das Zur-Verfügung-Stellen zusätzlicher Entscheidungsalternativen. Auch ist eine Beeinträchtigung exekutivischer Kompetenzen, die eine Verschiebung in der Verfassungslage bewirkte, nicht zu befürchten. Vielmehr dient diese wissenschaftliche Beratungsstelle dem Deutschen Bundestag zur bestmöglichen Wahrnehmung seiner parlamentarischen Funktionen.

Literaturverzeichnis

Abelein, Manfred: Kontrolle ohne Kontrolleure? Zur Bedeutung des Bundestages als Kontrollorgan, in: Hübner, Emil / Oberreuter, Heinrich / Rausch, Heinz (Hrsg.), Der Bundestag von innen gesehen, München 1969, S. 150 ff.
(zit.: Der Bundestag als Kontrollorgan, in: Der Bundestag von innen gesehen)

Anschütz, Gerhard: Die Verfassung des Deutschen Reiches vom 11. August 1919, unveränderter Nachdruck der 14. Aufl., Darmstadt 1960
(zit.: WRV)

Arndt, Adolf: Opposition, Vortrag im Rahmen der Göttinger Universitätsvorträge am 14. Juni 1967, in: Neue Sammlung, Göttinger Blätter für Kultur und Erziehung, 8. Jahrg. 1968, S. 1 ff.
(zit.: Opposition in: Neue Sammlung)

Bäumlein, Richard: Der schweizerische Rechtsstaatsgedanke, in: Zeitschrift des Bernischen Juristenvereins 1965 (101) / 81 ff.

Baumbach, Adolf / *Hueck*, Alfred: GmbH-Gesetz, 12. Aufl., München und Berlin 1966
(zit.: Baumbach / Hueck, GmbHG)

Belitz, H. J.: Schriftliche Stellungnahme zu den Fragen an die deutschen Sachverständigen, öffentliche Informationssitzung des Ausschusses für Forschung und Technologie und für das Post- und Fernmeldewesen, am 5. 12. 1973

Beyme, Klaus von: Interessengruppen in der Demokratie, München 1969

Blank, Joseph-Theodor: Die staatliche Aufgabenplanung im Spannungsfeld von Regierung und Parlament, Jur. Diss., Köln 1974

Blume, Wilhelm von: Wesen und Aufgaben der Parlamente, in: Handbuch der Politik, Band I, Die Grundlagen der Politik, 3. Aufl., Berlin und Leipzig 1920, S. 336 ff.
(zit.: Wesen und Aufgaben der Parlamente, in: Handbuch der Politik I)

Böckenförde, Ernst-Wolfgang: Die Organisationsgewalt im Bereich der Regierung. Eine Untersuchung zum Staatsrecht der Bundesrepublik Deutschland, Schriften zum öffentlichen Recht, Band 18, Berlin 1964
(zit.: Organisationsgewalt im Bereich der Regierung)

— Planung zwischen Regierung und Parlament, in: Der Staat 1972, S. 429 ff.

Böhret, Carl: Entscheidungshilfen für die Regierung, Schriften zur politischen Wirtschafts- und Gesellschaftslehre, Band 2, Opladen 1970

Borm, William: Große, kleine oder außerparlamentrische Opposition? Zur Rolle der Opposition im parlamentarischen Regierungssystem, in: Hübner, Emil / Oberreuter, Heinrich / Rausch, Heinz (Hrsg.), Der Bundestag von innen gesehen, München 1969, S. 207 ff.

Brusewitz, Axel: Was wird unter Parlamentarismus verstanden? Typologische Verfassungsstudien III, Heft 4, Königsberg 1930

Bullinger, Martin: Vertrag und Verwaltungsakt, Zu den Handlungsformen und Handlungsprinzipien der öffentlichen Verwaltung nach deutschem und englischem Recht, Stuttgart 1962

Burhenne, Wolfgang: Referat, in: Innovation und Parlament, Thesen und Referate anläßlich der Jahreshauptversammlung am 5. Dezember 1974 in Bonn, Sonderdruck des Vereins für Kommunikationsforschung e. V. Bonn, Bonn 1975, S. 17 ff.
(zit.: Burhenne in:)

Carstens, Carl: Grundgedanken der amerikanischen Verfassung und ihre Verwirklichung, Berlin 1954

Chamberlain, Lawrence, H.: The President, Congress and Legislation, New York 1948

Coates, Vary T.: Technology and Public Policy: The Process of Technology Assessment in the Federal Government, Summary Report, Programme of Policy Studies in Science and Technology, The George Washington University, Washington July 1972
(zit.: Technology and Public Policy)

Collet, Hugo: Parlamentsreform — Selbstverständlichkeit, Notwendigkeit, Aufgabe? in: Hübner, Emil / Oberreuter, Heinrich / Rausch, Heinz (Hrsg.), Der Bundestag von innen gesehen, München 1969, S. 273 ff.

Corwin, Edward Samuel / *Small* / *Jayson:* The Constitution of the United States of America, prepared by the Legislative Reference Service, editors: E. S. Corwin / N. J. Small / L. S. Jayson, Washington 1964

Creutzig, Jürgen: Die parlamentarischen Hilfsdienste im Bund und in den Ländern, in: DVBl 1967 / 225 ff.

Dagtoglou, Prodromos: Der Private in der Verwaltung als Fachmann und Interessenvertreter, Heidelberger Rechtswissenschaftliche Abhandlungen, Neue Folge, Band 12, Heidelberg 1963

Dechamps, Bruno: Macht und Arbeit der Ausschüsse, Der Wandel der parlamentarischen Willensbildung, Meisenheim am Glan 1954

Dichgans, Hans: Das Unbehagen in der Bundesrepublik, Wien 1968

Dierkes, Meinolf: Schriftliche Stellungnahme zu den Fragen an die deutschen Sachverständigen, öffentliche Informationssitzung des Ausschusses für Forschung und Technologie und für das Post- und Fernmeldewesen, am 5. 12. 1973

Dierkes, Meinolf / *Staehle*, K. W.: Technology Assessment, Bessere Entscheidungsgrundlagen für die unternehmerische und staatliche Planung, Batelle-Institut, Frankfurt/M., um 1972

Dobiey, Burkhard: Zur Frage eines unmittelbaren Zugangs des Parlaments zu Datenbanken der Regierung, Bonn, den 5. April 1974

Dreher, Klaus Rudolf: Arbeitserleichterung für das Bonner Parlament, in: Süddeutsche Zeitung vom 17. 2. 1969

Dreitzel, Doris: Das Institut des wissenschaftlichen Beirats auf Bundesebene, in: Loccumer Protokolle Nr. 21 (1967), Der Sachverständige in der Politik, S. 53 ff.

Düwel, Peter: Das Amtsgeheimnis, Schriftenreihe der Hochschule Speyer, Bd. 23, Berlin 1965

Ehmke, Horst: Empfiehlt es sich, Funktion, Struktur und Verfahren der parlamentarischen Untersuchungsausschüsse grundlegend zu ändern? in: Verhandlungen des 45. Deutschen Juristentages, Band II, München und Berlin 1965, E 7 ff.
(zit.: Ehmke, Verhandlungen des 45. Deutschen Juristentages Bd. II)

— Grenzen der Verfassungsänderung, Berlin 1953

Ellwein, Thomas: Einführung in die Regierungs- und Verwaltungslehre, Stuttgart, Berlin, Köln, Mainz 1966

— Das Regierungssystem in der Bundesrepublik Deutschland, 3. vollständig neubearbeitete und erweiterte Aufl., Opladen 1973

Ermacora, Felix: Die Organisationsgewalt, in: VVDStRL 16/191 ff.

Fischbach, Oskar, Georg: Bundesbeamtengesetz, 1. Halbband, 3. Aufl., Köln, Berlin, Bonn, München 1964
(zit.: BBG I)

Forsthoff, Ernst: Begriff und Wesen des sozialen Rechtsstaates, in: VVDStRL 12/8 ff.

— Lehrbuch des Verwaltungsrechts, Band I, Allgemeiner Teil, 10. Aufl., München 1973
(zit.: Verwaltungsrecht I)

Fraenkel, Ernst: Das amerikanische Regierungssystem, Köln und Opladen 1960

Frenkel, Max: Institutionen der Verwaltungskontrolle, Zürich 1969

Friauf, Karl Heinrich: Die verfassungsrechtliche Problematik einer Ziel- und Mittelplanung der Bundesregierung im Hinblick auf ihr Verhältnis zum Deutschen Bundestag, in: Erster Bericht zur Reform der Struktur von Bundesregierung und Bundesverwaltung, Bonn 1969, Anlagenband, S. 607 ff.

Friedrich, Carl Joachim: Demokratie als Herrschafts- und Lebensform, Heidelberg 1959

Friesenhahn, Ernst: Parlament und Regierung im modernen Staat, in: VVDStRL 16/9 ff.

Gehrig, Norbert: Gewaltenteilung zwischen Regierung und parlamentarische Opposition, in: DVBl 1971/633 ff.

— Parlament — Regierung — Opposition, Dualismus als Voraussetzung für eine parlamentarische Kontrolle der Regierung, Jur. Diss. München 1969

Gerlich, Peter: Parlamentarische Kontrolle im politischen System, Die Verwaltungsfunktion des Nationalrates in Recht und Wirklichkeit, in: Winkler, Günther / Antoniolli, Walter (Hrsg.), Forschungen aus Staat und Recht, Bd. 21, Wien, New York 1973

Glum, Friedrich: Das parlamentarische Regierungssystem in Deutschland, Großbritannien und Frankreich, 2. Aufl., München und Berlin 1965

Green, H. P.: The New Technological Era: A View from the Law, Program of Policy Studies in Science and Technology, The George Washington University Mon. No. 1, Washington D. C. November 1967

Grimm, Dieter: Verfassungsfunktion und Grundgesetzreform, in: AöR 97/489 ff.

Gross, Werner: Die Entwicklung des öffentlichen Rechts: Betrachtungen, in: DVBl 1954, 322 f.

Gross, Werner: Die Entwicklung des öffentlichen Rechts: Tagung der Vereinigung der deutschen Staatsrechtslehrer in Hamburg am 13. und 14. Oktober 1955, in: DVBl 1955/83 f.

— Die Entwicklung des öffentlichen Rechts: Betrachtungen, in: DVBl 1955/763 f.

— Die Entwicklung des öffentlichen Rechts: Bemerkungen, in: DVBl 1957/342 ff.

Grube, Konrad, Dieter: Die Stellung der Opposition im Strukturwandel des Parlamentarismus, Diss. jur. Köln 1965

Gruner, Erich: Regierung und Opposition im schweizerischen Bundesstaat, Alte und neue Opposition in der Schweiz und ihre Funktion in einem modifizierten Regierungssystem, Bern 1969

Habermas, Jürgen: Verwissenschaftlichte Politik und öffentliche Meinung, in: Reich, Richard (Hrsg.), Humanität und politische Verantwortung, Festschrift für Hans Barth, Erlenbach — Zürich, Stuttgart 1964, S. 54 ff.
(zit.: Verwissenschaftlichte Politik und öffentliche Meinung, in: Festschrift für Hans Barth)

Hamed, Abdul Samad: Das Prinzip der Gewaltenteilung und die Beaufsichtigung der Regierung durch das Parlament, Diss. jur. Bern 1957

Hennis, Wilhelm: Verfassungsordnung und Verbandseinfluß, in: Politik als praktische Wissenschaft, Aufsätze zur politischen Theorie und Regierungslehre, München 1968, S. 188 ff.

Hereth, Michael: Die parlamentarische Opposition in der Bundesrepublik Deutschland, Geschichte und Staat Band 147, München—Wien 1969

— Die Reform des Deutschen Bundestages, Opladen 1971

— Parlamentarische Opposition in Deutschland am Beispiel des Verhaltens der sozialdemokratischen Bundestagsfraktion von 1949—1966, Diss. jur. Erlangen—Nürnberg 1968
(zit.: Parlamentarische Opposition in Deutschland)

— Zur Reform des Deutschen Bundestages, in: Hereth, Michael (Hrsg.), Junge Republik, München, Wien 1966, S. 46 ff.

Hesse, Konrad: Die verfassungsrechtliche Stellung der politischen Parteien im modernen Staat, in: VVDStRL 17/11 ff.

— Grundzüge des Verfassungsrechts der Bundesrepublik Deutschland, 6. ergänzte Aufl., Karlsruhe 1973
(zit.: Grundzüge des Verfassungsrechts)

Heydebrek, Claus-Joachim von: Empfiehlt es sich, Funktion, Struktur und Verfahren der parlamentarischen Untersuchungsauschüsse grundlegend zu ändern? in: Verhandlungen des 45. Deutschen Juristentages, Band II, München und Berlin 1965, E 64 ff.
(zit.: v. Heydebrek, Verhandlungen des 45. Deutschen Juristentages, Bd. II)

Hill, K. M.: Technological Forecasting in Some Basic Industries. In: Proc. 9th Commonwealth Mining & Metallurgical Congress, Vol. 1, The Institution of Mining & Metallurgy. London 1970

Hill, K. M. /*Medford*, R. D. / *McLaren* P., / u. a.: Computer Based Learning Systems: A Programme for Research & Development. Available from National Council for Educational Technology, 160 Great Portland Street, London W. 1

Hinkamp, Klaus Analyse und Strukturwandel von Bundeslegislative und Bundesregierung unter besonderer Berücksichtigung der Gewaltenteilung, Diss. jur. Köln 1966

Hirsch, Joachim: Parlament und Verwaltung, Stuttgart 1968

Hsü Dau-Lin: Die Verfassungswandlung, Berlin und Leipzig 1932

Huddle, F. P.: The Social Function of Technology Assessment, in: R. G. Kaspar (Hrsg.), Technology Assessment, Understanding the Social Consequences of Technological Applications, New York, Washington, London 1972, S. 149 ff.

Jahn, Hans Edgar: Lebendige Demokratie, Die Praxis der politischen Meinungspflege in Deutschland, 2. Aufl., Frankfurt 1956

Jarass, Hans D.: Politik und Bürokratie als Elemente der Gewaltenteilung, Diss. jur. München 1975

Jellinek, Georg: Allgemeine Staatslehre, 3. Aufl., Berlin 1921

Johnson, Claudius O.: American Government, National, State, and Local, New York 1951

Jones, P. M. S.: Determining Priorities and Investment Levels in Scientific Research and Development, Policy Sciences, Vol. 1, P. 299, December 1970

— Evaluation of Government Research and Development Programmes, R & D Management, Vol. 1, No. 2, February 1971

— The Use of Cost-Benefit Analysis as an Aid to Allocating Government Resources for Research & Development (PAU, M. 17)

Jones, P. M. S. / *Hunt*, H.: An Outline of Evaluation as Practised by the Programmes Analysis Unit with three Studies (H. M. S. O. 15 p. SBN. 11—980 883—8), (PAU M. 10)

Kabel, Rudolf: Gutachterzentrale oder Gegenbürokratie? Die wissenschaftliche Abteilung des Bundestages, in: Hübner, Emil / Oberreuter, Heinrich / Rausch, Heinz (Hrsg.), Der Bundestag von innen gesehen, München 1969, S. 127 ff.

Kaiser, Joseph, H.: Die Repräsentation organisierter Interessen, Berlin 1956

— Sachverstand und Politik, Parteien und Parlamente, in: Küppers, H. (Hrsg.), Sachverstand und Politik in der Demokratie, Düsseldorf 1962, S. 59 ff.
(zit.: Sachverstand und Politik, in: Sachverstand und Politik in der Demokratie)

Kamlah, Ruprecht: Der Informationsanspruch des Parlaments im Computerzeitalter, in: ÖVD 1971/35 ff. und 60 ff.

Karst, Ingeborg: MDB-Assistent, ein Nicht-Beruf, in: Analysen Jg. 2, 1972, Heft 5, S. 8—13
(zit.: MDB-Assistent, in Analysen)

Katz, Rudolf: Die Gesetzgebung des Bundes, in: DÖV 1959 / 276 ff.

Keller, Thomas / *Raupach*, Hubert: Informationslücke des Parlaments? Wissenschaftliche Hilfseinrichtungen für die Abgeordneten des Deutschen Bundestages und der Länderparlamente, Schriftenreihe des Forschungsinstituts der Friedrich-Ebert-Stiftung, Bd. 76, Hannover 1970
(zit.: Keller / Raupach, Informationslücke des Parlaments)

Kern, Ernst: Die Institution des Berufsbeamtentums im kontinentaleuropäischen Staat, Dortmund 1952
(zit.: Institution des Berufsbeamtentums)

Kiefer, D. M.: Technological Forecasting in Technology Assessment, in: M. J. Cetron / B. Bartocha, Technology Assessment in a Dynamic Environment, London, New York, Paris 1973, S. 941—954

Kleinrahm, Kurt: Gesetzgebungshilfsdienst für deutsche Parlamente? Zur Ontologie der gesetzgeberischen Willensbildung, in: AöR 79/137 ff.
(zit.: Gesetzgebungshilfsdienst für deutsche Parlamente)

Koch, Woldemar: Der Wissenschaftliche Beirat beim Bundesminister für Wirtschaft, in: Verhandlungen auf der Arbeitstagung des Vereins für Sozialpolitik, Gesellschaft für Wirtschafts- und Sozialwissenschaften in Bad Homburg 1962: Probleme der normativen Ökonomik und der wirtschaftspolitischen Beratung, Berlin 1963, S. 405 ff.
(zit.: Der Wissenschaftliche Beirat beim Bundesminister für Wirtschaft, in: Probleme der normativen Ökonomik und der wirtschaftspolitischen Beratung)

Köttgen, Arnold: Abgeordnete und Minister als Statusinhaber, in: Gedächtnisschrift für Walter Jellinek, München 1955, S. 195 ff.

— Der Einfluß des Bundes auf die deutsche Verwaltung und die Organisation der bundeseigenen Verwaltung (Berichtszeit: 2. und 3. Legislaturperiode) in: JÖR 11 / S. 173 ff.

— Die Organisationsgewalt, in: VVDStRL 16/154 ff.

— Diskussionsbeitrag, in: Bergsträsser / Barth / Kaiser / Köttgen / Menger / Ule, Von den Grundrechten des Soldaten. Eine Arbeitstagung des Deutschen Bundes für Bürgerrechte, München 1957, S. 137 f.
(zit.: Diskussionsbeitrag, in: Von den Grundrechten des Soldaten)

Kommentar zum Bonner Grundgesetz (Bonner Kommentar): Bd. III, Hamburg 1950 ff., Stand: 33. Lieferung (Oktober 1974)
(zit.: Verfasser in Bonner Kommentar)

Kralewski, Wolfgang / *Neunreither,* Karlheinz: Oppositionelles Verhalten im ersten Deutschen Bundestag 1949—1953, Köln und Opladen 1963

Kriele, Martin: Einführung in die Staatslehre, Die geschichtlichen Legitimitätsgrundlagen des demokratischen Verfassungsstaates, Reinbek bei Hamburg, 1975

Krüger, Herbert: Aussprache über: Die Organisationsgewalt, in: VVDStRL 16/240 ff., 253 f.
(zit.: H. Krüger, Diskussionsbeitrag, in:)

Kruse, H.: Hilfsdienst für die Parlamente, in: Handbuch der Interparlamentarischen Arbeitsgemeinschaft, bearbeitet von der Geschäftsstelle der Interparlamentarischen Arbeitsgemeinschaft, Bonn 1954, S. 20 / 1 ff.

Küster, Otto: Das Gewaltenproblem im modernen Staat, in: Rausch, Heinz (Hrsg.), Zur heutigen Problematik der Gewaltentrennung, Darmstadt 1969, S. 1 ff.

Laforet, Wilhelm: Die Scheidung der Gewalten nach dem Bonner Grundgesetz, in: Festschrift für Josef Ebers, S. 53 ff.

Lammers, Hans-Heinrich: Parlamentarische Untersuchungsausschüsse, in: Anschütz, Gerhard / Thoma, Richard (Hrsg.), Handbuch des deutschen Staatsrechts, Bd. II, S. 454 ff.
(zit.: Lammers, Parlamentarische Untersuchungsausschüsse in HDStR II)

Landshut, Siegfried: Formen und Funktionen der parlamentarischen Opposition, in: Eisermann, Gottfried (Hrsg.), Wirtschaft und Kultursystem, Erlenbach-Zürich und Stuttgart 1955, S. 214 ff.

Lang, Eberhard: Zu einer kybernetischen Staatslehre. Eine Analyse des Staates auf der Grundlage des Regelkreismodells, Salzburg, München 1970

Lechner, Hans / *Hülshoff*, Klaus: Parlament und Regierung, 3. Aufl., München 1971

Leibholz, Gerhard: Der Einfluß der Fachleute auf politische Entscheidungen, in: Die politische Verantwortung der Nichtpolitiker, Das Heidelberger Studio, Eine Sendereihe des Süddeutschen Rundfunks, 29. Sendefolge, Leitung: Johannes Schlemmer, München 1964
(zit.: Leibholz, Der Einfluß der Fachleute auf politische Entscheidungen, in: Die politische Verantwortung der Nichtpolitiker)

— Die Kontrollfunktion des Parlaments, in: Luchtenberg, Paul / Erbe, Walter (Hrsg.), Macht und Ohnmacht der Parlamente, Stuttgart 1965, S. 57 ff.

— Strukturprobleme der modernen Demokratie, 2. Aufl., Karlsruhe 1964

Lichtenberg, Peter: Forschungsplanung und politische Entscheidungen, Ein Amt zur Bewertung technologischer Entwicklungen beim Deutschen Bundestag, in: Atom-Informationen 1/75, S. 14 ff.

— Forschungsplanung und politische Entscheidung, Was wurde aus dem „Amt zur Bewertung technologischer Entwicklungen"? in: Beratende Ingenieure 7/8 1974, S. 46 ff.

Lindsay, H. Kenneth: Das Engagement von Politik und Verwaltung mit den Wissenschaften, in: Faißt, Helmut / Wolfgang (Hrsg.), Parlament und Wissenschaft, Wien, Frankfurt, Zürich 1967, S. 23 ff.

Loening, Hellmuth: Der ministerailfreie Raum in der Staatsverwaltung, in: DVBl 1954/173 ff.

Loewenberg, Gerhard: Parlamentarismus im politischen System der Bundesrepublik Deutschland, Tübingen 1971

Loewenstein, Karl: Der Staatspräsident, in: AöR 75/129 ff.

— Staatspolitik und Verfassungsrecht in den Vereinigten Staaten 1955 bis 1964, in: JÖR 13/1 ff.

— Über Wesen, Technik und Grenzen der Verfassungsänderung, Berlin 1961

— Verfassungslehre, Tübingen 1959

— Vom Wesen der amerikanischen Verfassung, Frankfurt/Main 1950

Lohmar, Ulrich: Das Hohe Haus, Der Bundestag und die Verfassungswirklichkeit, Stuttgart 1975

— Parlament und Wissenschaft, in: Walter Keim (Hrsg.), Der Deutsche Bundestag 1949—1969, Bonn 1969, S. 50 ff.
(zit.: Lomar, Parlament und Wissenschaft, in: Der Deutsche Bundestag 1949—1969)

Lompe, Klaus: Die Rolle von Sachverständigengremien im Prozeß der politischen Willensbildung, in: ZfPol 1969/223 ff.

— Grundprobleme wissenschaftlicher Beratung der Politik, in: Loccumer Protokolle Nr. 21 (1967), Der Sachverständige in der Politik, S. 3 ff.

Mallmann, Walter: Schranken nichthoheitlicher Verwaltung, in: VVDStRL 19/165 ff.

Mangoldt, Hermann v. / *Klein,* Friedrich: Das Bonner Grundgesetz, Band II, 2. neubearbeitete und vermehrte Aufl., Berlin und Frankfurt 1964
(zit.: v. Mangoldt / Klein)

Mattern, Karl-Heinz: Bundestag und Wehrbeauftragter, in: DÖV 1959/841 ff.

Matz, Ulrich: Über die Bedingungen einer Kooperation von Wissenschaft und Politik, in: ZfPol 1968/14 ff.

Maunz, Theodor: Deutsches Staatsrecht, 17. Aufl., München 1969
(zit.: Staatsrecht)

Maunz, Theodor / *Dürig,* Günter / *Herzog,* Roman: Grundgesetz Kommentar, Band II, 4. Aufl., München (Lieferung 1—13)
(zit.: Verfasser in MDH)

Mayer, Otto: Deutsches Verwaltungsrecht, Band II, 3. Aufl., München-Leipzig 1924
(zit.: Otto Mayer, VerwR II)

Mayntz, Renate: Soziologie der Organisation, Reinbek/Hamburg 1971

Medford, R. D.: Marine Mining in Britain, Mining Magazine, Vol. 121 No. 5, November 1969 & No. 6 December 1969

— The New Thaumaturgy of Governmental Research and Development? Futures Vol 1, No. 6, December 1970

Merkatz, Joachim: Regiert die Lobby? Parlament, Regierung und Interessenverbände, in: Hübner, Emil / Oberreuter, Heinrich / Rausch, Heinz (Hrsg.), Der Bundestag von innen gesehen, S. 196 ff.

Meyer, Georg / *Anschütz,* Gerhard: Lehrbuch des Deutschen Staatsrechts, 2. Teil, 7. Aufl., München und Leipzig 1917
(zit.: Mayer / Anschütz, Lehrbuch II)

Meyer, Hans: Das parlamentarische Regierungssysetm des Grundgesetzes, Anlage — Erfahrungen — Zukunftseignung, in: VVDStRL 33/69 ff.

Moersch, Karl: Parlament ohne Selbstverständnis, Oder: Was ist der Deutsche Bundestag? in: Hübner, Emil / Oberreuter, Heinrich / Rausch, Heinz (Hrsg.), Der Bundestag von innen gesehen, München 1969, S. 37 ff.
(zit.: Moersch, Parlament ohne Selbstverständnis, in: Der Bundestag von innen gesehen)

Montesquieu, Charles de Secondat, Baron de la Brède et de M.: Vom Geist der Gesetze, Band I, In neuer Übertragung eingeleitet und herausgegeben von Ernst Forsthoff, Tübingen 1951
(zit.: Montesquieu, Vom Geist der Gesetze I)

Morkel, Arnd: Politik und Wissenschaft, Möglichkeiten und Grenzen wissenschaftlicher Beratung der Politik, Hamburg 1967

Morstein-Marx, Fritz: Betrachtungen zum amerikanischen Parteiwesen, in: AÖR 79/269 ff.

— Einführung in die Bürokratie, Neuwied 1959

Müller, Günther: Erfahrungen eines jungen Abgeordneten, in: Hereth, Michael (Hrsg.), Junge Republik, München und Wien 1966, S. 56 ff.

Münch, Ingo v.: Öffentlicher Dienst, in: Münch, Ingo v. (Hrsg.), Besonderes Verwaltungsrecht, 2. Aufl., Bad Homburg v. d. H., Berlin, Zürich 1970, S. 19 ff.
(zit.: v. Münch, Öffentlicher Dienst, in: Bes. Verwaltungsrecht)

Mustoe, N. E.: The Law and Organization of the British Civil Service, London 1932

Neumark, F.: Auch Minister sollen die Gutachten verstehen, Zehn Jahre Sachverständigenrat (I), Die Zeit Nr. 45 vom 2. 11. 1973, S. 46

Nicholson, R. L. R.: The Practical Application of Cost-Benefit Analysis to R & D Investment Decision, to be published in the proceedings of Nato Symposium on cost-benefit analysis. The Hague, July, 1969, by English Universities Press, March, 1971

Odewald, Jens: Der parlamentarische Hilfsdienst in den Vereinigten Staaten von Amerika und in der Bundesrepublik Deutschland, Schriften zum öffentlichen Recht, Bd. 64, Berlin 1967
(zit.: Odewald, Parlamentarischer Hilfsdienst)

ohne Verfasser: Aktionsprogramm für die Politik im wissenschaftlich-technischen Bereich, Dok.KOM (73) 1250

— Aktionsprogramm für die Politik im wissenschaftlich-technischen Bereich, Official Journal of the European Communities, No. C 7/6—9, 29. 1. 1974

— Antrag der Abgeordneten Lenzer, Benz, Engelsberger u. a. und der Fraktionen der CDU/CSU betr. Amt zur Bewertung technologischer Entwicklung beim Deutschen Bundestag, Deutscher Bundestag, 7. Wahlperiode, Drucksache 7/468
(zit.: Deutscher Bundestag, 7. Wahlperiode, Drucksache 7/468)

— Antrag der CDU/CSU Fraktion vom 13. März 1975 im Ausschuß für Forschung und Technologie, betr.: „Amt zur Bewertung technologischer Entwicklungen" beim Deutschen Bundestag, Deutscher Bundestag, 7. Wahlperiode, Drucksache 7/468

— Antrag der Fraktionen der CDU/CSU, FDP, Entwurf eines Gesetzes über die Bildung eines Sachverständigenrates zur Begutachtung der gesamtwirtschaftlichen Entwicklung, Deutscher Bundestag, 4. Wahlperiode, Drucksache IV/540
(zit.: Deutscher Bundestag, 4. Wahlperiode, Drucksache IV/540)

— Antwort der Bundesregierung auf die Kleine Anfrage der Fraktionen der SPD und FDP vom 15. 5. 1970, Deutscher Bundestag, 6. Wahlperiode, Drucksache VI/801

— Antwort des Betriebsrates der Kernforschungsanlage Jülich GmbH auf das Schreiben der CDU/CSU Fraktion des Deutschen Bundestages, Arbeitsgruppe Forschung und Technologie, vom 10. April 1973, betreffend die Einrichtung eines Amtes zur Bewertung technologischer Entwicklungen (unveröffentlicht)

— Das Informationsrecht des Parlaments, in: Deutscher Bundestag, 6. Wahlperiode, Drucksache VI 3826, S. 163—193
(zit.: Deutscher Bundestag, 6. Wahlperiode, Drucksache VI 3826)

— Deutscher Bundestag, Stenographische Berichte, 4. Wahlperiode, 81. Sitzung, vom 26. 3. 1963

— Enquete Kommission Verfassungsreform, Fragen der Verfassungsreform. Zwischenbericht, in: Zur Sache 1 (1973)
(zit.: Enquete Kommission Verfassungsreform, Zwischenbericht, in:)

— Fragenkatalog an die Sachverständigen, Öffentliche Informationssitzung des Ausschusses für Forschung und Technologie und für das Post- und Fernmeldewesen, am 5. 12. 1973

ohne Verfasser: Geschäftsverteilungsplan für das Sekretariat des Ausschusses für Bildung und Wissenschaft, vom 7. Juli 1971, aufgestellt vom Sekretär des jetzigen Ausschusses für Forschung und Technologie Dr. Lichtenberg

— Hearings before the Subcommittee on Computer Services of the Committee on Rules and Administration, US Senate 92nd Congress, 2nd Session, March 2/1972, US Government Printing Office

(zit.: mit den Stellungnahmen der einzelnen Senatoren)

— House of Representatives 6698 (1967); 17046 (1970); 18469 (1970); 3269 (1971)

— Institut für Systematik und Innovationsforschung, Schriftliche Stellungnahme zu den Fragen an die deutschen Sachverständigen, öffentliche Informationssitzung des Ausschusses für Forschung und Technologie und für das Post- und Fernmeldewesen am 5. 12. 1973

— Kurzprotokoll der 9. Sitzung des Ausschusses für Forschung und Technologie und für das Post- und Fernmeldewesen am 19. September 1973

— Kurzprotokoll der 10. Sitzung des Ausschusses für Forschung und Technologie und für das Post- und Fernmeldewesen vom 3. 10. 1973

— Kurzprotokoll der 25. Sitzung des Ausschusses für Forschung und Technologie, am 11. 12. 1974

— Kurzprotokoll der 30. Sitzung des Ausschusses für Forschung und Technologie, am 16. April 1975

— Protokoll der Beratung des Antrags betr. Amt zur Bewertung technologischer Entwicklungen beim Deutschen Bundestag (Drucksache 7/468), Deutscher Bundestag, 7. Wahlperiode, 34. Sitzung am 18. 5. 1974

— Recht und Organisation der Parlamente, Bd. II, herausgegeben im Auftrage der Interparlamentarischen Arbeitsgemeinschaft, von Wolfgang Burhenne, Bielefeld 1958

— Sachverständigenrat zur Begutachtung der gesamtwirtschaftlichen Entwicklung, Jahresgutachten 1966/67: Expansion und Stabilität, Stuttgart und Mainz 1966, S. VI

— Schriftlicher Bericht des Wirtschaftsausschusses (16. Ausschuß) über den von den Fraktionen der CDU/CSU, FDP eingebrachten Entwurf eines Gesetzes über die Bildung eines Sachverständigenrates zur Begutachtung der gesamtwirtschaftlichen Entwicklung, Deutscher Bundestag, 4. Wahlperiode, zu Drucksache IV/1320

(zit.: Schriftlicher Bericht des [16.] Wirtschaftsausschusses, Deutscher Bundestag, 4. Wahlperiode, zu Drucksache IV/1320)

— Schriftlicher Bericht des Wirtschaftsausschusses (16. Ausschuß) über den von den Fraktionen der CDU/CSU, FDP eingebrachten Entwurf eines Ge-Gesetzes über die Bildung eines Sachverständigenrates zur Beguachtung der gesamtwirtschaftlichen Entwicklung — Drucksache IV/540 —, Bericht des Abgeordneten Junghans, Deutscher Bundestag, 4. Wahlperiode, zu Drucksache IV/1320

(zit.: Deutscher Bundestag, 4. Wahlperiode, zu Drucksache IV/1320 [Bericht des Abgeordneten Junghans])

— Schriftlicher Bericht des Wirtschaftsausschusses (16. Ausschuß) über den von den Fraktionen der CDU/CSU, FDP eingebrachten Entwurf eines Gesetzes über die Bildung eines Sachverständigenrates zur Begutachtung der gesamtwirtschaftlichen Entwicklung — Drucksache IV/540 — Zusammenstellung des von den Fraktionen der CDU/CSU, FDP eingebrachten Entwurfs eines Gesetzes über die Bildung eines Sachverständigenrates zur

Begutachtung der gesamtwirtschaftlichen Entwicklung — Drucksache IV/540 — mit den Beschlüssen des Wirtschaftsausschusses (16. Ausschuß), Deutscher Bundestag, 4. Wahlperiode, Drucksache IV/1320
(zit.: Deutscher Bundestag, 4. Wahlperiode, Drucksache IV/1320 [Beschlüsse des Wirtschaftsausschusses] [16. Ausschuß])

— Science Council of Canada A Technology Assessment System — A Case Study of East Coast Offshore Petroleum Exploration, Information Canada, Ottawa 1974

— Technology Assessment Act, Public Law, 92—484, 92nd Congress, H. R. 10242, October 13, 1972

— The Programms Analysis Unit 1976—1971, A Joint Unit of the Department of Trade and Industry and the United Kingdom Atomic Energy Authority, Chilton, Didcot, Berks, April 1971
(zit.: The Programms Analysis Unit 1967—1971 mit dem jeweiligen Untertitel)

— United Kingdom's Atomic Energy Authority, Annual Report 1968—1969, H.M.S.O. London, paras. 215, 247, 276 und 284
(zit.: U.K.A.E.A. Annual Report 1968—1969, H.M.S.O. London, paras. 215, 247, 276 und 284)

— US Congress, House of Representatives, Technology Assessment, Statement of E. Q. Daddario, Chairman, Subcommitee on Science, Research and Development of the Committee on Science and Astronautics, 90th Congress, 1st Session, US Government Printing Office, Washington 1967

— US Congress, House of Representatives, Committee on Science and Astronautics, A Study of Technology Assessment, Report of the Committee on Public Engineering Policy, National Academy of Engineering, July 1969, US Government Printing Office, Washington 1969

— US Congress, House of Representatives, Committee on Science and Astronautics, A Technology Assessment System for the Executive Branch, Report of the National Academy of Public Administration, July 1970

— US Congress, House of Representatives, Committee on Science and Astronautics, Technology: Processes of Assessment and Choice, Report of National Academy of Science, July 1969, US Government Printing Office, Washington 1969

— US Congress, House of Representatives, Inquiries, Legislation, Policy, Studies re: Science and Technology: Review and Forecast, Second Progress Report of the Subcommittee on Science, Research and Development to the Committee on Science and Astronautics, 89th Congress, 2nd Session, US Government Printing Office, Washington 1966

— US Congress, House of Representatives, Technology Assessment, Hearings before the Subcommittee on Science and Astronautics, 91st Congress, 1st Session, US Government Printing Office, Washington 1970

— US Congress, House of Representatives, Technology Assessment — 1970, Hearings before the Subcommittee on Science, Research and Development of the Committee on Science and Astronautics, 91st Congress, 2nd Session, US Government Printing Office, Washington 1970

— US Congress, House of Representatives, Technology Assessment Seminar, Proceedings before the Subcommittee on Science, Research and Development of the Committee on Science and Astronautics, September 21 and 22, 1967, 90th Congress, 1st Session, US Government Printing Office, Washington 1967 *ohne Verfasser:* US Congress, House of Representatives, Technical Information for Congress, Report to the Subcommittee on Science, Research and Development of the Committee on Science and Astronautics, prepared by Science Policy Research Division, Legislative Reference Service, Library of Congress, April 25, 1969, 91st Congress, 1st Session, House Document No. 91—137, US Government Printing Office, Washington 1969

— „Was ist die Interparlamentarische Arbeitsgemeinschaft?" Eine Presseerklärung der Interparlamentarischen Arbeitsgemeinschaft vom 27. 2. 1973

— Wissenschaftliche Dienste der Verwaltung des Deutschen Bundestages, hrsg. von der Wissenschaftlichen Abteilung des Deutschen Bundestages, Materialien Nr. 2, Bonn 1966

— Zweiter Bericht der Bundesregierung über die Anwendung der elektronischen Datenverarbeitung in der Bundesverwaltung, vom 17. 4. 1970, Deutscher Bundestag, 6. Wahlperiode, Drucksache VI/648

Oppermann, Thomas: Das parlamentarische Regierungssystem des Grundgesetzes, Anlage — Erfahrungen — Zukunftseignung, in: VVDStRL 33/7 ff.

Ossenbühl, Fritz: Verwaltungsvorschriften und Grundgesetz, Bad Homburg v. d. H., Berlin, Zürich 1968

Partsch, Karl-Josef: Parlament und Regierung im modernen Staat, in: VVDStRL 16/74 ff.

Paschen, Herbert: Schriftliche Stellungnahme zu der Frage an die deutschen Sachverständigen, öffentliche Informationssitzung des Ausschusses für Forschung und Technologie und für das Post- und Fernmeldewesen, am 5. 12. 1973

— Technology Assessment (TA) als partizipatorischer und argumentativer Prozeß, Vortrag am 9. 11. 1973 in München

Paschen, Herbert u. a.: Gutachten zum Problemkreis Technologiefolgenabschätzung (Technology-Assessment). Erstattet im Auftrag der Verwaltung des Deutschen Bundestages, Heidelberg 1974

Peaslee, Amos J.: Constitutions of Nations, Second Edition, Volume III, Nicaragua to Yugoslavia, Netherlands 1956

Pelinka, Anton / *Welau,* Manfred: Demokratie und Verfassung in Österreich. Wien 1971
(zit.: Pelinka / Welau, Demokratie und Verfassung)

Peters, Hans: Die Opposition in der parlamentarischen Demokratie, in: OeZöffR 10(1959/1960)/424 ff.

Pikart, Eberhard: Probleme der deutschen Parlamentspraxis, in: ZfPol 1961/201 ff.

Quaritsch, Helmut: Die wissenschaftlichen Dienste des Bundestages, in: Festschrift für Ernst Forsthoff zum 70. Geburtstag, hrsg. von Roman Schnur, München 1973, S. 303 ff.
(zit.: Quaritsch, Die wissenschaftlichen Dienste des Bundestages, in: Festschrift für Forsthoff)

Quick, Heinz-Joachim: Umweltaktivität zwischenstaatlicher Organisationen, Beiträge zur Umweltgestaltung, A 14, Berlin 1973

Rausch, Heinz: Die wissenschaftliche Beratung des 5. Deutschen Bundestages, Sonderdruck aus Politik und Wissenschaft, Herausgegeben von Hans Maier / Klaus Ritter / Ulrich Matz, München 1971

Rausch, Heinz / *Oberreuter*, Heinrich: Parlamentsreform in der Dunkelkammer? Zum Selbstverständnis der Bundestagsabgeordneten, in: Steffani, Winfried (Hrsg.), Kritik Bd. III, Parlamentarismus ohne Transparenz, Opladen 1971, S. 141 ff.
zit.: Rausch / Oberreuter in Steffani, Kritik III, Parlamentarismus ohne Transparenz)

Ridder, Helmut: Artikel: Untersuchungsausschuß, in: Görresgesellschaft Hrsg.), Staatslexikon, Recht — Wirtschaft — Gesellschaft, Bd. 7, 6. Aufl., Freiburg 1962, Sp. 1170 f.
(zit.: Ridder, Staatslexikon Bd. 7)

Risken, Arno: Grenzen amtlicher und dienstlicher Weisungen im öffentlichen Dienst, Berlin 1969

Rothenbücher, Karl: Die Stellung des Ministeriums nach bayrischem Verfassungsrechte, München 1922

Rothmann, Harry: Murderous Providence, A Study of Pollution in Industrial Societies, London 1972

Rottschaefer, Henry: Handbook of American Constitutional Law, Hornbook Series, St. Paul, Minn. 1939

Rourke, Francis E.: Secrecy and Publicity, Dilemmas of Democracy, Baltimore 1961

Rüfner, Wolfgang: Formen öffentlicher Verwaltung im Bereich der Wirtschaft, Berlin 1967

Runte, Hans: Der Wehrbeauftragte des Bundestages und der Wandel von Funktion und Struktur des Parlaments in der modernen Demokratie, Diss. jur. Freiburg 1959

Sauer, Karl: Das Interpellationsrecht in der Bundesrepublik Deutschland und im Freistaat Bayern, Diss. jur. München 1968
(zit.: Sauer, Das Interpellationsrecht)

Schäfer, Friedrich: Der Bundestag, Eine Darstellung seiner Aufgaben und seiner Arbeitsweise, verbunden mit Vorschlägen zur Parlamentsreform, Köln und Opladen 1967
(zit.: Schäfer, Der Bundestag)

Schelsky, Helmut: Diskussionsbeitrag, in: Becker, Hellmut / Schelsky, Helmut / Lohmar, Ulrich, Wissenschaftliche Experten und politische Praxis, Das Problem der Zusammenarbeit in der heutigen Demokratie, Bergedorfer Protokolle, Band 17, Hamburg, Berlin 1967, S. 9. ff.
(zit.: Schelsky, Diskussionsbeitrag in: Wissenschaftliche Experten und politische Praxis)

Scheuner, Ulrich: Das parlamentarische Regierungssystem in der Bundesrepublik Deutschland, in: DÖV 1957/633 ff.
(zit.: Scheuner, Parlamentarisches Regierungssystem)

— Die Lage des parlamentarischen Regierungssystems in der Bundesrepublik, in: DÖV 1974/433 ff.
(zit.: Scheuner, Die Lage des parlamentarischen Regierungssystems)

— Zur Entwicklung des Parlaments unter der Ordnung des Grundgesetzes, in: Aus Politik und Zeitgeschichte (Beilage zur Wochenzeitung „Das Parlament“) (B 39/74) vom 28. September 1974, S. 3 ff.

Schmid, Gerhard: Das Verhältnis von Parlament und Regierung im Zusammenspiel der staatlichen Machtverteilung, Baseler Studien zur Rechtswissenschaft, Heft 99, Basel und Stuttgart 1971

Schmidt, Otto: Eine Brücke zwischen Bund und Ländern. Die interparlamentarische Arbeitsgemeinschaft, in: Das Parlament Nr. 35—36 vom 30. 8. 1969, S. 16

Schmitt, Carl: Die geistesgeschichtliche Lage des heutigen Parlamentarismus, 3. Aufl., Berlin 1961

— Verfassungslehre, Neudruck, Berlin-Neukölln 1954

Schneider, Hans-Peter: Die parlamentarische Opposition im Verfassungsrecht der Bundesrepublik Deutschland, Band I, Grundlagen, Frankfurt a. M. 1974

Schramm, Friedrich: Die parlamentsinterne Gesetzgebungshilfe unter besonderer Berücksichtigung der entsprechenden Einrichtungen des Deutschen Bundestag, Diss. jur. Köln 1965
(zit.: Schramm, Parlamentsinterne Gesetzgebungshilfe)

Schuster, Günther: Schriftliche Stellungnahme zu den Fragen an die deutschen Sachverständigen, öffentliche Informationssitzung des Ausschusses für Forschung und Technologie und für das Post- und Fernmeldewesen, am 5. 12. 1973

Seifert, Karl-Heinz: Zur Rechtsstellung der politischen Parteien, in: DÖV 1956/1 ff.

Siebert, Wolfgang: Privatrecht im Bereich öffentlicher Verwaltung, in: Festschrift für Hans Niedermeyer, Göttingen 1953, S. 215 ff.

Simitis, Spiros: Chancen und Gefahren der elektronischen Datenverarbeitung, in: NJW 1971/672 ff.

Smend, Rudolf: Verfassung und Verfassungsrecht, München und Leipzig 1928

Steffani, Winfried: Die Untersuchungsausschüsse des preußischen Landtages zur Zeit der Weimarer Republik. Ein Beitrag zur Entwicklung, Funktion und politische Bedeutung parlamentarischer Untersuchungsausschüsse, Düsseldorf 1960

— Parlamentarische Demokratie — Zur Problematik von Effizienz, Transparenz und Partizipation, in: Steffani, Winfried (Hrsg.), Kritik Bd. III, Parlamentarismus ohne Transparenz, Opladen 1971, S. 17 ff.
(zit.: Steffani in Steffani, Kritik III, Parlamentarismus ohne Transparenz)

Steiger, Heinhard: Organisatorische Grundlagen des parlamentarischen Regierungssystems, Eine Untersuchung zur rechtlichen Stellung des Deutschen Bundestages, Berlin 1973

Stein, Ekkehart: Die Grenzen des dienstlichen Weisungsrechts, Tübingen 1965

— Lehrbuch des Staatsrechts, Tübingen 1968

Stein, Erwin: Über die Verantwortung des Gesetzgebers. Wie sollten Gesetze aussehen? in: Fragen der Freiheit, Schriftenreihe für Ordnungsfragen der Wirtschaft, des Staates und des kulturellen Lebens, Folge 42, S. 3 ff.
(zit.: Stein, Über die Verantwortung des Gesetzgebers, in: Fragen der Freiheit)

Stern, Klaus: Zur Problematik der Inkorporierung eines „Aufgabenplanungssystems" in der Organisationsstruktur der Bundesregierung, in: Erster Bericht zur Reform der Struktur von Bundesregierung und Bundesverwaltung, Bonn 1969, Anlagenband, S. 563 ff.

Sternberger, Dolf: Lebende Verfassung, Studien über Koalition und Opposition, Meisenheim am Glan 1956

Tenière-Buchot, P.-F.: L'Evaluation Technologique des Effets Externes: Le Cas de la Pollution des Eaux, in: Le Progrès Scientifique No. 155, Juli—August 1972, S. 10 ff.

Thoma, Richard: Grundbegriffe und Grundsätze, in: Anschütz, Gerhard / Thoma, Richard (Hrsg.), Handbuch des deutschen Staatsrechts, Bd. II, S. 108 ff.
(zit.: Thoma, Grundbegriffe und Grundsätze in: HDStR II)

Ule, Carl Hermann: Der Wehrbeauftragte des Bundestages, in: JZ 1957/422 ff.
(zit.: Ule, Der Wehrbeauftragte)

— Militärisches Beschwerderecht und öffentliche Kontrolle, in: Bergsträsser / Barth / Kaiser / Köttgen / Menger / Ule, Von den Grundrechten des Soldaten, Eine Arbeitstagung des Deutschen Bundes für Bürgerrechte, München 1957, S. 109 ff.
(zit.: Ule, Militärisches Beschwerderecht und öffentliche Kontrolle, in: Von den Grundrechten des Soldaten)

Ullner, Rudolf: Ergebnisse und Probleme der Analyse der Benutzerwünsche im Projekt eines parlamentarischen Informationssystems, Heidelberg 1972

— Referat, in: Innovation und Parlament, Thesen und Referate anläßlich der Jahreshauptverkammlung am 5. Dezember 1974 in Bonn, Sonderdruck des Vereins für Kommunikationsforschung e. V. Bonn, Bonn 1975, S. 2 ff.
(zit.: Ullner in:)

Wälde, Thomas: Bürgerklage und Umweltverträglichkeitsprüfung, in: ZRP 1975/S. 105 ff.

Waffenschmidt, Horst: Die äußere Trennung und innere Selbständigkeit der Bundeslegislative und Bundesexekutive in der Bundesrepublik Deutschland, Diss. jur. Bonn 1962

Weber, Max: Parlament und Regierung im neugeordneten Deutschland, München und Leipzig 1918

Weber, Werner: Das Richtertum in der deutschen Verfassungsordnung, in: Festschrift für Hans Niedermeyer, Göttingen 1953, S. 261 ff.

— Die Teilung der Gewalten als Gegenwartsproblem, in: Rausch, Heinz (Hrsg.), Zur heutigen Problematik der Gewaltentrennung, Darmstadt 1969, S. 185 ff.
(zit.: W. Weber, Die Teilung der Gewalten als Gegenwartsproblem, in: Zur heutigen Problematik der Gewaltentrennung)

— Spannungen und Kräfte im westdeutschen Verfassungssystem, 3. Aufl., Berlin 1970

— Wandlungen und Formen des Staates, in: Weltgeschichte der Gegenwart, Band 2, Die Erscheinungen und Kräfte der modernen Welt, Bern und München 1963, S. 364 ff.

— Weimarer Verfassung und Bonner Grundgesetz, Göttingen 1949

Weibel, Rainer: Parlament und Regierung, in: Symbiose von Politik und Wissenschaft, hrsg. von der Österreichischen Gesellschaft für Politik, Wien, München 1967, S. 243 ff.

Wertenbruch, Wilhelm: Grundrechtsanwendung im Verwaltungsprivatrecht, in: JuS 1961/105 ff.

Wildenmann, Rudolf: Macht und Konsens als Problem der Innen- und Außenpolitik, Frankfurt a. M., Bonn 1963

Wilhelm, Wendelin: Wissenschaftliche Beratung der Politik in der Bundesrepublik Deutschland, Probleme wissenschaftlicher Beiräte bei Bundesministerien unter besonderer Berücksichtigung des Wohnungswirtschaftlichen Beirates beim Bundeswohnungsbauministerium, Berlin, Köln, Frankfurt (Main), 1968
(zit.: Wilhelm, Wissenschaftliche Beratung der Politik in der Bundesrepublik Deutschland)

Withalm, Hermann: Das Gespräch zwischen Politik und Wissenschaft, in: Symbiose von Politik und Wissenschaft, hrsg. von der Österreichischen Gesellschaft für Politik, Wien, München 1967, S. 10 ff.

Wittmayer, Leo: Demokratie und Parlamentarismus, Breslau 1928

Wolff, Hans J.: Verwaltungsrecht II, München und Berlin 1962

— Verwaltungsrecht III, 3. Aufl., München 1973

Zeidler, Karl: Schranken nichthoheitlicher Verwaltung, in: VVDStRL 19/165 ff.

FSC
www.fsc.org
MIX
Papier | Fördert
gute Waldnutzung
FSC® C083411

Kolibri 360 GmbH
Ferdinand-Jühlke-Straße 7
99095 Erfurt, Deutschland
produktsicherheit@kolibri360.de

Druck:
CPI Druckdienstleistungen GmbH
im Auftrag der
Kolibri 360 GmbH
Ferdinand-Jühlke-Str. 7
99095 Erfurt